广西大学"211工程三期"重点学科建设项目资助

广西大学中国—东盟研究院文库
主编◎阳国亮

广西北部湾经济区政策创新研究

叶大凤　王天维◎著

经济管理出版社
ECONOMY & MANAGEMENT PUBLISHING HOUSE

总　序

阳国亮

　　正当中国与东盟各国形成稳定健康的战略伙伴关系之际，我校以经济学、经济管理、国际贸易等经济学科为基础，整合法学、政治学、公共管理学、文学、新闻学、外语、教育学、艺术等学科力量，经广西壮族自治区政府批准于 2005 年成立了广西大学中国—东盟研究院；同时将"中国—东盟经贸合作与发展研究"作为"十一五"时期学校"211工程"的重点学科来进行建设。这两项行动所要实现的目标，就是要加强中国与东盟合作研究，发挥广西大学智库的作用，为国家和地方的经济、政治、文化、社会建设服务，并逐步形成具有鲜明区域特色的高水平的文科科研团队。几年来，围绕中国与东盟的合作关系及东盟各国的国别研究，研究院的学者和专家们投入了大量的精力并取得了丰硕的成果。为了使学者、专家们的智慧结晶得以在更广的范围内展示并服务于社会，发挥其更大的作用，我们决定将其中的一些研究成果结集并以《广西大学中国—东盟研究院文库》的形式出版。同时，这也是我院中国—东盟关系研究和"211 工程"建设成果的一种汇报和检阅的形式。

　　中国与东盟各国的关系研究是国际关系中区域国别关系的研究，这一研究无论对国际经济与政治还是对我国对外开放和现代化建设都非常重要。广西在中国与东盟的关系中处于非常特殊的位置，特别是在广西的社会经济跨越式发展中，中国与东盟关系的发展状况会给广西带来极大的影响。因此，中国与东盟及各国的关系是非常值得重视的研究课题。

　　中国与东盟各国的关系具有深厚的历史基础。古代中国与东南亚各国的经贸往来自我国春秋时期始已有两千多年的历史。由于中国与东南亚经贸关系的繁荣，秦汉时期的番禺（今广州）就已成为"珠玑、犀、玳瑁"等海外产品聚集的"都会"（《史记》卷69《货殖列传》）。自汉代以来，经三国、两晋、南北朝至隋唐，中国与东南亚各国的商贸迅速发展。大约在唐朝开元初年，唐朝在广州创设了"市舶使"，作为专门负责管理对外贸易的官员。宋元时期鼓励海外贸易的政策促使中国与东南亚各国经贸往来出现了前所未有的繁荣。至明朝，郑和下西洋加强了中国与东南亚各国的联系，把双方的商贸往来推向了新的高潮。自明代始，大批华人移居东南亚，带去了中国先进的生产工具和生产技术。尽管明末清初，西方殖民者东来，中国几番海禁；16世纪开始，东南亚各国和地区相继沦为殖民地；至1840年中国也沦为半殖民地半封建社会，中国与东南亚各国的经贸往来呈现复杂局面，但双方的贸易仍然在发展。第二次世界大战以后，受世界格局的影响以及各国不同条件的制约，中国与东南亚各国的经济关系经历了曲折的历程。直到20世纪70年代，国际形势变化，东南亚各国开始调整其对华政策，中国与东南亚各国的国家关系逐渐实现正常化，双方经济关系得以迅速恢复和发展。20世纪80年代末期冷战结束至90年代初，国际和区域格局发生重大变化，中国与东南亚各国的关系出现了新的转折，双边经济关系进入全面合作与发展的新阶段。总之，中国与东盟各国合作关系由来已久，渊源深厚。

发展中国家区域经济合作浪潮的兴起和亚洲的觉醒是东盟得以建立的主要背景。20世纪60—70年代，发展中国家区域经济一体化第一次浪潮兴起，拉美和非洲国家涌现出中美共同市场、安第斯集团、加勒比共同市场等众多的区域经济一体化组织。20世纪90年代，发展中国家区域经济一体化浪潮再次兴起。在两次浪潮的推动下，发展中国家普遍意识到加强区域经济合作的必要性和紧迫性，只有实现区域经济一体化才能顺应经济全球化的世界趋势并减缓经济全球化带来的负面影响。亚洲各国正是在这一背景下觉醒并形成了亚洲意识。战前，亚洲是欧美的殖民地；战后，亚洲各国尽管已经独立，但仍未能摆脱大国对亚洲地区事务的干涉和控制。20世纪50—60年代，亚洲各国民族主义意识增强，已经显示出较强烈的政治自主意愿，要求自主处理地区事务，不受大国支配，努力维护本国的独立和主权。亚洲各国都意识到，要实现这种意愿，弱小国家必须组织起来协同合作，由此"亚洲主义"得以产生。东盟就是在东南亚国家这种意愿的推动下，经过艰难曲折的过程而建立起来的。

"东盟"是东南亚国家联盟的简称，在国际关系格局中具有重要的战略地位。东盟的战略地位首先是由其所具有的两大地理区位优势决定的：一是两洋的咽喉门户。东南亚处于太平洋与印度洋的"十字路口"，既是通向亚、非、欧三洲及大洋洲的必经航道，又是南美洲与东亚国家间物资、文化交流的海上门户。其中，世界上每年50%的船只通过马六甲海峡，这使得东南亚成为远东制海权的战略要地。二是欧亚大陆"岛链"重要组成部分。欧亚大陆有一条战略家非常重视的扼制亚欧国家进入太平洋的新月形的"岛链"，北起朝鲜半岛，经日本列岛、琉球群岛、我国的台湾岛，连接菲律宾群岛、印度尼西亚群岛。东南亚是这条"岛链"的重要组成部分，是防卫东亚、南亚大陆的战略要地。其次，东盟的经济实力也决定了其战略地位。1999年4月30日，以柬埔寨加入东盟为标志，东盟已成为代表全部东南亚国家的区域经济合作组织。至此，东盟已拥有10个国家、448万平方公里土地、5亿人口、7370亿美元国内生产总值、7200亿美元外贸总额，其经济实力在国际上已是一支重要的战略力量。再次，东盟在国际关系中还具有重要的政治战略地位，东盟所处的亚太地区是世界大国多方力量交会之处，中国、美国、俄罗斯、日本、印度等大国有着不同的政治、经济和安全利益追求。东盟的构建在亚太地区的国际政治关系中加入了新的因素，对于促进亚太地区国家特别是大国之间的磋商、制衡大国之间的关系、促进大国之间的合作具有极重要的作用。

在保证了地区安全稳定、推进国家间的合作、增强了国际影响力的同时，东盟也面临一些问题。东盟各国在政治制度等方面存在较大差异，政治多元的状况会严重影响合作组织的凝聚力；东盟大多数成员国经济结构相似，各国间的经济利益竞争也会直接影响到东盟纵向的发展进程。长期以来，东盟缺乏代表自身利益的大国核心，不但影响政治经济合作的基础，在发生区域性危机时更是无法整合内部力量来抵御和克服，外来不良势力来袭时会呈现群龙无首的状态，这对于区域合作组织抗风险能力的提高极为不利。因此，到区域外寻求稳定的、友好的战略合作伙伴是东盟推进发展必须要解决的紧迫的问题。中国改革开放以来的发展及其所实行的外交政策、在 1992 年东亚金融危机中的表现以及加入 WTO，使东盟不断加深对中国的认识；随着中国与东盟各国的关系不断改善和发展，进入 21 世纪后，中国与东盟也进入了区域经济合作的新阶段。

发展与东盟的战略伙伴关系是中国外交政策的重要组成部分。从地缘上看，东南亚是中国的南大门，是中国通向外部世界的海上通道；从国际政治上看，亚太地区是中、美、日三国的战略均衡区域，而东南亚是亚太地区的"大国"，对中、美、日都具有极重要的战略地位，是中国极为重要的地缘战略区域；从中国的发展战略要求看，东南亚作为中国的重要邻居是中国周边发展环境的一个重要组成部分，推进中国与东盟的关系，还可以有效防止该地区针对中国的军事同盟，是中国稳定周边战略不可缺少的一环；从经济发展的角度说，中国与东盟的合作对促进双方的贸易和投资、促进地区之间的协调发展具有极大的推动作用，同时，这一合作还是以区域经济一体化融入经济全球化的重要步骤；从中国的国际经济战略要求来说，加强与东盟的联系直接关系到我国对外贸易世界通道的问题，预计在今后 15 年内，中国制造加工业将提高到世界第二位的水平，中国与海外的交流日益增强，东南亚水域尤其是马六甲海峡是中国海上运输的生命线，因此，与东盟的合作具有保护中国与海外联系通道畅通的重要意义。总之，中国与东盟各国山水相连的地理纽带、源远流长的历史交往、共同发展的利益需求，形成了互相合作的厚实基础。经过时代风云变幻的考验，中国与东盟区域合作的关系不断走向成熟。东盟已成为中国外交的重要战略依托，中国也成为与东盟合作关系发展最快、最具活力的国家之一。

中国—东盟自由贸易区的建立是中国与东盟各国关系发展的里程碑。中国—东盟自由贸易区是一个具有较为严密的制度安排的区域一体化的经济合作形式，这些制度安排涵盖面广、优惠度高，它涵盖了货物

广西北部湾经济区政策创新研究

贸易、服务贸易和投资的自由化及知识产权等领域，在贸易与投资等方面实施便利化措施，在农业、信息及通信技术、人力资源开发、投资以及湄公河流域开发五个方面开展优先合作。同时，中国与东盟的合作还要扩展到金融、旅游、工业、交通、电信、知识产权、中小企业、环境、生物技术、渔业、林业及林产品、矿业、能源及次区域开发等众多的经济领域。中国—东盟自由贸易区的建立既有助于东盟克服自身经济的脆弱性，提高其国际竞争力，又为我国对外经贸提供新的发展空间，对于双边经贸合作向深度和广度发展都具有重要的推动作用。中国—东盟自由贸易区拥有近18亿消费者，人口覆盖全球近30%；GDP近4万亿美元，占世界总额的10%；贸易总量2万亿美元，占世界总额的10%，还拥有全球约40%的外汇。这不仅大大提高了中国和东盟国家的国际地位，而且将对世界经济产生重大影响。

广西在中国—东盟合作关系中具有特殊的地位。广西和云南一样都处于中国与东盟国家的接合部，具有面向东盟开放合作的良好的区位条件。从面向东盟的地理位置看，桂越边界1020公里，海岸线1595公里，与东盟有一片海连接。从背靠国内的区域来看，广西位于西南和华南之间，东邻珠江三角洲和港澳地区、西毗西南经济圈、北靠中南经济腹地，这一独特的地理位置使广西成为我国陆地和海上连接东盟各国的一个"桥头堡"，是我国内陆走向东盟的重要交通枢纽。广西与东盟各国在经济结构和出口商品结构上具有互补性。广西从东盟国家进口的商品以木材、矿产品、农副产品等初级产品为主，而出口到东盟国家的主要为建材、轻纺产品、家用电器、生活日用品和成套机械设备等工业制成品；在水力、矿产等资源的开发方面还有很强的互补性。广西与东盟各国的经济技术合作具有很好的前景和很大的空间。广西南宁成为中国—东盟博览会永久承办地，泛北部湾经济合作与中国—东盟"一轴两翼"区域经济新格局的构建为广西与东盟各国的合作提供了很好的平台。另外，广西与东南亚各国有很深的历史人文关系，广西的许多民族与东南亚多个民族有亲缘关系，如越南的主体民族越族与广西的京族是同一民族，越南的岱族、侬族与广西壮族是同一民族，泰国的主体民族泰族与广西的壮族有很深的历史文化渊源关系，这些都是广西与东盟接轨的重要人文优势。自 2004 年以来，广西成功地承办了每年一届的中国—东盟博览会和商务与投资峰会以及泛北部湾经济合作论坛、中国—东盟自由贸易区论坛、中越青年大联欢等活动，形成了中国—东盟合作"南宁渠道"，显示了广西在中国—东盟合作中的重要作用。总之，广西在中国—东盟关系发展中占有重要地位。在中国—东盟关系发展中发挥广西的作用，既是双边合作共进的迫切需要，对于推动广西的开放开发、加快广西的发展也具有十分重要的意义。

中国—东盟自由贸易区一建立就取得了显著的效果。据中国海关统计，2010 年中国与东盟双边贸易额达 2927.8 亿元，比上年增长 37.5%。当然，这仅仅是一个良好的开端，要继续深化中国与东盟的合作，使这一合作更为成熟并达到全方位合作的实质性目标，还需要从战略上继续推进，在具体措施上继续努力。无论是总体战略推进还是具体措施的落实都需要以理论思考、理论研究为基础进行运筹和决策，因此，不断深化中国与东盟及各国关系的研究就显得尤为必要。

加强对东盟及东盟各国的研究是国际区域经济、政治和文化研究学者的一项重要任务。东盟各国及其区域经济一体化的稳定和发展是我国构建良好的周边国际环境和关系的关键。东盟区域经济一体化的发展受到很多因素的制约，东盟各国经济贸易结构的雷同和产品的竞争，在意识形态、宗教历史、文化习俗、发展水平等方面的差异性，合作组织内部缺乏核心力量和危机共同应对机制等因素都会对区域经济一体化的进一步发展造成不利影响。要把握东盟各国及其区域经济一体化的走向，就要加强对东盟各国历史、现状、走向的研究，同时也要加强东盟区域经济一体化有利因素和制约因素的走向和趋势的研究。

我国处理与东盟各国关系的战略、策略也是需要不断思考的重要问题。要从战略上发挥我国在与东盟关系的良性发展中的作用，形成中国—东盟双方共同努力的发展格局；要创新促进双边关系发展的机制体系；要进一步深化和完善作为中国—东盟合作主要平台和机制的中国—东盟自由贸易区，进一步分析中国—东盟自由贸易区的下一步发展趋势和内在要求，从地缘关系、产业特征、经济状况、相互优势等方面充实合作内容、创新合作形式、完善合作机制、拓展合作领域，全面发挥其积极的作用。所有这些问题都要从战略思想到实施措施上展开全面的研究。

广西在中国—东盟关系发展中如何利用机遇、发挥作用更需要从理论和实践的结合上不断深入研究。要在中国—东盟次区域合作中进一步明确广西的战略地位，在对接中国—东盟关系发展中特别是在中国—东盟自由贸易区的建设发展进程中，发挥广西的优势，进一步打造好中国—东盟合作的"南宁渠道"；如何使"一轴两翼"的泛北部湾次区域合作机制创新成为东盟各国的共识和行动，不仅要为中国—东盟关系发展创新形式、拓展领域，也要为广西的开放开发、抓住中国—东盟区域合作的机遇实现自身发展创造条件；如何在中国—东盟区域合作中不断推动北部湾的开放开发、形成热潮滚滚的态势，这些问题都需要不断地深入研究。

综上所述，中国与东盟各国的关系无论从历史现状还是发展趋势来看都是需要认真研究的重大课题。广西大学作为地处中国与东盟开放合作的前沿区域的"211 工程"高校，应当以这些研究为己任，应当在这些重大问题的研究上产生丰富的创新成果，为我国与东盟各国关系的发展、为广西在中国—东盟经济合作中发挥作用并使广西跨越式发展作出贡献。

在中国与东盟各国关系不断发展的过程中，广西大学中国—东盟研究院的学者、专家们在中国—东盟各项双边关系的研究中进行了不懈的探索。学者、专家们背负着民族、国家的责任，怀揣着对中国—东盟合作发展的热情，积极投入到与中国—东盟各国合作发展相关的各种问题的研究中来。"宝剑锋从磨砺出，梅花香自苦寒来"，历经多年的积淀与发展，研究院的组织构架日臻完善，团队建设渐趋成熟，形成了立足本土兼具国际视野的学术队伍，在学术上获得了一些喜人的成果，比较突出的有：取得了"CAFTA 进程中我国周边省区产业政策协调与区域分工研究"与"中国—东盟区域经济一体化"两项国家级重大课题；围绕中国与东盟各国关系的历史、现状及其发展，从经济、政治、文化、外交等各方面的合作以及广西和北部湾的开放开发等方面开展了大量的研究，形成了一大批研究论文和论著。这些成果为政府及各界了解中国—东盟关系的发展历史、了解东盟各国的文化、把握中国—东盟关系的发展进程提供了极好的参考材料，为政府及各界在处理与东盟各国关系的各项决策中发挥了咨询服务的作用。

这次以《广西大学中国—东盟研究院文库》的形式出版的论著仅仅是学者、专家们的研究成果中的一部分。文库的顺利出版，是广西大学中国—东盟研究院的学者们在国家"211工程"建设背景下，共同努力，经过不辞辛苦、锲而不舍的研究所取得的一项重大成果。文库的作者中有一批青年学者，是中国—东盟关系研究的新兴力量，尤为引人注目。青年学者群体是广西大学中国—东盟研究院未来发展的重要战略资源，青年兴则学术兴，青年强则研究强，多年来，广西大学中国—东盟研究院致力于培养优秀拔尖人才和中青年骨干学者，从学习、工作、政策、环境等各方面创造条件，为青年学者的健康成长搭建舞台。同时，众多青年学者也树立了追求卓越的信念，他们在实践中学会成长，正确对待成长中的困难，不断走向成熟。"多情唯有是春草，年年新绿满芳洲"，学术生涯是一条平凡而又艰难、寂寞而又崎岖的道路，没有鲜花，没有掌声，更多的倒是崇山峻岭、荆棘丛生；但学术又是每一个国家发展建设中不可缺少的，正如水与空气之于人类，整个人类历史文化长河源远流长，其中也包括着一代又一代学者薪火相传的辛勤劳动。愿研究院的青年学者们，以及所有真正有志献身于学术的人们，都能像春草那样年复一年以自己的新绿铺满大地、装点国家壮丽锦绣的河山。

当前，国际政治经济格局加速调整，亚洲发展孕育着重大机遇，中国同东盟国家的前途命运日益紧密地联系在一起。在新形势下，巩固和加强中国—东盟战略伙伴关系，不断地推进中国—东盟自由贸易区的健康发展是中国与东盟国家的共同要求和共同愿望。广西大学中国—东盟研究院将会继续组织和推进中国与东盟各国关系的研究，从区域经济学的视角出发，采取基础研究与应用研究相结合、专题研究与整体研究相结合的方法，紧密结合当前实际，对中国—东盟自由贸易区建设这一重大战略问题进行全面、深入、系统的思考；并在深入研究的基础上提出具有前瞻性、科学性、可行性的对策建议，为政府提供决策咨询，为相关企业提供贸易投资参考。随着研究的深入，我们会陆续将研究成果分批结集出版，以便使《广西大学中国—东盟研究院文库》成为反映我院中国—东盟各国及其关系研究成果的一个重要窗口，同时也希望能为了解东盟、认识东盟、研究东盟、走进东盟的人们提供有益的参考与借鉴。由于时间仓促，本文库错误之处在所难免，敬请各位学者、专家及广大读者不吝赐教，批评指正。

是为序。

（作者系广西大学中国—东盟研究院院长）

2011 年 1 月 11 日

总
序

目 录

第一章

导　　论

政策创新是提升区域竞争力的重要途径，从某种意义上说，我国的改革开放史就是政策创新史。广西北部湾经济区是中国—东盟自由贸易区的主要区域，也是我国西部大开发和面向东盟开放合作的重点地区，对于国家实施区域发展总体战略和互利共赢的开放战略具有重要意义。提升该区域的竞争优势可能使北部湾经济区成为继珠江三角洲地区、长江三角洲地区、环渤海经济圈之后引领中国经济加速发展新的一极，将极大地促进中国—东盟自由贸易区的建设。

政策创新是区域发展的重要推动力量，地方公共政策创新是提升区域竞争力的重要途径，对促进区域经济的合作与发展目标的实现发挥着重要的作用。北部湾经济区享有民族区域自治、沿海沿边开放、西部大开发、国家发展规划与战略等综合配套优惠改革政策优势，为该区域在产业、财政税收、人才等方面的政策调整与创新提供了良好的基础与有效的制度保障。

建设重要国际区域经济合作区是《广西北部湾经济区发展规划》对广西北部湾经济区的功能定位，也是我国新时期对外开放战略的全新探索和尝试。这样的功能定位需要与之相适应的政策体制机制做保障，也需要政策的强有力支持。而现有的一些体制机制和政策已不能完全适应广西北部湾经济区开放开发的新形势、新任务、新要求。从广西北部湾经济区的功能定位出发，大力推进政策体制与机制创新，用好、用足、用活国家给予的各方面的扶持政策，才能加快推进广西北部湾经济区开放开发步伐。但是目前我国仍缺乏对广西北部湾经济区政策创新的系统研究。本书结合区域竞争优势这个区域发展目标对广西北部湾经济区政策创新进行研究，有助于推动广西北部湾经济区管理体制和政策机制的理论和实践创新。

一、研究意义

国家已经给予了不少区域优惠政策，但政策效果却差异很大，有些区域拥有少数民族优惠政策、沿海开放优惠政策、边境贸易优惠政策、西部开发优惠政策等多重优惠政策，却没有形成明显的竞争优势，其中一个重要原因是没有建立有效的政策创新体系。因此，本书以中国—东盟合作为背景，对广西北部湾经济区的政策创新进行理论与实证研究，以提升区域竞争优势、促进区域协调发展为目标，对政策创新进行系统研究，在一定程度上弥补了区域公共政策理论和实践研究中的不足。研究的理论与实践意义主要体现在：

（1）从提升区域竞争力的角度对广西北部湾经济区政策创新进行系统分析，拓展了政策创新的研究范围。随着我国区域合作的迅速发展，区域性公共问题急剧增长，迫切需要通过区域公共政策等工具进行规范与治理。广西北部湾经济区是中国—东盟自由贸易区的主要区域，也是我国西部大开发和面向东盟开放合作的重点地区，对于国家实施区域发展总体战略和互利共赢的开放战略具有重要意义。但是，其发展中面临着国家层面区域管理制度和公共政策缺失、政策主体观念落后、政策工具不全等因素，影响了该区域竞争力的进一步提升，迫切需要在政策方面进行系统创新。这些问题要求我们加强对区域公共政策创新的理论研究和实践探索。

探讨政策创新可以使人更深刻地了解制度创新的过程。我国多年来的发展实践被许多人认为是制度创新的结果，固然制度非常重要，但是制度的供给不是一开始就很完善，而是通过一系列的政策过程来完善，这个过程是一个伟大的创新过程。本书通过对政策创新的系统分析，尤其是对政策创新各方面的论述将在一定程度上丰富了制度创新理论。

国内外区域实践证明，政策创新是区域竞争力提升的重要途径。但目前对此问题的理论研究仍比较薄弱，许多学者仅仅从政策手段的创新来阐述，很少涉及政策创新的其他方面。本书将政策创新与区域竞争优势相关联，将使政策创新的价值和意义更加明确。同时，从政策观念、政策目标、政策主体、政策工具、政策内容、政策过程机制、区域政策协调机制等方面，对政策创新进行系统研究，这可为后来者分析和判断政府政策在促进区域发展中的效用提供一些启示，能够更加明确政府政策的实质所在，也可以弥补国内外在政策创新理论和实践研究上的不足。

（2）有助于厘清对政策创新在理论和实践上的偏颇和不足。政策创新主要包含政策构成要素重新组合和政策演变两个方面。我国目前主要从政策演变方面研究政策创新问题，部分学者和地方政府官员认为政府出台一项新的政策就是政策创新，这在理论和实际中是有所偏颇的。因为国家已经给予了不少区域优惠政策，但政策效果却差异很大，广西拥有少数民族优惠政策、沿海开放的优惠政策、边境贸易优惠政策、西部开发的优惠政策等多重优惠政策，却没有形成明显的竞争优势，其中一个重要原因是没有建立系统的政策创新机制。广西北部湾经济区作为一个后发展区域，要想在区域竞争中脱颖而出，目前尤其需要突破现有以优惠政策为主的政策演变方面的创新，同时从政策构成要素方面进行政策系统创新。

（3）有助于推动广西北部湾经济区管理体制和机制的创新。管理体制和机制的创新是区域发展的重要推动力量，而管理体制和机制的创新是通过一系列政策创新过程来实现的，地方公共政策创新是提升区域竞争力的重要途径。但是目前我国仍缺乏对广西北部湾经济区政策创新的系统研究。本书结合区域竞争优势这个区域发展目标对广西北部湾经济区地方公共政策创新进行研究，有助于推动广西北部湾经济区管理体制和机制的理论和实践创新。

（4）采用政策创新来分析我国先发展地区的发展路径，可以为后来者提供区域发展方面的政策经验。在中国改革开放的 30 多年里，一些率先根据自身实际利用中央给予优惠政策的区域已经发展起来，它们的优惠政策在改革中很大程度地承担着制度创新和经济发展的双重功能。综观过去 30 多年，政策创新在区域提升自身实力中具有重要作用，如何理解他们在这 30 多年里所进行的政策创新实践活动。很有必要将政策创新与区域竞争优势的相关要素结合起来分析我国先发展地区的发展路径，进而为后来者如何发展自己、提升竞争力提供经验借鉴。

（5）利用政策创新理论来分析广西北部湾经济区多年来在区域发展中的实践，可为广西北部湾经济区发展中的政策创新提供参考建议。众所周知，在改革开放 30 多年以及西部大开发 10 多年来，广西北部湾地区的发展在全国同类区域布局中的竞争优势一直没有得到很好的体现。作为拥有中国最早对外开放的沿海城市享有沿海开放的优惠政策；作为边境地区享有边境贸易优惠政策；作为西部开发的重要地区具有西部开发的优惠政策以及作为民族自治区是享有少数民族优惠政策的区域，多重优惠政策的叠加却没有形成竞争优势，北部湾经济区占全国的经济总量非常低下，这充分说明了仅仅拥有优惠政策是不够的，关键要关联到政策实践中的各项要素，用政策创新理论可以对其做出合理的解释。

通过具体细致的分析，广西北部湾经济区如何通过政策创新来提升区域竞争优势，这符合建立该区域的目的。在 2008 年《广西北部湾经济区发展规划》中提出要"经过 10～15 年的努力，把北部湾经济区建设成为我国沿海重要经济增长区域，在西部地区率先实现全面建设小康社会目标"。当前我国区域经济发展竞争激烈，全国各个区域都在争当中国经济发展新一极。继上海浦东新区、天津滨海新区之后，成渝全国统筹城乡综合配套改革试验区、全国资源节约型和环境友好型社会建设综合配套改革试验区武汉城市圈与长株潭城市群都在积极争取成为中国下一阶段经济发展的"新秀"。对于广西北部湾经济区来说，如何发挥自身的优势，尤其是政策方面的优势，这特别需要通过政策创新来实现。

所以，具体细致地分析广西北部湾经济区如何通过政策创新来提升区域竞争优势，可以为该区域的发展提供一些政策建议。广西北部湾经济区作为一个后发展区域，目前许多学者提出了不同的观点，如何来认识和区分这些观点，尤其是站在提升区域竞争力的角度来看，政策创新提供了一个很好的视角。本书提出通过政策创新来提升区域竞争优势的具体思路和途径，这是在该区域开发中相当长的时间内所需要的。作为一个刚刚规划不久的区域，在实际的运行中还存在许多的难点和不足，如何认识这些问题，需要政府的正确认识，在政策上予以调试。紧密结合广西北部湾经济区的开发目标来提出政策建议并能运用到实践中，更可能对区域的发展未来进行展望，同时解决实际中的问题。

二、相关概念界定

（一）政策创新的概念

政者政略、纲要，策者谋略、方术，政策是公权力主体在特定的时期内为了特定的目标而制定和执行的行为规范和方案的总称。"政策创新并非等同于政策发明，即构建原创的政策理念的过程。只要某一政策主体接受，对它来说，新的政策观念或政策工具就是创新。政策创新是政府因应公共管理使命之需求与政策环境变化，以新的理念为指导，完善与优化公共政策，以实现社会资源的优化配置和有效解决社会公共问题的一项重要政策行为。政策创新包括政策理念、政策价值、政策工具与政策方式等方面的创新。"① 政策创新是在政策的运行和变迁过程中所发生的一种现象，反映的是政策的变革与发展。从目前对政策创新的理解来看，政策创新主要包含政策构成要素重新组合和政策演变两个方面。从政策要素组合方面研究的学者认为政策创新是政府根据行政环境的新要求，主动改变既存政策要素的组合形态，创立一种具有积极社会价值的、新颖而适宜的政策要素组合形式的过程。从政策演变来探讨政策创新的学者认为政策创新是在公共政策的生态环境发生变化对政策产生了新需求时，政策主体以创新的价值理念为指导，突破传统政策体系的主体、内容、手段、程序，以期有效地解决社会公共问题以及对稀缺社会资源进行最优化的配置。根据政府在社会经济发展中的行政职能来看，我们可以将政策创新定义为政策主体根据行政环境变化的新要求，以创新的价值理念为指导，对政策要素进行重新组合，制定、执行与完善有创意、有价值的公共政策，实现政策目标的活动。政策创新的目标

---

① 黄健荣，向玉琼. 论政策移植与政策创新 [J]. 浙江大学学报（人文社会科学版），2009（2）：36.

是为了更好地适应社会发展，解决特定的社会问题。政策创新主要包括政策主体、政策工具以及政策运行流程的创新。作为一种制度创新活动，政策创新是一项具有成本和收益的活动，这种交易成本的高低深刻影响着政策创新的步伐和创新进程。从微观方面来看，政策创新的结果具有多重效应，对行政官员来说，可能增加他们的政绩，使它们在政治升迁的道路上处于有利地位；对区域的经济发展来说，这将有助于提升地方的综合经济实力与该地区的竞争力。政策创新的目的是为了适应客观环境的变化，其动力是社会中存在着巨大的潜在利益，通过政策创新可以有效地获取；市场经济条件下的政策创新具有市场性，其核心体现在竞争机制是促使政策创新发生的源泉。由于政策是特定制度的产物，政策本身存在着一定的垄断性，政策创新必须在一定的法律规范的约束下进行。在现有制度框架下，创新是一项风险性社会活动，就像企业投资一样，必须在收益大于成本的条件下更可能出现。

在一个相对稳定的发展环境中，宏观政策问题相对是单一的，也是社会的一种共识，正如美国学者托马斯·戴伊在《自上而下的政策制定》中所描述的那样"政策精英们的争吵是实现公共政策的途径和方法，而不是公共政策目标本身"。从政策创新产生的来源来看，主要是内源性创新，这种创新是政策主体凭借自身对政策问题的认知，在创新理念的指导下提出创新性的政策；另外一种就是政策主体在解决本地区特定社会问题时借鉴其他同类地区、相同政策问题的经验，通过对其他地区的政策学习与研究进而将其他地区的政策工具运用到本地区来解决社会问题的过程，通常称为"政策移植"。这种政策创新虽然不是原始政策方案创新，但是这种政策工具与本地区事先的政策方案相比具有较大的新颖性，也是解决区域发展问题的重要手段。广西北部湾经济区开发政策由来已久，自从改革开放北海成为沿海开放城市以来，国家已经给予了本地区众多的优惠政策，再结合本地区已经推出的各项政策和区域内各行政区制定的政策措施已经构成了一个庞大的政策体系。这套政策体系在多年的运行中固然产生了一定的效果，提升了本地区的综合实力，但与国内同类型的地区相比，该政策体系所发挥的效用却异常低下。对广西北部湾经济区来说，目前尤其需要进行政策创新，通过政策创新来提升本区域的竞争优势，这是本地区最重要的政策目标。

因此，广西北部湾经济区的政策创新不是政出多门，也不是搞"上有政策，下有对策"，而是在保持国家总政策和基本政策稳定的基础上，由政策主体以创新的价值理念为指导，根据区域发展的新形势和区域公共问题的特性，对北部湾经济区具体政策进行及时调整和创新。广西北部湾经济区层面的政策创新就是在中央政府、自治区政府和经济区各个行政区政府等政策主体根据广西北部湾经济区发展环境的新形势，以创新的价值理念为指导，突破既存政策体系的主体、内容、手段和程序，有效地满足政策客体的需求，提升区域竞争优势的过程。这种政策创新是一种积极的政策演变，也是一个更高效益的政策要素组合替代原有政策安排的过程。

（二）区域竞争优势的概念

区域是以一定地域为范围，并与经济要素及其分布密切结合的区域发展实体。根据区域的性质可以将区域分为经济区域和行政区域。在资源要素和行政体制的双重影响下，区域之间的发展水平差异巨大，竞争优势突出地体现了一定时期内各个区域的发展状态。在市场经济条件下，竞争将给区域发展产生巨大压力，在竞争中处于有利地位的一方通常能胜出，并获得较大的竞争收益。这种独特的竞争收益可以用多种指标来体现，世界经济论坛（WEF）和瑞士洛桑国际管理发展研究院（IMD）以及国内中国人民大学所出版的《中国国际竞争力发展报告》就曾采用评价区域竞争优势指标给竞争优势下定义，认为这些指标的集合构成了竞争优势。此外，对竞争优势论述最有影响的迈克尔·波特教授，提出了著名的国家竞争优势理论"钻石模型"，该模型主要由要素条件、需求状况、支持性产业和相关产业、企业战略结构与竞争、机遇、政府作用六大因素组成。在这些因素中，前四个因素被认为是影响区域竞争力的决定因素，其发展状态被看作是一个区域的竞争力水平，而后两个因素被看作是对前面四个因素起推动和辅助作用的"杠杆"，是各区域取得竞争力的支撑。由于这个模型揭示了一个区域竞争优势的核心，许多学者在分析区域竞争优势时采用该理论。

由于区域发展是变动的，区域竞争优势也处于不停的变化之中。竞争优势具有时空性、变动性和相对性等特点。从时间上看，竞争优势是指竞争主体过去、现在、未来的竞争力状况；从空间上看，竞争优势主要是指本区域竞争主体与其他竞争主体之间竞争力的强弱，是一个比较优势。虽然区域竞争优势的内涵丰富，但是它通常体现在区域的整个综合经济实力上。无论是国际上对该指标的论述，还是国内的各项研究对该指标的论述，都将经济指标作为衡量区域竞争力的核心指标。市场经济下任何区域之间的竞争如果没有经济实力做后盾，其竞争优势都是难以持久的。广西北部湾经济区的竞争优势与国内同类地区相比处于全国中下水平，即使在广西壮族自治区内，其竞争优势也不明显。广西壮族自治区成立广西北部湾经济区，国家批准《广西北部湾经济区发展规划》，其核心目标就是增强该地区的综合实力，突出体现在"经济性"上。鉴于此，广西北部湾经济区的竞争优势应当是在经济实力提升基础上的竞争力，其核心体现在生产要素条件、需求状况、支持性产业和相关产业、企业战略结构与竞争四大因素上。提升该地区的竞争优势，其核心就是要完善这个经济要素"钻石模型"，发挥市场机制和完善政府政策在创造和发展这些竞争要素中的作用。

三、国内外研究现状及述评

（一）国外研究现状

在 1912 年出版的《经济发展理论》一书中，首先从经济学的角度提出了创新的概念，并把创新分为产品创新、工艺创新、市场创新、资源配置创新、组织创新五个方面。此后国内外学者关于创新的研究，从经济创新扩展到技术创新、制度创新、管理创新和政策创新等领域和内容。熊彼特的创新理论不仅提出了经济领域的企业如何实现创新提升实力，也为一些后发展区域如何利用市场机制制定公共政策提供了启示。在传统体制下，后发展地区的企业和政府的创新意识比较薄弱，尤其是政府在公共政策的制定与执行过程中缺乏创新的思维来解决区域发展难题。熊彼特的创新理论首先为政府认识企业的创新提供了一条思路，同时他也为政府借鉴该创新理论革新自身的发展策略，把握地区发展中的"软环境"，革新本区域的传统政策培育竞争优势提供了路径。

美国学者 Jack L. Walker 最早研究和提出政策创新概念，他认为政策创新就是采用新的项目（Program），并提出了政策创新的内在决定因素模型和政策推广模型。[①] 此后，国外学者侧重于从西方社会的市场经济和政治体制背景出发，多从经济学和制度建设的视角来研究政策创新，并分析政策创新在促进区域经济发展中的重要作用，也提出了政府分权和区域竞争是政策创新的重要动力，政策扩散和政策学习是政策创新的重要方式；政府在行政机构改革中，需要借助市场的力量来更新政策工具等观点。在现代科技信息技术革新和政府市场化改革中，西方学者对政策创新在社会经济发展中的作用做了许多有益的探讨。国外许多学者根据市场经济背景，尤其是在知识经济时代下，提出政府分权和区域竞争是促使政策创新的重要动力，创新政策有助于解决区域发展中的难题，获得区域竞争优势。Ruth Rios – Morales 和 Louis Brennan（2008）通过对国际化背景下爱尔兰政府的政策和政策活力进行分析，认为爱尔兰通过创新政府政策提升了国际化水平，过去 20 年间创新在政策方面的重要作用是获得了竞争优势（Competitive Advantage）。

20 世纪 80 年代以来，美国哈佛大学商学院教授迈克尔·波特在其著作《竞争战略》、《竞争优势》、《国家竞争优势》中提出了竞争优势的概念。波特认为，一个国家的竞争优势由生产要素条件、需求条件、相关支持产业及企业的战略、结构和竞争这四个主要因素和政府与机会两个辅助要素构成，这些要素之间的互动而构成"钻石模型"。政府对竞争优势的作用主要体现在对四种决定因素的影响上，政府通过制定和执行政策分别对生产要素、需求条件、相关支持产业及企业的战略、结构和竞争产生影响。政策发生作用与竞争优势发展的阶段相关，竞争优势发展由生产要素导向、投资导向、创新导向和富裕导向四个阶段组成，与此相对应，政府的角色开始时应该是深入的阶段继而发展到角色淡出，只有政府以最适当的角色采取最合适的政策才能赢得竞争优势。

对于发展中国家和后发展地区来说，波特认为"钻石体系"有许

---

① 严荣. 公共政策创新的因素分析——以《上海市政府信息公开规定》为例 [J]. 公共管理学报，2006（4）：62 – 63.

多值得借鉴的地方，也适合地区性的经济发展行动。在全球经济竞争激烈的今天，对于区域如何获得竞争优势，国外学者在政策方面给予了一定的阐述，尤其将竞争优势的着力点放在"钻石模型"中的有关产业集群和创新生产要素方面，重点在于区域如何去实现产业集群，政府在产业集群与创新中应该发挥的作用。这为研究中国国内区域赢得竞争优势提供了理论基础。但是，对于后发展地区如何获得竞争优势，迈克尔·波特没有提出具体的行动方案。

（二）国内研究现状

1. 关于政策创新与区域竞争优势的研究

国内对区域竞争优势的研究较多，但主要从经济学方面和制度建设方面进行，具体体现在政策创新是区域竞争优势的重要来源和推进政策创新培育区域竞争优势的途径的两个方面。严荣在《公共政策创新的因素分析》一文中认为，政府之间围绕有限资源的竞争而寻求差异化和个性化的施政必须由创新政策体现竞争优势；张杰在《竞争力视角下的公共政策创新动力分析》一文中认为政策创新是影响竞争力的重要因素，政策创新动力是政策创新的决定因素。① 在具体论证政策创新与区域竞争优势之间关系时，学者们主要利用以迈克尔·波特的"钻石体系"理论区域来说明。在"钻石体系"理论被用于分析我国部分先开发地区的发展实践中，许多学者得出了"政策创新是区域竞争优势重要来源"的结论。赵旭利用迈克尔·波特的"钻石体系"理论详细分析了我国长三角地区的竞争优势架构，说明了该地区政策创新在促进经济发展中的作用。卞苏徽在 2001 年发表了《政策创新：深圳优势与竞争力原因分析》一文，在该文中认为深圳特区的迅速崛起与政策创新有着极其密切的关系，政策创新为深圳带来了新的优势，而新的优势增强了深圳的竞争力。

在分析政策创新是区域竞争优势重要来源的同时，国内学者还借用迈克尔·波特的"钻石体系"理论分析先发地区能够获得区域竞争优

① 张杰. 竞争力视角下的公共政策创新动力分析［J］. 大连海事大学学报（社会科学版），2008（5）：53.

势的原因，并提出了许多具有创新性的建议。余潇枫、陈劲在编著的《浙江模式与地方政府创新》一书中提出浙江省经济发展奇迹与浙江地方政府的创新相关。"用活政策式"是浙江省各级地方政府创新模式的一种，该文认为用活政策就是充分用活税收优惠、有效筹集"民间资本"、积极利用"政策时差"这些政策手段来开发出为地方所用的政策。该书的论述涉及了地方政府如何去推进政策创新并获得经济优势。陈国权、麻晓莉在《民营经济发展过程中的公共政策创新》一文中，通过对温州地方政府政策的演变进行分析说明，温州地方政府适时的政策创新为民营企业从非法走向合法奠定了坚实的基础。温州地方政府在公共政策设计过程中，政策供给兼备了社会可行性和组织可行性，使政策效能得到了充分发挥。

通过文献的分析，我国改革开放以来珠三角地区、长三角地区和环渤海湾地区的政策创新各有其特点。珠三角地区的政策创新具有较大的内始原创性，其改革创新意识是地区改革发展的关键，特殊优惠政策成为该地区发展的支点，不断健全的政策流程有效地促进了该地区持续创新。长三角地区的发展通过政府的积极推动而实现，带有明显的"双轮推动式"特点，政策创新突出体现在经济发展中善于发挥政府的作用和利用民间的力量，注重利用政策工具吸引区域发展所需的各项关键性生产要素。在政策工具的采用上侧重于挖掘招商引资政策的效益，制定有利于民营经济健康发展的政策，从而推动区域的一体化发展。环渤海湾地区则充分利用国家的区域间协调发展战略和自身所处的独特区域优势争取发展的主动权，通过政策移植有效赢得后发优势。在政策的运行过程中，三地都注重规范政策流程，及时发现政策循环中出现的问题，对不适合区域发展的政策适时转型，有效实现了政策供给与需求的平衡。

此外，一些学者在分析先发展地区能够通过政策创新获得竞争优势的同时，也结合当前的社会热点和后发展地区的实际提出如何通过政策创新解决社会难题，提高落后地区的经济实力。郭剑鸣在《政策创新与地方社会的科学发展》一书中以政策与社会问题的关系为中心，通过区域竞争、产业竞争等地方社会发展中的一些热点与难点问题的分析来研究地方公共政策的理性化、科学化和持续化，并探索出地方公共政策创新的方向，提出地方政府应当在促进地区经济发展和提供公共产品上为地方社会的科学发展服务。王维平教授在《经济政策创新与区域经济协调发展》一书中从政策的灵活性和动态性方面来论证政策创新在现实社会发展中的必要性，提出应通过经济政策的主体创新、客体创新、手段创新来提升西部地区实力，促进全国区域间的协调发展。袁莉等认为后起的国家和地区要加快发展，政府不仅要创造良好的市场环境，还需要比先进地区承担更多的社会经济职能，包括创新职能，并且认为东部的每一项制度创新都是在人民群众自发创新的基础上，地方和中央政府不失时机地通过各种政策加以规范和推广，使制度创新得以推广，也使地区经济增长率得到提高。朱超平等在《区域竞争优势与南京市开发区发展战略研究》一文中认为坚持构造"软环境"的比较优势是培育竞争力的重中之重，提出要持续建设和调整机制创新，机制的建设应该有企业、政府和大学三方面组成。

2. 关于提升广西北部湾经济区竞争优势的研究

广西北部湾经济区的建立历时较短，目前对它的讨论异彩纷呈，尤其是在广西区内部提出了诸多的看法和观点。其基本观点主要体现如下：

第一，在广西北部湾经济区还没有成为国家战略之前，从政策作用和相关政策选择上形成了一些观点。学者杜新在 2007 年 7 月出版的《关联经济：一种新的财富视角》中提到关联经济理论，该理论提出三大要素：区位要素、增长要素、战略要素，并认为三大要素排列组合和关联可以生出种种创造财富的新视角。尤其是对战略要素的描述称为区域经济各种关系的统筹，也为区域经济发展塑造了良好的内外环境，更是有关国家大战略的政治问题。该书认为在广西北部湾经济区与中国东盟合作的政策中，这些战略要素可以在区域开发中起着引领和撬动的关键性作用。国家行政学院的韩康教授在 2007 年 9 月出版的《北部湾新区：中国经济增长第四极》一书中利用增长极理论提出该区是我国外交政策、地缘政治、经济突破的战略支撑点，对北部湾经济区的开发提出要在市场驱动、产业整合、加大中央财政、税收的支持力度、创新金融服务、推动外交机制创新等政策方面进行努力。在国家还没有正式批准成立广西北部湾经济区前，韩教授对如何打造成新的经济增长极给予了政策建议。这些观点主要是在政策观念以及政策选择上提供了新颖的视角。

第二，明确提出如何在宏观理论上进行政策创新，促进区域发展。在《广西北部湾经济区发展规划》获得正式批准之后，东兴边境经济合作区管理委员会政策研究室王靖武在《环北部湾地区协调发展的政策创新简析》一文中认为，环北部湾地区协调发展政策需要协调各方面的政策关系，在新形势下需要创新。该文指出应通过制度性政策、区域性政策、功能性政策和公共性政策的创新，使广西北部湾经济区成为环北部湾地区经济新高地和经济增长极。还有研究者从推进泛北部湾区域经济合作发展方面指出了广西北部湾经济区的公共政策在制度基础、政策内容、政策工具、政策评估、区域利益协调机制等方面存在缺失与局限，认为区域公共政策需要转型和创新。

第三，根据广西北部湾经济区开发中遇到的一些实际问题所提出的创新观点。在政策观念上，莫绍深提出要利用"协和万邦"理念来对广西北部湾经济区发展进行定位，并认为广西北部湾经济区开放开发、建设中国—东盟自由贸易区是"协和万邦"理念的具体实践。还有人从耗散结构理论提出广西北部湾经济区发展策略："全面加强开放与合作策略、不平衡发展策略、人力资本投资策略、政府有效地控制与管理策略。"①

在政策工具上，提出如何在税收、财政、土地、产业政策方面进行创新。有学者根据目前该区域税收政策存在的问题提出要在制度上给予完善，在区域间进行协调等。在广西北部湾经济区建设与土地资源供需上，有人提出如何加大对土地优惠政策的论证、实施力度，为土地资源保障能力拓宽政策空间、集约合理利用有限的土地资源等。在交通运输上，有人提出要建立泛北部湾港口合作发展模式，发展综合交通运输体系等。在产业发展方面，认为产业政策必须既符合本区域实际和服务国

① 景保峰，唐琼沅. 广西北部湾经济区发展策略——基于耗散结构理论的研究［J］. 物流技术，2008，27（6）：22－24.

家发展战略、选准经济区的主导产业，根据北部湾经济区的实际发展轻工业，加强与东盟国家的旅游合作，对开发中的资金不足可以发展创业风险投资业等。

在具体的政策实践中，周英虎提出了广西北部湾经济区产业导向观念、物流经济、中心城市、产业选择与布局、资源禀赋、规划本身等方面存在的问题。《中国企业家》记者鲁菲通过对广西北部湾经济区的实际考察认为"重化工＋大国企"的发展模式与区域内同质化的竞争存在环境污染和忽视发展规律的问题。在具体发展实践中，有些人提出了构建广西边境自由贸易区，建设"泛北一区"，让钦州率先崛起，理顺行政区之间、北部湾城市之间、与发达地区、东盟之间建立和谐关系等思想。

（三）国内外研究评述

本书所要研究的是区域政府公共政策创新如何推动区域获得竞争优势。在理论的采用上，主要是政策创新理论和迈克尔·波特的竞争优势理论。具体说来是基于以下国内外研究情况所进行的探讨：

1. 国内外学者所提供的研究基础

（1）国外学者在市场经济条件下，尤其是在知识经济时代下，分析了政策创新在促进区域经济发展中的重要作用，提出电子政务和政策学习是影响政策创新的重要因素；政府分权和区域竞争是政策创新的重要动力，政策扩散和政策学习是政策创新的重要方式；政府在行政机构改革中，需要借助市场的力量来更新政策工具。这为本书研究政策创新提供了一些思路。

（2）国内学者从经济发展要求、社会转型期背景以及政策创新宏观理论方面进行分析政策创新。从经济发展要求方面来论述的国内学者认为，政策创新有助于区域经济的发展，其主要体现在经济政策方面，比如产业扶持、企业改制、国家金融等方面。从社会转型期背景来进行研究的学者认为，公共政策创新有利于解决社会转型期间的社会难题，解决这些难题应当在政策内容、机制、制定方式等方面加以创新。从政策创新宏观理论方面来论述的主要体现在从公共政策系统的相关知识对政策创新的概念和属性进行分析，侧重政策创新这个系统的运行。经济发展要求、社会转型期背景以及政策创新宏观理论方面的论述比较详细地阐述了我国政策创新理论的背景、内容、特点等知识，这为本书如何在我国当前的实际背景下研究政策创新促进区域经济发展提供了可供参考的方法和技巧。

（3）在政策创新是区域竞争优势的来源方面，许多学者认为政策创新是区域竞争优势的重要来源，指出政策主体创新、政策工具创新和政策运行流程创新是提升区域竞争优势的重要途径。首先，政策主体创新是提升区域竞争优势的前提，没有政策主体的观念创新将使区域失去提升竞争优势的机遇，政策主体能力与结构的创新则是各项优质政策发挥效益的基础。其次，采用适当的政策工具，避免政策工具的失灵，合理利用引导性、协调性、监控性政策工具。政策工具的采用要侧重于吸引和合理配置各项生产要素，拓展企业的市场需求，并为区域的发展创造良好的环境。最后，竞争优势具有时空相对性，新形势迫切需要新政策，持续提升竞争优势需要政策与变化的竞争态势相适应。要不断规范政策流程，及时发现和解决政策运行过程中的问题，这是实现竞争优势维持与提升的关键。这些理论可以梳理清本书政策创新与提升竞争优势之间的关系，并能为政策创新与区域竞争优势的各项具体要素的联系提供一条途径。

（4）在广西北部湾经济区的建立与发展过程中，广西壮族自治区内外提出了许多的发展方案和对策。有学者明确提出如何在宏观理论上进行政策创新，促进区域发展。在对政策创新的认识上，将广西北部湾经济区的政策创新分解为制度性政策、区域性政策、功能性政策和公共性政策的创新，并且将政策创新最终落实到区域经济发展上，这与本书研究所要探讨的问题方向是一致的，为开展本研究提供了比较丰富的材料。

2. 国内外学者研究的缺陷与不足

（1）国外学者侧重于从目前社会的背景出发来研究政策创新，但是由于西方社会市场经济发展比较完善，其理论在我国的适用性还需要进行取舍。迈克尔·波特的"钻石体系"理论所分析的竞争优势主要从产业政策方面来加以论述，其前提之一就是"从事产业竞争的是企业而非政府"。这种条件与目前我国的社会主义市场经济体制还具有较大差异,因而对国内区域发展的分析只能参照而不能照搬。

(2)国内学者从经济发展要求来论述政策创新时,主要是论述其必要性,结合迈克尔·波特的"钻石体系"中的四个要素来分析如何推进政策创新,其着眼点都是从经济学的视角进行分析,由此而提出政府政策如何进行创新的建议,但从公共管理角度,尤其是政府在市场经济条件下的行政职能出发来提出政府如何在区域发展中发挥作用,提升区域竞争优势,国内学者在以前的研究中却显得不足。而且在论述政策创新中,大多从政策演变方面进行政策创新研究,缺少从政策构成要素重新组合方面进行政策创新研究;在政策创新与区域竞争优势的研究中,侧重于对珠江三角洲、长江三角洲、天津滨海新区等发达地区的研究,缺少对广西北部湾经济区等西部区域合作的研究,更缺少从提升区域竞争优势视角对政策创新进行系统研究。

(3)在论述政策创新如何影响区域竞争优势上,王维平教授认为政策创新包含政策观念的创新、常用的政策工具或手段的创新、政策目标的创新、政策制定不同主体政策能力的创新、政策过程的创新、政策内容创新等六层含义①。该分类比较复杂,存在相互交叉的现象,在政策内容与政策手段和工具的区分上存在相似之处,对现实生活的指导意义不强。本书从区域实际情况出发,将政策创新分解为政策主体创新、政策工具创新和政策运行流程创新,使人更容易了解政策创新。

(4)在开展政策创新提升区域竞争优势的所选用的区位上,国内的研究侧重于对发达地区的研究,如郭剑鸣的《政策创新与地方社会的科学发展》一书,分析的都是沿海发达地区的发展实践,对欠发达地区的政策创新关注不够,卞苏徽具体分析了深圳的政策创新与竞争优势的关系。在欠发达地区的研究上,王维平教授侧重于西部地区的发展,其落脚点是站在国家的层面来协调区域的平衡发展,其涉及面比较广、理论研究比较宏观,对西部的各个地方如何进行政策创新的实践与指导并不足。其实对西部地区的各个地方政府来说,全国范围内的区域协调发

---

① 王维平. 经济政策创新论 [J]. 兰州大学学报(社会科学版),2003,3(2):94.

展就是要提高本区域的竞争力，使自身在长期发展中具有优势，目前我国提出协调发展、平衡发展以及和谐发展，其实就是提高欠发达地区的竞争实力。因此本书的落脚点是在广西北部湾经济区的具体层面上，这符合区域现实发展的需要。

（5）国内目前探讨广西北部湾经济区发展的文献不少，对政府来说，区域的发展是依靠政策来实现的，但是目前系统明确地提出如何从政策方面进行开发该区域，对广西北部湾经济区所面对的困难和挑战，尤其是现实中的困境涉及较少，敢于提出的实际问题少，方案的针对性也比较缺乏。广西北部湾经济区提出要争做沿海经济发展新一极，这样的定位其实就是提升区域竞争优势，但是只有面对现实中的困境，尤其要在发展中与其他区域进行比较、学习，而目前这方面的文章还比较缺乏。在为区域发展所提供的一些方法上缺乏相互比较和整合。本书正是在这些研究成果分辨和综合的基础上结合区域竞争优势这个区域发展目标来提出政策建议，以期弥补目前一些研究的不足。

总之，国内外政策创新研究体现出以下四点内容：一是对经济创新、技术创新和管理创新的研究比较深入，对政策创新的研究仍很薄弱；二是重视对国家宏观层面总政策和部门政策创新的研究，忽视对地方层面的公共政策创新；三是多从政策演变方面进行政策创新研究，缺少从政策构成要素重新组合方面进行政策创新研究；四是侧重于对珠江三角洲、长江三角洲、环渤海经济圈等相对发达地区的研究，缺少对北部湾经济区等西部地区合作区域的研究。

四、研究内容、研究方法和创新之处

（一）研究的基本内容

本书立足于我国区域发展的实际，以促进我国区域协调发展为目标，以创新理论和系统理论为指导，在综合分析国家层面的区域公共管理制度和政策的基础上，重点从政策构成要素重新组合和政策演变两个层面分析广西北部湾经济区政策创新。其中，政策构成要素重新组合方面主要从政策主体、政策工具、政策过程等方面阐述；政策演变方面的政策创新主要从人才政策、产业政策、财税和金融政策、环境保护政策等方面进行分析，探索构建促进北部湾经济区协调发展的政策创新体系。

政策创新主要包含政策构成要素重新组合和政策演变两个方面。我国目前关于政策创新问题，主要从政策演变方面进行研究，部分学者和地方政府官员认为政府出台一项新的政策就是政策创新，这在理论和实际中是有所偏颇的。因为国家已经给予了不少区域优惠政策，但政策效果却差异很大，广西拥有少数民族优惠政策、沿海开放的优惠政策、边境贸易优惠政策、西部开发的优惠政策等多重优惠政策，却没有形成明显的竞争优势，其中一个重要原因是没有建立系统的政策创新机制。广西北部湾经济区作为一个后发展区域，要想在区域竞争中脱颖而出，目前尤其需要突破现有以优惠政策为主的政策演变方面的创新，同时从政策构成要素方面进行政策系统来创新。但目前对此课题的理论研究仍比较薄弱，许多学者分析政策仅仅从政策手段的创新来阐述，很少涉及政策创新的其他方面。本书将政策创新与区域竞争优势相关联，从政策观念、政策目标、政策主体、政策工具等方面，对政策创新进行系统研究，可以弥补国内外在政策创新理论和实践研究上的不足，为广西北部湾经济区发展中的政策创新提供参考建议。

本书研究的主要目的是试图利用政策创新理论为区域如何提高自身的竞争力寻找新的理论解释，并就此为广西北部湾经济区的发展提供相关的政策建议。本书第一章为导论，主要通过文献回顾和国内先发展地区的实证分析来揭示政策创新与区域竞争优势之间的关系，形成从政策创新方面获得竞争优势的理论框架，是第二、三、四章立论的基础和前提；本书第二、三、四章主要从政策创新的系统层面，立足于当前广西北部湾经济区政策供需的现状提出本地区提升竞争优势可供采取的对策，其中第二章主要通过广西北部湾经济区政策主体角色的分析提出需要推进政策主体创新，并通过政府机构改革优化政策主体结构，提升政策主体的能力，为提升区域竞争优势提供前提。第三章侧重从传统政策工具效用的层面提出该地区的政策工具创新要变革管制性政策工具，灵活采用混合性政策工具，挖掘志愿性政策工具的经济效益，充分利用政府、市场和社会的力量进行协同开发，积聚各项竞争优势要素，实现各项要素的互动。第四章主要从政策系统运行的角度指出该地区政策运行环节中的问题，提出要规范政策议程，实现决策的科学化与民主化；通过政策学习和采用多样化策略推广优质政策；适时监控政策在提升区域竞争优势中的效用，保证政策运行状态与区域竞争优势的提升相适应。本书第五、六、七、八章主要从产业政策、人才政策、财税和金融政策、环境保护政策等方面，探讨广西北部湾经济区政策创新实践。

（二）研究方法

1. 文献研究法

文献研究是本书写作素材的主要来源之一。由于时间和财力的限制，本书的一些材料、数据来自他人的研究成果，如通过外文数据库获得国外目前的政策创新研究现状、国内其他地区区域发展中的政策资料。在对相关的书籍、期刊、论文、资料等进行综合性阅读、讨论与分析的基础上，通过对各项资料进行整理、归纳和分析，提出自己的见解或结论。

2. 比较分析法

一是寻找差异，二是总结共性。本书在研究过程中非常注重比较方法的运用，具体包括先发展地区之间的政策创新特点比较，广西北部湾自身的区域发展实际与国内其他区域的比较等，以发现它们在政策创新上的特殊属性和共同属性。

3. 实证研究法

在充分利用他人的研究成果来论证自己观点的基础上，本书注重实证研究。本书的实证研究主要是通过收集目前广西北部湾经济区的开发现状资料，通过对一些区域政策的制定与执行中所出现问题的了解，以及通过与有关人员访谈和社会调查的方式来获得资料，证实与预测广西北部湾经济区的发展状况。

4. 案例分析法

选择广西北部湾经济区作为研究对象，较为深度地剖析广西北部湾经济区在财税、金融、人才、环境保护等方面政策的转型与创新。

（三）创新之处

1. 研究视角独特

国内外学者主要从经济学视角、经济政策方面对政策创新进行研究，缺少从地方公共政策视角、政策构成要素方面的政策创新研究。而且多是针对珠江三角洲、长江三角洲等先发展区域，缺少对广西北部湾经济区等西部后发展区域的研究。本书以广西北部湾经济区为研究对象，从公共管理角度尤其是政策系统视角对政策创新进行研究，比较新颖。

2. 研究内容较新

在现有的政策创新研究中，国内外学者大多是对以优惠政策为主的政策演变方面政策创新的研究，缺少从政策构成要素方面进行政策创新研究。本书从政策观念和目标、政策主体、政策内容、政策工具、政策运行流程等政策构成要素方面，对广西北部湾经济区政策创新进行系统的研究，可以弥补我国区域公共政策理论和实践研究上的不足。

第二章

政策构成要素创新

政策创新主要包含政策构成要素重新组合和政策演变两个方面。从政策构成要素方面看，政策创新主要包括政策主体、政策工具以及政策运行流程的创新。从政策演变方面来看，政策创新是在公共政策的生态环境发生变化对政策产生了新需求时，政策主体以创新的价值理念为指导，突破传统政策体系的主体、内容、手段、程序，以期有效地解决社会公共问题以及对稀缺社会资源进行最优化的配置。广西北部湾经济区层面的政策创新就是在中央政府、自治区政府和经济区各个行政区政府等政策主体根据广西北部湾经济区发展环境的新形势，以创新的价值理念为指导，突破既存政策体系的主体、内容、手段和程序，有效地满足政策客体的需求，并提升区域竞争优势。

第一节　政策主体创新

政策主体创新是提升广西北部湾经济区竞争优势的前提。当前，广西北部湾经济区的政策主体主要是政府机关，而公众、民间组织等则还是潜在的政策主体，没有体现出自身作为政策主体元素的功能，这需要政府改变以前的政策观念，提升自己的能力，通过机构改革等多种手段将民众和民间组织等纳入政策主体系统，建立合理的政策主体结构，为制定和执行优质的政策创造前提，切实发挥创新政策对提升区域竞争优势的作用。

根据参与制定和执行政策权力的不同，通常将政策主体分为公共权力政策主体和非公共权力政策主体。由于政府具有法定的制定和执行权力，通常认为政府是最主要的公共权力政策主体，能否进行政策创新最基本的前提就是能否构建科学合理的政策主体结构，以及实现政策主体的创新。政策主体的创新包括政策主体的观念、能力和结构等方面的创新。

一、政策主体的观念创新

（一）合理定位自身在提升竞争优势中的作用

经济职能已经成为政府最重要的职能之一，微观经济的高效率、宏观经济的稳定是政府调控经济的目标。由于市场失灵的存在以及我国经济社会发展还处于较低层次，当前还需要政府在经济发展方面发挥重要作用。公共政策是事实和价值的统一，广西目前的经济状况处于全国的中下水平，且竞争实力处于较弱层次，这是目前广西的最大现实。要实现整个广西的发展，在政策选择上需要协调效率与公平之间的关系。改革开放以来，我国先发展地区的增长极策略带动了三大经济区域的形成，这是经济发展中的价值选择，反映了不同的发展路径。在今天的广西发展战略上看，通过政策优先支持广西北部湾经济区发展是提升自身竞争力的现实选择。在具体的发展战略认识上，广西北部湾经济区虽然具有众多的优势，但在整个广西经济势力却处于较弱层次。在先发地区的成长过程中，涌现了以行政放权式改革为主，通过减少政府政策对市场干预而发展起来的珠三角地区和江浙地区，也出现了以上海和环渤海湾地区的政府政策推动式发展模式，这些模式深刻地说明了政府政策在区域发展中的作用。但无论是哪种发展方式，都有力地推动了自身的发展，唯一的差异就是政府根据区域发展阶段选择不同的政策干预模式，充分发挥政策工具在提升区域竞争力中的作用。

从广西北部湾经济区目前所处的竞争力发展阶段上看，本地区所具有的生产要素质量明显不高，缺乏提升生产要素的机制，区域发展所需要的资本、劳动力、基础设施等生产要素非常缺乏，区域竞争力的发展还处于生产要素导向和投资导向阶段（见图2-1）。政策在建立高级生产要素创造机制和营造优良的企业投资环境中具有不可缺少的作用，高效而适当地干预是政府的最佳选择。市场经济条件下出现市场失灵或政府失灵，其关键不在于政府是否应该干预经济，而是政府干预经济的程度。持续改善生产要素质量，引导资源优化配置，积极为区域竞争力的提升积累原始资本，这些都是区域发展的先决条件，政府在此方面不是缺位和越位，而是要到位。适当的政策干预，努力为区域竞争力的提升创造前提条件是广西北部湾经济区决策者的正确定位。虽然政府分权和区域竞争是广西北部湾经济区政策主体更新观念，创新公共政策创新的一种动力，但是区域现实所处的发展状态需要充分发挥更加有效的政策来为经济区服务，这是该地区发展的最大实际，也是政府决策主体必须面临的问题，决策主体的政策观念必须转移到为经济区发展服务上来，而不是单纯地为了政绩而革新观念。

图 2-1　广西北部湾经济区竞争力所处的发展阶段

资料来源：迈克尔·波特. 国家竞争优势［M］. 李明轩，邱如美译. 华夏出版社，2002。

（二）正确认识区域竞争优势要素的现状

根据迈克尔·波特的"钻石模型"，区域竞争优势主要由生产要素条件、需求条件、相关支持产业及企业的战略、结构和竞争这四个因素构成，具体体现在区域 GDP 总量，经济增长速度、城乡居民人均消费和收入，企业数量与产值等指标上。从这些要素上看，广西北部湾经济区无论是在全国还是在广西壮族自治区内部都不占优势。政府作为影响经济发展的重要因素，公共政策是政府治理的重要工具。回顾广西改革开放以来所有的政策，从表面上看这些政策具有很大的优势，实际上政策的表面优势并没有带给具有良好发展条件的北部湾地区较强的竞争力优势。新制度经济学认为，良好的制度可以降低交易成本，为区域经济的发展创造良好的条件。其实，无论是迈克尔·波特的竞争力经济学还是新制度经济学，他们都基于区域所拥有的物质前提来进行理论阐述，政策提供的只是一套机制，它需要"内生化"，成为促进区域自身发展的因素。多年来广西一直是优惠政策的积聚地，中央政府每次出台的优惠政策都曾涉及广西，尤其是广西北部湾经济区。政策是促进区域发展的重要因素，但仅仅通过上级的制度供给和放权让利是难以实现区域竞争优势的聚集。中央给予本地区的政策是从全国的角度去思考的，其政策带有区域经济协调发展的性质。实现政策本身的内生化是广西政策运行中的主要"瓶颈"，这需要正确地理解上级所给予的基本政策，在此基础上进行创造性的执行。

相同的政策在先发地区能够产生良好的效应，这与地方政府的政策执行紧密相关。制度在执行过程会出现僵化现象，政策在长期的运行过程中可能因为环境的变化出现政策失灵。在已经拥有多重政策优势的前提下，如何盘活自身所拥有的众多政策优势，这需要广西北部湾经济区发挥创造思维，开发已有政策的潜力，开拓新的政策优势。在国家提倡区域协调发展的背景下，提升广西北部湾经济区竞争优势需要借鉴国内外发达地区的成功经验，走出与以前先发展地区不同的发展道路。国家层次的区域协调发展需要提升落后地区的竞争实力，从中央政府政策的角度上看，提升广西北部湾经济区竞争优势是区域协调发展的重要举措，这在《广西北部湾经济区发展规划》和《国务院关于进一步促进广西经济社会发展的若干意见》等中得到了充分的体现，而对自治区来说则是用增长极的思路来带动整个广西的发展，两者的政策选择起点和着眼点不同。要实现区域竞争优势的提升，政策主体必须深刻地认识到广西北部湾经济区国家战略提出的背景和缘由。在区域开发观念中也要树立创新性思维，并根据自身所拥有的优势，选择差异化战略，为区域各个发展主体营造低成本的政策环境，将发展目标积聚到提升自身的经济实力上来。

二、政策主体的能力创新

（一）提升政策主体的决策能力

决策能力是政策主体，尤其是公共权力主体能力的首要体现，它包括政策问题确认能力、利益整合能力与政策规划能力。广西北部湾经济区国家战略构成了广西北部湾经济区开发政策系统，在这个政策结构中，中央政策—地方政策—基层政策构成了一个塔形结构，在各个层次都有比较具体的政策形成若干群落，并相互发生作用。高层次的政策为下层次的政策提供了原则指导，而如何执行还需要通过基层对具体事项进行决策。越是基层所面临的问题越复杂，政策问题的确认能力是实行科学决策的基础。提升政策问题确认能力既需要善于总结经验，也需要充分发挥政策信息和咨询系统的作用，系统、整体、全面地认识和分析区域发展中所遇到的问题，努力培养敏锐的洞察力和超前意识。在市场化的多元利益结构中，利益集团等组织积极参与到公共决策过程中，对公共决策产生压力。利益整合与协调将是决策中所遇到的最现实的问题，比如基础设施和园区建设等方面的征地拆迁利益关系的协调与平衡，这需要决策主体具有较强的协调、沟通能力。提升政策规划能力是政策主体进行决策的核心，也是规避霍布森选择的路径。在具体决策中，要利用开放性和扩散性的思维方式来思考各种问题，在地方决策过程中发挥决策主体的理性思维，使公共决策符合客观规律，并体现出科学民主决策的艺术性。

（二）提升政策主体的执行能力

政策主体的执行能力是公共政策能否有效发挥作用的关键，它体现在政策的理解能力和对具体政策工具的运用能力上。上级制定的政策是原则性的规定，具体的执行需要基层政府去实施，如何理解上级政策的本质，灵活运用政策是当前各个地区发展差异的重要原因。对上级政策的执行其实就是将上级的文件精神内生化为本地发展的动力。一直以来，广西北部湾经济区的优惠政策没有发挥出应有的作用，其中的重要原因就是政策主体对优惠政策的理解不到位，创造性地运用上级的政策能力比较弱。目前中央所批准的《广西北部湾经济区发展规划》在一定程度上赋予了本地相当大的"自由裁量权"，大大减少诸多区域发展中的限制，这些自由裁量权的使用需要本地区进行灵活把握，以期给区域带来新的机遇。对广西北部湾经济区各基层政府来说，要充分理解以前政策和现在政策的本意，创造性地执行上级的政策，挖掘以前优惠政策的潜力，并争取新的政策。要充分利用中央给予的先行现试的权限，在区域发展战略上勇于探索，学习借鉴国内外其他地区的发展经验，注重推陈出新。政策执行过程中注重市场机制的运用、培育市场主体自我发展的能力，让特殊而优惠的政策成为区域发展源源不竭的动力。在政策实施过程中注重提升政策的精细性，使政策目标更加具体、具有针对性。在具体的操作中，实现"上"和"下"之间的紧密结合，积极调动非公共权力政策主体参与执行，善于吸收民间智慧，充分利用各种政策资源提升区域综合竞争力。

三、政策主体的结构创新

（一）推进行政决策主体行政机构改革

传统的行政机构无论是机构设置还是职能配置方面都存在与社会发展不相适应的地方，这影响了政府做出科学合理的行政决策。政府机构设置的不合理导致政策执行效率低下，影响经济发展环境。重塑政府组织机构已经成为我国新一轮行政体制改革的目标，《广西北部湾经济区发展规划》中也明确提出支持本区域推进行政管理体制改革，形成科学分工、密切配合、权责一致、执行顺畅的管理体制和运行机制。政府具有为民众提供公共产品和社会服务的职责，政策是政府提供给社会的重要公共服务，它将有力地促进社会的发展。在广西北部湾经济区目前的行政机构框架下，推进行政决策主体机构改革是提升政策效益的重要保障。

第一，推进自治区层面的广西北部湾经济区管理委员会改革。作为自治区层级的派出机构，广西北部湾经济区管理委员会在区域政策的制定上扮演着关键角色。但是在法律地位上，它不是一级行政机关，只是在自治区政府的授权下履行区域规划、项目管理、基础设施建设、政策研究与宣传和国际交流的职能，其政策的制定与执行受到诸多的限制。在目前的构架中，整个北部湾经济区存在 6 个完全不同的地方政策体系，南宁、钦州、防城港、北海、玉林和崇左都设置了相应的北部湾办公室。从目前的政策运行流程来看，广西北部湾经济区管理委员会主要是政策制定机构，而经济区内的 6 个市是政策执行机构。政策制定权力集中在自治区一级，其主要目的是统筹开发经济区，协调解决涉及经济区的重大问题。从广西北部湾经济区的整个地方政策体系上看，这个官方的政策系统内存在着非常复杂的利益群体。作为一个新型的区域开发机构，广西北部湾经济区管理委员会在机构的设置和可用资源上还存在不足，迫切需要进行完善。在当前最可行的方式就是在组织目标明确的前提下增强该组织机构的权威性和资源统筹力，逐步通过法律的途径将该组织的权责体系予以明确，其次需要为该组织提供更多可供支配的财力资源，提高内部人员的素质，最后要选择适当的组织结构形式，实现该机构的合理、高效。

第二，推进广西北部湾经济区内的各地级市机构改革。在行政区经济的影响下，广西北部湾经济区各地级市之间各自为政的现象还比较突出。长期以来，经济区各市之间的行政壁垒森严，自治区所颁布的政策在各地之间执行的效果差异巨大。各个地区制定的政策措施比较容易出现逆市场化倾向，比如在政策运行中注重管辖有利可图的事项，而无利可图则相互推诿，政策冲突严重削弱了区域竞争力。在当前行政体制下，各地级市主要是制定具体的政策措施和执行上级政策的机构，有效发挥各地级市政策主体系统的效用，有赖于建立合理的决策机构和执行机构，推进各地级市行政机构改革。各地级市的机构改革要遵循循序渐进的思路，一方面要合理划分本地与自治区层面，尤其是与广西北部湾经济区管理委员会的权责关系，明确各自纵行向上的政策目标；另一方面要改革本地区行政系统内部的关系，尤其是各个产业园区与基层政府之间的关系，合理划分政策执行权限，根据各个产业园区的现状构建高效的政策执行机构，保证各项政策能够顺利地落到实处。

第三，实现自治区与各地级市之间机构改革的有机统一。不同的政府机构改革模式会出现不同的政策运行模式，直接影响到政策目标的实现。要解决当前经济区各市政策难以协调的局面，关键是实现机构改革的有机统一，实现各个机构之间的相互合作，推进区域开发的一体化进程，共同在优惠政策的背景下提升竞争力。合理利用现有政策资源，尽量减少改革成本和阻力，需要借鉴以前的行政管理体制改革经验，注重与现有行政管理体制的衔接。根据中国经济体制改革研究会起草编制的"广西北部湾经济区体制改革与创新研究"课题报告，广西北部湾经济区有五种可供选择的行政模式，这些行政模式对经济区未来的政策制定产生重要影响，尤其体现政策资源的整合和创新上。从表2-1可以看出，无论是属于统一集权式管理模式，还是分散协调式管理模式，以及两者的混合，其目标都是要在行政体制上为区域竞争优势的提升创造良好的制度环境。推进广西北部湾经济区行政机构改革，需要在以上五种模式中做出优化选择，其选择的原则就是要采取自下而上、循序渐进的方式，从最有利于促进经济区经济的发展着眼，便于政策的制定和执行，最终为区域发展解除体制障碍，使公共权力主体的政策制定与执行水平符合区域发展潮流，在区域整合中提升竞争力。

表2-1　广西北部湾经济区五种行政模式

模式名称	主要行政职能	利	弊	对政策创新影响
构建完整的行政实体机构	享有一级政府所必要的职能	减少无序竞争,形成开放、开发的整体合力	遇到的困难较多,决策成本极大	有利于政策资源整合,容易获得政策创新收益
专门从事开放、开发的实体机构	经济开放、开发事务的职能	机构调整力度小,有利于政策执行	职权重划阻力大,体制变革成本高	直接从事经济建设活动,便于政策执行
功能齐全的专门派出机构	集中涉及北部湾开放、开发的相关权力	经济职权完备、功能齐全,政策资源丰富	来自自治区直属机关的压力大	政策资源丰富,政策执行效率高
仿造"独联体"或共同体模式	共同致力于区内开放和开发协作	简单易行、操作容易	行政推动力弱,决策缓慢,协商成本高	政策制定与执行的协商成本高,容易贻误时机
战略性和创新性公共服务机构	专门从事高端规划和战略管理	改革阻力最小得到实际收益形成宣传效应	对制度环境和人才素质要求高,需创新性思维	集中研究政策,政策质量高

资料来源：周红梅.北部湾经济区的行政模式选择［N］.广西日报,2009-5-22.

（二）构建科学合理的政策主体结构

公共政策是事实和价值的统一体，事实反映客观的社会问题，价值体现决策者的价值偏好。我国没有形成西方社会政治与行政分离的格局，缺乏对事实领域与价值领域的严格区分，其结果是在进行集体决策的价值领域，容易缺乏公众参与，政策的公正性价值受到质疑；而在事实领域，由于行政机构职权分工混乱，行政决策科学性不足。根据在政策过程中的不同职能可以将政策主体分为决策主体、参议主体和参与主体。[1] 政府、执政党由于拥有法定的决策权力而成为决策主体，一些政策研究机构、咨询机构等则成为现实中的参议主体，公民和社会团体因享有对政策的制定和执行的监督权利而成为参与主体。规范的政策过程需要三类主体分别在政策过程中发挥相应的作用，从目前广西北部湾经济区的政策过程中看，决策主体垄断了政策问题的认定和政策方案的选择，而政府内部设立的政策参议机构，比如经济发展研究中心、政策研究室等以自己的政策理论和研究成果影响着政策问题和方案的选择。民众由于政治参与意识不强以及民间组织发育不完善对政策的参与并没有成为真正的参与主体，政策参与主体在政策运行过程中的缺乏正是目前经济区政策运行的常态。

在这种行政体制下，政府机构和执政党成了直接的政策主体，而公众、民间组织、专家学者则是政策间接主体。由于政府"管制"思想的偏好，政策直接主体与间接主体之间呈现自上而下的统属关系，实行权威控制，行政命令较多，压抑了行政系统内部各部门参与区域公共政策的积极性。此外，政策间接主体参与公共决策的平台和机会非常有限，公共决策和执行还是政府一元结构在发挥作用，政策直接主体与间接主体的良性互动也没有形成。在"官僚制"的金字塔式等级结构下，政府部门垄断了政策的制定与执行，广西北部湾经济区政策呈现以"政府部门内输入"为主的形成方式，导致政策缺乏科学性、合理性，且政策效益难以体现，这迫切需要在政策过程中构建科学合理的政策主体结构。

构建科学合理的政策主体结构的目的是要将政策间接主体纳入政策主体系统中，通过多样化的政策参与来丰富政策方案，并提升区域开发

---

[1] 邢玲，高信奇. 公共政策合法性及其危机 [J]. 厦门特区党校学报，2008 (5).

政策的针对性和有效性。实现丰富多元的政策主体机构，首先，要打破政府的政策垄断权，区分价值领域和事实领域，推进政府机构改革，给予间接主体平等话语权。其次，要改变政策主体间的关系，鼓励民间组织参与政策监督，通过契约与合同的方式吸引其参与政策执行，扩大政策执行主体的选择范围，构建政策主体间呈现扁平式结构形态。最后，提高公民参与意识，引导公民合法、有序地参与到公共政策运行过程中，规范民间组织参与秩序，调动广大专家、学者参政的积极性，构建政策直接主体与间接主体结构的稳定性。通过公共政策"政府内输型"向"政府内外输入型"的转型来获得更多的创新源泉，在协同创新中更加有效地破解区域发展难题。

第二节　政策工具创新

政策工具创新是提升广西北部湾经济区竞争优势的核心。提升广西北部湾经济区的竞争优势需要多元主体的参与，协同开发是该区域经济发展的必然选择，这需要发挥各种力量在经济区建设中的作用，具体来说就是要发挥政府、市场、社会三者在构建经济区发展机制中的作用，其政策的关键是政府要借助市场、社会的力量推进管制性政策工具的变革，灵活采用混合性政策工具，挖掘志愿性政策工具的潜能来提升区域的自我发展能力。在政府层面，中央政府需要提供更高质量的基本政策，协调处理区域发展中的难题，为下级发挥自身优势提供更多的空间；基层政府则需要在具体的政策执行中充分利用市场机制和社会化手段来培育自身的区域竞争能力。

一、推进政府管制性政策工具变革

管制是当代行政管理的重要手段，发挥着抑制和约束的作用。放松经济管制、加强社会管制是当前行政体制改革的基本思路。破解广西北部湾经济区发展的体制障碍需要在行政管制上进行改革，更多地发挥管制在促进经济建设、改善社会公共福利方面的作用。

（一）放松经济性管制，为提升竞争优势提供更多的空间

经济管制是政府调控社会经济发展，规划产业布局的重要手段。通过行政审批，企业的发展速度和效益受到制约。延续于计划经济时代的经济管制手段正成为新时期制约经济社会发展的重要因素。广西北部湾经济区在经济管制方面存在着诸多限制市场主体发展的要素。首先是经济管制的范围过大，约束了市场主体的积极性。其次是经济管制机构设置不合理，行政效能低下。最后是管制方式不合理，审批的流程烦琐。调查发现，经济区内58%的企业认为当地政府的行政审批环节过多，手续烦琐。这些不合理的管制严重约束了经济发展的市场环境，民间资本难以进入市场，社会发展活力不足，影响了市场机制在经济发展中的作用，以及区域竞争力的提升。

为充分发挥市场机制在提升经济区竞争优势中的作用，需要推进经济管制改革，《广西北部湾经济区发展规划》已经在空间层次上为区域的发展做出了初步的布局，中央也明确提出在综合配套改革、重大项目布局、保税物流、金融改革、开放合作方面给予政策支持，这些为经济区当前推进经济管制改革创造了条件。一直以来，广西北部湾经济区的城市建设规划存在变化过快，城市发展定位不稳定，经济管制范围、手段多变的现象。放松经济管制要利用规划来引导经济区发展，落实和细化各个功能组团规划，保持规划的制度化，在产业布局上下放审批权限，缩小审批范围，为民间资本进入市场创造良好条件。在需要管制的领域推行行政审批机构改革，实施机构重组；在审批方式上推进流程再造，优化审批程序。财政政策、税收政策、土地政策、金融政策等是中央政府进行经济领域管制的重要手段，放松经济管制需要积极利用国家所给予的五个方面的支持，为经济区的发展营造更加宽松的经济环境。

（二）加强社会性管制，促进竞争优势的持续提升

市场机制在发挥作用的同时也会出现外部性等市场失灵现象，这在先发展地区的开发过程中屡见不鲜，其具体表现在：①区域开发过程中过度开采资源，污染生态环境，比如珠三角地区的环境污染；②在职业健康领域出现的工作环境恶劣、职业安全没有保障、频繁出现安全事故、劳动务工人员待遇过低；③在消费领域出现假冒伪劣产品侵犯消费

者合法权益，比如温州民营经济发展过程中出现的假货现象使其付出了沉重代价。这些现象在三大先发展地区都有所体现，深刻说明了经济发展过程中需要政府发挥社会监管的职能。为了营造稳定和谐的发展环境，广西北部湾经济区应当借鉴先发地区的经验，加强在环境保护、职业健康、消费安全等领域的社会性管制。

在环境保护领域，广西北部湾经济区规划将空间布局划分为城市、农村、生态三类地区，尤其是城市地区的临海重化工业集中区，需要出台严格的环保标准，避免对城市居民生活环境和海洋环境的破坏；在职业健康领域，随着区域经济发展的加快，劳动关系将成为新的热点问题。由于信息不对称，工作场所的职业卫生和安全标准不达标将直接损害职工的健康和生命安全，这为社会的和谐带来了隐患，因此需要社会管制性政策的及时到位。在消费领域，产品质量标准直接影响到公民的消费安全、社会福利的增加。在产品的生产和流通过程中，要加强对产品质量的监管，引导企业采用先进的技术标准，杜绝假冒伪劣现象的出现。社会性管制直接关系到社会公共利益，它是影响一个区域平稳、健康发展的重要因素。正确利用社会性管制，规避管制过度出现的"寻租"等现象，这是社会性管制的界限。严格的社会性管制表面上损害了企业的短期效益，实际上企业在更高标准的刺激下不断进行科技革新，利用科学管理等方式培育自身核心竞争力，这有效地培育了区域的竞争优势。

二、拓展混合性政策工具的市场潜能

一个地区经济实力与该地区的市场完善程度紧密相关，三大先发展地区之所以能成为我国区域发展中的三大增长极，这与积极推动市场化改革密切相关。珠三角地区率先进行社会主义市场经济的探索，江浙地区在经济发展中主动提供各种政策性规范，这些举措有效地激发了社会的创造性活力，促进了这些地区竞争力的提升。作为西部地区的广西，由于市场化改革缓慢，经济的发展也在全国处于中低水平。作为优先发展的广西北部湾地区，其市场化程度也比较低，市场机制在经济发展中的效用没有得到充分体现。提升该地区的经济实力，需要发挥市场机制在经济发展中的作用，政策工具从利用"行政化"机制向"市场化机制"转变，努力拓展混合性政策工具的市场潜能。

（一）构建创造生产要素的政策机制

生产要素是一个区域发展的基本要素，常见的生产要素包括基础设施、人力资源、科技开发、金融资本、土地等资源。生产要素分为传统生产要素和战略生产要素。随着科技进步，自然资源、基础设施等传统资源在地区的经济发展中所起的作用逐渐降低，而高级人力资源、金融资本、科技信息等战略资源在区域竞争中发挥着关键作用。专业性和高级性生产要素的创造和配置在地区的发展中越来越受到青睐，尤其是我国先发展地区政府的经济政策更注重这种生产要素的创造。对广西北部湾经济区来说，无论是传统的生产要素还是战略性生产要素都不具有优势。目前经济区内部各市企业对政策环境、政务环境、经济环境、法治环境、经营环境、社会环境、自然环境、基础设施及公共设施等投资环境的满意度还不够高，以 2014 年为例，广西 14 个地级市企业对投资环境的整体满意度平均水平为 80.36，其中，居于首位的南宁市的投资环境整体满意度只有 81.55。① 而且各城市之间差异巨大，尚有很大的提升空间。在基础设施建设上，沿海三市的城市化水平都比较低，陆上交通和水上交通都不够发达，地区劳动力科技文化知识水平低，科技研发机构少，区域开发所需要的资本匮乏。

经济区开发最重要的是开发区域内的各种资源，加快生产要素的创造和积累，吸引其他地区的生产要素流向本地区，实现资源的优化配置。长期以来，广西北部湾经济区的市场化改革滞后，市场机制没有充分发挥在创造生产要素中的作用。实施经济区开发，政府的政策需要侧重利用市场化机制为生产要素的提升服务。在基础设施的建设上，鼓励民间资本参与城市建设。在基础设施的建设项目上，采用民营化手段吸引民间机构参与港口建设，建立公私合作伙伴关系，在交通道路建设上采用 BOT 模式或 BTO 模式，为社会提供更多的公共服务。由于该地区的高等教育机构稀少，在人力资源的开发上政府首先要加强基础教育公

---

① 王煜霞，黄为谦. 南宁投资环境满意度居全区首位［N］. 南宁日报，2014－11－21.

共服务的供给，努力提升教育质量；在高等教育阶段引进民间力量开办高等民办职业教育，引导高等教育办学与经济区的需求相适应，切实做好对民办高等教育的质量监管，大力提倡订单办学，为经济区输入合格人才。金融资本是广西北部湾经济区开发中遇到的最大困难，只有在融资平台上解除对中小金融机构的限制，推进金融体制改革才能焕发金融改革的活力。科技开发和信息交流平台的建设需要政府发挥协调作用，能否将科技转化为生产力是经济区能否获得现实竞争力的重要体现。政府应当建设企业——高校之间科研合作的平台，为两者的合作提供诱因，而不是用行政手段来推进合作。引导高校在企业设置科研基地，提倡高校研究成果走向市场，通过政府购买专利技术来加快科技开发，努力实现科技水平新的跨越。生产要素的流动遵循市场经济规律，要合理引导金融资源的流向，避免出现炒作，扭曲资源配置。在人力资源的开发过程中，为人才的流动创造更加便利的环境。通过多样化政策工具的采用将促进生产要素在市场流动中增值，为经济区的发展构建良好的载体。

（二）创新招商引资政策，促进产业集群的形成

产业集群被迈克尔·波特认为是提高区域竞争优势的重要策略，集群发展是世界各地经济发展的趋势。我国的珠三角地区最先通过吸引外资，发展外向型经济而形成了经济发展第一极；江浙地区的民营小商品特色经济带促进了长三角地区经济的活跃，浦东的开发和环渤海地区的崛起都在演绎着集群发展模式。产业集群是区域经济增长的源泉，对于经济规模小、产业分散的广西北部湾经济区来说，集群发展是本地区迅速崛起的捷径。常见的产业集群有市场自发型，比如江浙地区的特殊产品经济带；另外一种就是政府引导型，这种模式通常又与市场的培育结合起来。实现落后地区的快速发展，最便捷的模式就是建立政府引导型，其最常见的就是建立产业园区，通过招商引资实现产业集群。在我国先发展地区的崛起过程中，各种类型的产业园区，比如开发区、工业园区等在引领区域发展中发挥着巨大的带动作用，而产业园区的发展又常常离不开政府的招商引资政策，招商引资这种政策工具目前已经成为全国各个地区推动产业发展的重要手段。

为了实现广西桂南地区的发展，各市政府早已建立了丰富多样的产业园区，其中国家和自治区级的就有 13 个，临海重化工工业集中区 3 个，每个产业园区都需要项目或企业进驻。对于缺乏大型骨干企业和总体经济实力薄弱的广西北部湾经济区来说，这是一项非常艰巨的任务。实现该地区的超常规发展，没有大型的工业项目将难以实现。招商引资政策成了本地区实现产业园区发展的重要手段，各个地区在招商引资中的竞争非常激烈。各级政府都组建了专门负责招商引资的机构，通过出台各种政策手段来实现发展目标。政府积极参与招商，有力地为本地区带来了资金、技术，也解决了本地区的就业问题。但是目前各个地区招商引资的"行政化手段"比较浓，有些本来由市场配置的资源在行政的干预下被扭曲，产业园区的集群发展效果不明显，甚至制约了区域经济的发展。一些优惠政策招商导致的结果是为一些企业不积极进取创造了条件，企业自我发展的能力弱。比如一些企业利用政府优惠政策进行"流动式"投资生产，坐享优惠政策而不进行科技创新，对地方财政税收和就业的贡献非常有限，减小了其他产业进入园区的空间，已经成为经济区部分地级市发展中遇到的难题。此外，"项目饥渴症"导致一些地区不择手段引进了一些环境污染严重的产业，甚至出现重招商，轻服务的倾向，严重损害了区域的发展环境。

　　创新招商引资政策是破解广西北部湾经济区产业集群的有效方法，官方招商容易出现"行政性"思维，只有遵循市场经济规律，有效利用市场机制进行招商才能保证产业集群的效益。无论是网上招商、上门招商还是人缘招商，都需要在市场规律的指导下发挥政府的引导作用，推动招商引资的专业化和市场化。企业最了解企业，主动在制度的供给和环境的营造上让专业的招商公司参与到该项活动中，将更多的权限下放给园区，实现园区自主招商，让园区与引进的企业紧密联系起来，而政府则要提高行政效率，激励公司拓展招商业务，协助解决项目的落实，在制度上保障招商公司合法利益的实现，这才是目前广西北部湾经济区的最好选择。虽然经济区内目前有关于以商招商、委托招商的各种方式和相关制度，但这些制度在很多市区还是一片空白，且仅仅停留在口号上，其具体原因一方面是政策执行者对市场机制的认识不到位，另一方面是政策措施的操作性不够、市场发育不完善。在招商任务急剧繁重的情况下，利用市场化机制首先就是要改变观念，营造适合市场经济发展的招商引资载体。从图2-2可以看出市场发育结合政府引导的产业集群最受经济区企业欢迎，这充分说明了建立招商引资的产业园区要遵循市场规律，真正满足企业的需求。其次是要善于借助外来资源，善于将业务委托给外来的专业性招商公司。最后要提供好服务，实现政府与招商公司业务的无缝对接。同时，充分利用政府自身资源和市场外来资源开展多种形式服务必将带来固定资产投资的增加，实现产业高质量的发展。

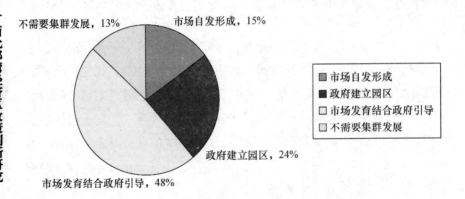

图2-2　广西北部湾经济区企业需要的产业集群类别

资料来源：广西大学公共管理学院社会实践活动项目成果《广西北部湾经济区开发政策供需状况调研报告》（参见附录1）。

（三）实施一体化政策，营造良好的市场环境

随着经济全球化和我国社会主义市场经济的推进，国内各个经济区之间的协作和沟通进一步加强，市场发展逐渐形成一体化趋势。传统上以行政区划分而形成的经济主导模式正在受到来自市场的冲击，各个区域之间经济联系的加强迫切要求各地区加强协作，破除行政壁垒的限制。中国—东盟自由贸易区建设的推进，泛北部湾合作这些平台都为广西北部湾经济区的发展提供了良好的条件。在面临多重机遇的形势下，广西北部湾经济区要融入中国—东盟自由贸易区和泛北部湾合作，最重

要的是要实现自身内部的整合，这种整合的核心就是要实现区域内部间市场的开放。20世纪90年代后期《广西南北钦防沿海经济区发展规划纲要》的出台开始了广西北部湾地区的整合之路，直到《广西北部湾经济区发展规划》的发布，桂南沿海经济区成为发展和对外开放"龙头"的使命一直没有实现，其主要原因就是该地区各市未按要求开展分工协作，各自为政的现象突出，行政区域限制了区域经济竞争力的提升。桂南沿海经济区规划所形成的尴尬局面深刻说明了实施区域经济一体化政策的重要性。[①] 区域经济一体化政策在当前更加具有重要意义，从图2-3可以看出，目前经济区各市最需要上级支持的是给予该地区更多的协调，其次就是更大的自主权，最后才是区域发展的公平问题。这深刻反映了当前各市之间存在着明显的政策冲突现象，解决该问题的主要途径就是要实施一体化政策。

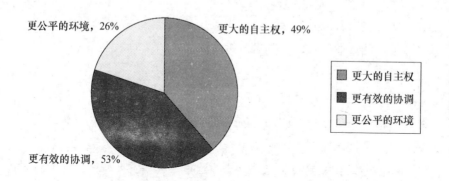

图2-3　经济区各市政府需要给予的政策支持需求

资料来源：广西大学公共管理学院社会实践活动项目成果《广西北部湾经济区开发政策供需状况调研报告》（参见附录1）。

《广西北部湾经济区发展规划》（以下简称《规划》）的颁布标志着该地区上升为国家战略，要在中国—东盟自由贸易区的建设和泛北部湾经济区合作中体现出广西沿海的优势，实施经济区内部的整合是营造良

---

① 周骁骏，童政. 未按要求开展分工协作　桂南龙头五年没抬起来［EB/OL］. http：//gx. people. com. cn. 人民日报网络中心，2003－8－25.

好市场环境的必然选择。中国—东盟自由贸易区建设和泛北部湾经济区的内涵深刻，它不仅包括广西，还包括泛珠三角地区的省市。要发挥广西北部湾经济区的"桥头堡"作用，需要经济区内部合作的快速推进。该《规划》在国家制度层面对该地区的政策合作进行了规范，而真正能否实现中国—东盟自由贸易区和泛北部湾经济区的一体化发展，首先需要实现广西北部湾经济区内部的一体化，而桂南四市在行政上都隶属广西壮族自治区领导，这有利于自治区政府发挥在广西区内部合作中的作用，其现实的选择就是要加强广西北部湾经济区管理委员会在区域间统筹和协调上的作用。作为桂南沿海经济区一体化政策的监督者与执行者，在内部需要加强制度供给，规范四市之间的竞争与合作。在面临多重机遇的情况下，加强务实合作，积极争取中央授权代表国家与东盟国家开展经济往来。鉴于东盟许多国家和广西的发展水平处于同一层次，仅仅依靠广西南宁市难以带动整个经济区的发展，有效利用泛珠三角地区省市的力量来共同开发该区域，积极开展与珠三角地区的合作，通过承接该地区的产业转移把桂南沿海打造成为中国面向东盟的出口制造基地是提升经济区实力的有效途径。

实现广西北部湾一体化发展的平台众多，但也充满艰巨的挑战，关键是如何协调各个区域之间的矛盾。这正是一体化政策所要解决的关键问题。中国通向东盟国家的通道有多条，桂南沿海西南大通道只是一条途径，湛江港口和大湄公河也是重要的选择，如何发挥北部湾西南大通道的效用，其关键是要开展多层次的合作，明确彼此在辐射东盟地区的分工，同时寻求珠三角地区的对口支持，吸引西南地区先进产业向桂南沿海转移。该项目是实现重要国际区域经济合作区的载体，一体化政策则是实现本地区和谐发展的保障。现实的选择就是逐步推进广西沿海经济区内部的一体化，然后加强与泛珠三角地区的合作，在泛北合作中进行政策协调，这是扩大和完善广西北部湾经济区内外市场环境的重要策略。

（四）规范企业竞争行为，营造公平的竞争环境

市场竞争是社会主义市场机制发挥作用的重要因素，政府在经济发展中的作用就是要为企业创造公平合理的竞争环境。规范企业的竞争行

为是政府进行市场调控的重要手段，在地方国际化的背景下，广西北部湾经济区更要为企业提供良好的公共服务。规范企业竞争行为最重要的是为企业提供一个公平的竞争环境，让企业在竞争中提升竞争力。在当前经济区竞争还不激烈的情况下，政府需要推进国有企业改革，消除对民间企业发展的限制，让更多的市场主体参与竞争；此外还要积极鼓励外商到本地区投资，先发展地区能够迅速崛起的重要因素就是外国投资为该地区的竞争增加了新的因素；在贸易和投资政策上要给予国内外企业同等的待遇，并在产业的吸收和创新中增强自我发展能力。作为面向东南亚的经济区，税收政策在企业的竞争中发挥着重要作用，目前本地区享有多重优惠政策，经济区要积极利用这些优惠资源为企业竞争提供支持，让这些优惠转化为企业开展创新的重要基础，这些优惠政策工具是本地区发展的稀缺资源，因而要明确优惠政策的本质所在。

保障和协助企业进行市场竞争是生产要素导向发展阶段的重要策略，为了规范企业的竞争行为，政策核心是要关注企业的垄断行为和不正当竞争行为，尤其是对官商勾结的腐败行为要进行治理。营造公平的企业竞争环境将有力促进企业创新，其具体的思路是首先要避免政府对企业的直接干预，尤其是国有企业的运行要规范、合理；对民营企业要给予支持，破除体制上对它们发展的限制。在企业的具体发展过程中，要对其行为进行引导，充当企业的市场信息提供者；对市场竞争中所出现的矛盾要善于协调，通过劝导等方式来解决发展中的矛盾；对企业的违法行为要给予适当制裁，政策工具要适时转型，尽量减少通过行政命令的方式来执行政策，积极探索行政指导来引导企业的发展，为企业竞争力的提升创造公平的环境。

三、挖掘志愿性政策工具的经济效益

经济的发展需要和谐稳定的环境，社会力量在区域的经济发展中具有不可忽视的作用。区域的发展是多元力量综合推动的结果，积极利用社会化手段是近几十年来各国政府治理的重要策略。在面临社会利益错综复杂的时代，政府肩负着维护社会公共利益、促进经济发展的重要责任。对广西北部湾经济区的发展来说，政府不仅要推动经济的增长，还

要为社会提供必需的公共产品。经济发展和改善民生是政府所要肩负的双重任务，两者之间协调发展才能保持经济持续、健康的发展。对处于全国落后地区的广西来说，基本公共服务的提供需要以经济发展提供为物质基础，但是一味地强调经济发展而忽略社会发展则可能影响区域发展的进度。实现区域的"蛙跳式"发展，必须充分利用志愿性政策工具激发社会力量来服务于经济区的发展，弥补其他政策工具的不足。志愿性政策工具的利用关键要立足于挖掘公益类民间组织和互益性民间组织促进经济发展的潜力，弥补经济发展中的市场失灵和政府失灵。

（一）利用公益类民间组织创造和谐发展环境

和谐发展环境是区域腾飞的前提和保障，这是政府为社会提供的基本公共服务。我国沿海发达地区在国家的支持下，经济取得了巨大的成就，但是经济发展却对民间的基本公共产品供给不足，由此积累了大量的社会矛盾和问题。政府在提供基本公共服务中具有不可推卸的责任，但政府的职能和能力毕竟有限。要实现区域经济的持续发展，必须致力于和谐发展环境的塑造。对广西北部湾经济区来说，要实现经济的发展和社会民生的改善需要丰富的资源。在目前的发展状态下，政府的力量显然难以满足公众的需求，而蕴藏在民间的力量是政府可以大力挖掘的资源。民间自治力量的萌发和发展将有效减轻民众对政府的依赖，有效减轻了政府的社会压力，弥补了政府公共财政的不足，有利于政府将政策的重心转移到地区经济发展事务上。

公益类民间组织注重公益性，利用社会资金，最大限度地开发和利用社会资源来满足社会需求，对创造和谐的发展环境具有不可替代的作用。社区治理与志愿者服务这些政策工具的运用仅仅需要政府给予引导和监督，所需要政府提供的经济资源少，发挥的效益巨大。作为一种重要的政策工具，政府需要改变传统的治理模式，利用公益类民间组织的灵活性和志愿性及时解决社会矛盾，提升民间自治的自觉性，政府在价值观念和舆论上给予引导，用法律规范对自治组织的监督。作为一种新型的社会性政策工具，政府要利用好该项工具来推进公益类民间组织改革，对现行的"双重管理体制"进行改造和完善；在组织的设立和发展上坚持以社会需求为导向，通过制定完善的税收优惠政策来调动公益性民间组织的积极性，通过公共服务招标、购买等途径吸引民间组织参与到社会公共服务中来，并协助政府解决各类社会问题，为经济发展营造和谐的环境。

（二）利用互益性民间组织推动经济发展

民间组织不仅在创造社会和谐环境中具有重要作用，在推动地区经济发展中也具有重要功能。在促进地方投资和企业的发展中，中介组织能有效弥补市场的不足和公共政策的缺失。民间商会在地方经济发展中通常起着桥梁和纽带作用，它的出现将搭建一个政府与企业之间的沟通平台，节约市场交易费用，为加快资源流向经济区创造了良好条件。此外，一个地区的发展需要市场主体的扩大、资源的共享，以及通过发挥彼此间的优势提升区域的综合竞争力。一个合理的产业结构不仅需要政府进行诱导，更需要市场主体之间的交流与协作，通过互动实现企业之间自觉自愿的联合，延长产业价值链，形成产业集聚优势。一直以来，广西北部湾经济区的企业政策制定过程缺乏市场主体的参与，政策的针对性不够。区域之间的合作停留在政府之间的行政合作，企业之间的合作和产业之间的耦合度不够，难以从实质上推动区域经济的发展。民间商会等市场自发性和自愿性组织对提升该地区的竞争优势具有潜在的经济绩效，要充分调动这些组织能够代表企业参与和配合政府制定和执行政策的积极性，同时引导它们在区域合作中发挥重要作用。发挥互益性民间组织的作用关键在于政府要为它们的发展创造良好的制度条件，大力培育和引导这些组织的发展，以商会为基础搭建对外开展经贸交流与合作的平台，建立一套经济区发展的推动机制，这也正是志愿性政策工具的经济效益所在。

作为中国—东盟自由贸易区"桥头堡"的广西北部湾经济区，泛北部湾合作和泛珠三角地区的建立，该地区正成为重要的国际次区域经济合作区。在国际交流日益增强的背景下，经济区正成为重要的国际交通要道和信息交流中心，这为民间商会进入广西提供了有利的条件。从目前的情况来看，当前异地商会正成为广西招商引资的生力军，但从总体上看，广西异地商会的数量还不够多，商会的发展还不够完善，迫切需要政府在政策上给予支持，在发挥作用上给予引导。我国先发展地区在管理民间商会等民间组织方面具有丰富的经验，比如分散于温州各行各业的行业商会带动了温州民营经济的发展，广西可以借鉴这些先发展地区的经验。首先，要放松对民间商会的管制，出台鼓励民间组织发展的政策措施；其次，政府主管部门要创新管理模式，提高对社会组织的驾驭能力，改进对民间行业组织的监督；最后，要提高民间组织自身的自治能力和自律水平，让这些组织成为既能维护组织成员利益，又能成为区域经济和谐发展的"助推器"。

第三节　政策运行流程创新

政策运行流程创新是提升广西北部湾经济区竞争优势的关键。政策创新的过程贯穿于整个政策运行过程中，从政策问题的识别到政策方案的制定以及政策的执行，各个环节都可能出现新的突破，这些新的思路和方法将有助于解决制约区域发展中的各种问题，从而提升区域的整体竞争力。当前广西北部湾经济区的政策运行流程还不规范，政策活动的各个环节相互不协调，政策运行效率低，难以满足该地区快速提升竞争力的需要，迫切需要改进和创新政策的制定流程、执行流程与调整流程。

一、规范政策制定流程

政策制定流程的不规范不仅直接影响区域公共问题的识别，更导致制定出的政策缺乏科学性。区域竞争优势问题从实质上看就是区域的发展问题，这个最基本的问题构成一个政策问题的系统，要解决这个基本的政策问题需要发现那些各项制约地区发展的具体因素。现实社会问题与理想状态的差距迫使政策问题的相关人员重新思考以前的政策运作，这种反思和经验的总结可能使决策者跳出已有的政策思维，重新找到解决政策问题的思路，这是解决社会问题的政策逻辑。然而，广西北部湾经济区在发现政策问题和提出解决问题的政策方案时存在着许多不规范之处，问题的识别机制和公共决策流程与科学的政策制定程序相违背，结果出现政策方案的科学性不够，可操作性不足，错失了诸多提升竞争优势的机会。

（一）构建规范的政策议程

托马斯·戴伊认为公共政策是一个政府决定要做的任何事情，或者它选择不去做的任何事情，即政府的作为与不作为。广西北部湾经济区快速发展既是当地政府的意愿，也是民众的政策诉求，政府在提升区域竞争实力上有责无旁贷的责任。在区域竞争激烈的行政环境下，目前各行政区政府都主动设置区域发展目标，强制推进各项新的开发政策。然而，这些政策问题的识别到政策方案的提出都是在行政系统内进行，受客观环境和信息不对称的限制，其出台的政策通常是政策网络中的某些主体话语权的缺失，政策制定过程中的"政治源流"压倒"问题源流"，出现伪创新，结果也出现了"好大喜功"的政绩工程，政策工具难以对竞争优势的各项要素发挥作用，政策的导向上出现偏差，浪费了大量的时间和资源。要实现本地区的快速发展，迫切需要改变过去那些不合理的政策制定流程，通过规范的政策议程来激发政策创新，提出各项新的政策方案，确保新政策真正能够满足区域发展的现实需要。

第一，建立政策需求表达平台。制定新政策的动力来源于决策系统的内部和外部，内部动力主要是政策本身运行过程中出现的新问题以及决策者的政治诉求。外部动力是地方政府之间竞争和社会民众的需求，而社会民众的需求才是政策创新产生的根本动力。在区域经济加快发展的过程中，以前的政策规则和现实利益的分化组合正制约着区域的发展。在新的行政发展环境下，社会民众拥有了更多、更广泛的政策诉求，而这种需求如果得不到有效的表达可能会导致更多的社会问题出现，对区域发展来说，可能是资本外流，也可能是各种所需要的生产要素缺乏。区域发展所面临的问题错综复杂，涉及不同的利益群体，不同的利益团体向政府表达的机会存在较大差异。政策需求表达平台的建设要为各个群体提供一个公平的机会，对强势利益集团的政策需求要给予合理的引导，为弱势团体表达政策需求创造条件。一方面要扶持民间组织的发展，吸引他们参与到公共政策问题的讨论中来，为民意提供广泛的空间；另一方面要发挥大众媒体在发现社会问题中的作用，改革对大众媒体的行政控制，引导他们去发现真正的社会问题。同时，通过政府的引导建立一个社会公众表达政策需求的渠道，使公民集体有序地参与到决策过程中并形成公共理性，从而维护社会的安定与和谐。完善的政策需求表达机制有利于发现真正的社会问题，为政策创新提供原始动力。

第二，提高政府对社会问题的回应性。一个公共问题能否进入政策议程，这与政府是否拥有一套科学合理的回应机制紧密相关。新公共管理理论主张建立"回应性政府"，其核心就是要积极回应公众需求。公共政策作为政府提供给社会的公共产品，解决政策针对的特定社会问题需要政府提高对公民诉求的反应程度，进而提升自身对社会问题发展的可预见性。政府回应性的提高不仅可以及时解决社会中出现的各种问题，满足民众的各项政策需求，更重要的是它还可以及时发现民间的创新源泉，规避政策创新中政府的理性不足。改革开放以来，广西北部湾经济区备受上级决策者的关注，但是该地区的发展却与国类同类地区的差距拉大，出现该问题的原因之一就是区域具体发展战略制定都是政府自己提出，并把它列为政策议程，为了寻求社会支持而采取动员的方式将正式议程扩散为公众议程的方式来确立。这种传统的政策内输入方式常常使政策议程不规范，政策问题的识别来源于行政系统内部，政策创新缺乏外部输入，对真正的社会问题回应不足。要有效提升该地区的经济实力，关键是要针对该地区各种需要解决的问题制定政策，实现政策需求和供给的平衡，有效地满足区域发展的需求。政府回应性的提升将有效刺激政府反思自己以前的政策方案和政策执行方法，帮助其发现以前政策运行过程中的问题，进而出台更加科学合理的新政策。提升政府的回应力将是该地区实现科学发展的重要途径，也是规避伪创新的重要手段。

（二）推进决策的科学化与民主化

正确识别政策问题的目的是设置合理的政策目标，进而制定科学的政策方案，这是科学民主决策的必由之路。广西北部湾经济区所需要实现的政策目标众多，其总的任务是经济实力显著增强、经济结构优化、开放合作不断深入、生态文明建设进一步增强、人民生活显著改善。这些目标的实现需要规范决策过程，推进公共决策的科学化与民主化来满足区域发展的需要。

第一，建立动态开放机制。经济发展中的新问题层出不穷，在广西北部湾经济区开发的总体政策目标下，每个总体目标下还有具体的子目标，这些子目标反映了经济发展中存在的具体问题，对单一的政府决策主体来说，要为每个社会问题提供一套政策方案在现实中是难以实现的。动态开放的机制就是要克服政府的理性不足，也要充分利用社会资源为政府的公共决策服务。具体来说就是在政策方案的设计过程中征求社会的建议，政策方案不仅来源于政府内部，而且也来自于社会各个群体，重大政策问题向社会开放，实行重大决策方案招标制度。广西北部湾经济区开发与合理的政策方案分不开，目前经济区的政策方案以内输入为主，政策方案制定过程中的行政化思维凸显，没有充分利用社会力量，社会参与明显不足，其结果是政府与企业的价值偏好差别巨大，真正适合企业发展的政策方案偏少。拥有丰富的备选方案是公共决策的前提，方案的不足限制了决策的科学性。政府一方面要发挥政策信息系统、咨询系统的作用；另一方面要改变政策制定"自上而下"的模式，鼓励更多的社会民间政策研究机构提出问题和政策方案，尽量获得更多的政策备选方案。无论是在政策方案的制定中，还是在政策的调整中，都要保障政策方案及时有效地满足决策需要。

第二，对政策方案进行系统整合。政策方案的完备性是科学决策的关键，合理的政策结构是影响政策效用有效发挥的关键。面临众多的政策方案，决策主体的核心就是要利用系统整合机制对方案进行完善，整个过程体现出辩证性、系统性和重构性的特点。一项政策是否体现创新、能否有效解决公共问题，首先从政策方案中体现出来。广西北部湾经济区各项政策丰富多样，但是整个政策体系却存在相互冲突的现象，政策结构不尽合理，其具体体现在政策工具单一，决策主体对各项政策的效用程度认知不足，倾向于优惠政策的价值偏好。比如说在区域开发政策上，决策者存在对优惠政策的偏好。从图 2-4 可以看出，经济区内政府和企业对税收优惠政策的认识存在较大差异，65% 的政府工作人员认为本地区的税收政策比其他省市具有优势；而有 37% 的企业则认为没有其他省市优惠，29% 的企业认为与其他省市差不多。

在政策方案的完善过程中进行系统整合，首先，要善于辨别备选方案中的各种因素，吸收有益因素整合成新的政策方案，避免对单一政策

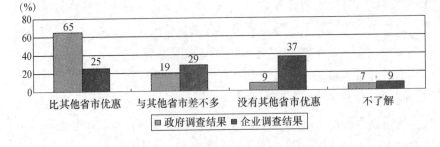

图2-4 税收优惠政策比较示意图

资料来源：广西大学公共管理学院社会实践活动项目成果《广西北部湾经济区开发政策供需状况调研报告》（参见附录1）。

工具的过度依赖，注重整个方案的系统性与合理性。其次，要善于从系统论的观点出发进行综合分析，将区域发展的长远利益和近期利益结合起来，并将整体利益和局部利益结合起来，实现各项政策之间的相互协调，使各项政策相互配套，形成整体效应。最后，在整个政策方案的重构过程中还要注重新政策与原有政策的配套，让新的政策能够在区域政策结构中呈现良好的耦合状况。

第三，通过民主协商改善公共决策。政策方案的选择是公共决策的核心，民主协商机制是实现科学决策的最后一道关，如果民主协商机制不完善就可能导致政策不能有效满足政策客体的需求，也可能导致科学的决策不能得到政策对象的支持，从而使得政策执行困难，政策目标难以实现。目前广西北部湾经济区在政策制定上存在不够审慎严谨、决策随意性大、政策雷同、冲突明显等现象，这与公共政策的科学性和规范性相矛盾，其根本原因就是对政策问题认识不足，目标定位不准确，方案的选择过程缺乏民主参与和监督。政府本身垄断公共决策权，决策过程的民主化程度低，难以获得民众的认同。破解这个困境最根本的方法就是要建立一套规范的决策机制，明确决策者的权利和义务，在法制化的背景下引导民众参与。其次对直接影响众多人员利益的重大公共决策问题实行决策结果预公开制度，倾听民意，让广大民众提出建议，在涉及具体的利益问题上与相关利益者进行协商并达成一致意见。最后还要建立决策责任追究制度，规避决策者的随意行为和形式化倾向。民主协商将有力地规避政府决策者理性不足，使新政策更容易得到推行，也在很大程度上提升了公共决策的合法性，这有利于树立良好的政府形象，增强本地区的社会发展吸引力。

二、改进政策执行流程

政策效益的发挥不仅需要优质的政策，更需要该优质政策能得到完美的执行。政策创新不仅体现在政策制定上，也体现在政策执行过程中。政策执行是新政策产生效益的重要条件，是一项优质政策转化为综合效益的桥梁。从目前广西北部湾经济区的政策执行过程来看，各地在政策执行中还存在许多问题，从图2-5可以看出，该地区在政策执行的透明度、政策宣传、政策反馈渠道、政策理解水平、政策监督以及政策的连续性上还存在着许多问题。新政策需要发挥效用解决这些问题，优化执行流程，让更多的新政策得到推广，切实提高本地区的竞争实力。

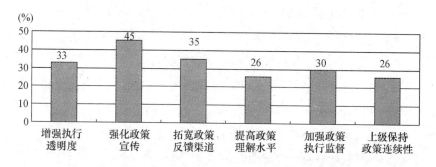

图2-5　经济区各市政策执行中主要面临的问题

资料来源：广西大学公共管理学院社会实践活动项目成果《广西北部湾经济区开发政策供需状况调研报告》（参见附录1）。

（一）构建学习机制，改善政策执行手段

政策执行需要政策知识的支持，政策知识存量不足是导致优质政策难以获得收益的重要原因。目前广西北部湾经济区各个政策执行主体对上级政策的理解水平还比较低，政策执行手段的选择集合还受到自身科学知识储备的限制，真正能够进行创造性执行政策的能力还不足。经济区发展也有机会成本，我国沿海先发展地区能够快速崛起与其利用国际产业转移机会和率先建立市场经济获得先发优势有关。广西北部湾经济区要加快发展，发挥新政策的效益需要构建学习机制，通过对政策制定与政策执行相关理论知识与实践知识的学习提升自身对上级政策的理解能力，借鉴国内外其他地区执行政策的方式和方法。

政策学习的关键是提高行政系统内部政策知识的数量和质量，通过政策移植等手段吸收其他地区的开发经验，在多种条件的约束下去合理选择和利用政策工具，使自身从政策创新的追随者转变为引领者。政府不仅要提升自身的政策知识存量，还要注意通过政策宣传来扩大民众的政策知识数量，使政策客体也更容易理解政策，从而提高社会成员对新政策的支持程度，减少政策革新的成本。对广西北部湾经济区各级政府来说，加强本地区与其他地区，尤其是发达地区政府间的交流可以学到一些先进的政策执行经验。在信息化时代，政策学习的方式可以多种多样，这需要政府一方面加强电子政务建设，完善自身的信息系统和咨询系统，合理化政策研究者的比例；另一方面还要利用多种方式宣传政策知识，向社会普及政策知识，让民众更好地参与到政策创新过程中来，改变以前政策执行过程的一元化模式，让新政策更好地发挥效益。

（二）采用多种策略，创造性地执行政策

广西北部湾经济区开发政策具有多种层次，主要由国家层面的战略政策、广西壮族自治区的开发政策和各市的具体政策措施组成。这些政策能否发挥效益的关键在于政策主体能否灵活选择适合本地区政策执行的策略，合理利用各种机制来保障政策的顺利推行。

一方面，要合理引入竞争机制创造性地执行政策。政策能否得到有效执行与政府所掌握的资源密切相关，与我国东部其他地区相比，广西北部湾经济区所掌握的物质资源非常有限，尤其是财政资源比较缺乏，此外还面临着这些资源利用效率低的问题。实现政策目标需要借助于市场，合理引入竞争机制创造性地执行政策，具体来说就是要在政策的执行过程中改变政府独立执行政策的局面，将政府垄断执行公共政策的权力下放给各种非政府组织，让企业与民间组织同政府部门展开公平竞争，提高为社会服务的水平。当前广西北部湾经济区各级政府部门的竞争动力还比较弱，提升本地区的竞争实力，首先就需要提升政府的竞争能力，让政府部门树立竞争观念，让各级政府人员在政策理解水平和政策执行能力上开展竞争，高效执行上级政策。此外，在政策的执行主体上应当多元化，改变目前政府单独执行政策的一元化局面，通过权力下放、公开招标等多种方式吸引企业、民间组织参与到政策执行中，政府则专注于政策执行过程的监督，保障执行的效果。

另一方面，要善于对不适合本地区的政策进行变通执行。每一项政策都是针对特定问题，以时间和条件为转移的，在有限理性的制约下还需要完善。为了保证公共政策的适用性，上级政策都只是做出了一些原则性的规定，更多地赋予了地方在执行上的"行政自由裁量权"，这种权力的行使需要地方执行主体在政策实施过程中遵循政策的精神实质，在保证政策的统一性、严肃性和权威性的前提下，灵活运用各种政策资源，确保政策目标实现。无论是国家还是自治区政府都支持广西北部湾经济区率先发展，这说明中央和地方都在相关政策和资源上优先支持该地区发展，这构成了本地区发展的灵活执行上级政策的重要依据。这些优惠政策能否发挥作用首先需要对各项政策进行正确认知，了解政策的本质规律；其次是要以市场为基础，以法律为准绳，把握好变通执行的度；最后要在政策执行过程中善于规避政策的不足，及时采用新的执行措施和策略解决新问题。

（三）完善扩散机制，推广优质政策

科学合理的政策推广有助于扩大新政策的收益，一项新政策在整个社会产生效益有赖于建立一套完善的政策扩散机制。中央政府为了取得良好的治理绩效有时也会主动对地方政府那些具有普遍推广性的新政策进行传播，但是，对那些仅适合一定区域的政策创新则需要地方政府之间自行学习推广。地方政府推广一项新政策受组织内外一系列因素的约束，主要包括经济资源、政治条件和社会因素，而经济资源通常成为影响政策推广的最重要因素。广西北部湾经济区对新政策的推广方面还存在诸多问题，对一些优质政策来说，要么没有被政策对象所了解，要么就是政策得不到有效执行。比如，在调查中发现聚集众多优惠政策的《广西北部湾经济区开放开发的若干政策规定》被企业所理解的程度低，有27%的企业不了解有该项政策，33%的企业只了解一些。此外，各个地区对政策理解的差异性较大，许多优惠政策在本地难以落实。

改变当前政策扩散机制的不足，重点是要疏通政策传播渠道，破解新政策执行难题。疏通政策传播渠道的关键是建立政策双向传播沟通模式，抓好政策信息宣传，利用丰富多彩的宣传手段，以人们喜闻乐见的方式推广政策，注重政策对象的反馈，适时调整政策宣传策略。目前广西北部湾经济区的政策宣传侧重从自身的偏好出发，忽略企业对政策传播方式的需求。从图2-6可以看出，政府采用的政策宣传方式和企业所期望的两者之间存在着差异，企业最希望通过媒体宣传和发送宣传资料来进行，而政府最常使用的是网络公布，再通过媒体宣传和发送宣传资料进行，同时利用民间组织宣传也被企业看好。因此，政府在政策传播中应将受众进行划分，根据政策客体的需求分别采取不同的方式，适时注意政策传播的反馈效果。在政策执行中，着眼于地区经济长远发展需要，打破政策执行中存在的部门利益和团体利益，将优惠政策真正落到实处。

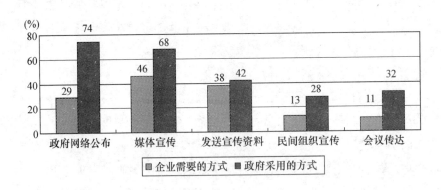

图2-6 政策宣传方式状况调查结果

资料来源：广西大学公共管理学院社会实践活动项目成果《广西北部湾经济区开发政策供需状况调研报告》（参见附录1）。

三、完善政策调整流程

适时、适当的政策工具是赢得竞争优势的关键，通过调研发现，广西北部湾经济区政策难以及时满足政策客体的需求，这与政策调整不及时，不科学相关。一直以来，该地区政策多变与政策老化现象并存，优质政策的长期效益难以保证。政策调整过程中随意性强，缺乏全面、科学的评估，制定出来的新政策适用性不足，政策重复、矛盾的现象严重，政策稳定性与延续性差，严重限制了政策工具效用的发挥，延误了区域发展时机。

（一）健全评估机制，识别政策绩效

一项新政策是否有效解决了社会问题，实现了政策预定的目标，政策评估机制的建立是及时发现政策运行问题的关键。政策评估机制的建立有助于发现当前制约区域竞争优势的各项制度因素，更加科学合理地认识各种政策工具的效用，进而保证政策导向的科学性与合理性。政策评估机制的建立应坚持系统性原则，注重对政策运行的各个环节进行评估。在对新政策的评估上执行科学的评估标准，既要注重保护政策创新主体的积极性，又要注意发现政策运行中新出现的问题，对这些问题进行正确归因。广西沿海地区开发在 20 世纪 90 年代中期已经成为自治区的发展策略，然而在执行 5 年后并没有产生预期效果，这需要进行评估与反思。2000 年成立的"北部湾经济合作组织"在 5 年后日趋式微，这些政策方案的失效正反映了目前各地政府在政策机制上的缺陷。现在的广西北部湾经济区和泛北部湾合作也正沿着以前的路继续前行，从发展战略上看，其基本的思路没有变化，但是在具体的政策执行策略中却发生了调整，这其实是一种政策变革。要在新形势下推进广西北部湾经济区的发展需要吸取以前政策运行中的经验，让政策评估真正发挥效益。

一直以来，广西北部湾地区各级决策系统缺乏对政策进行系统科学的评估，尤其是对一些重大政策和移植性政策的效用缺乏全面、科学的认识。在广西北部湾经济区开发背景下，实现政策评估的科学运行具体来说就是要革新以前对政策评估的认识，改革传统的政策评估组织，推进政策评估的制度化。在政策的评估思想认识上避免评估工作的随意性，在政策评估标准上坚持全面性和科学性原则，针对北部湾经济区不同地区的实际实施目标管理，采用差异性的评估指标，注重政策评估标准的差异性与统一性的协调。在区域规划的总体政策目标下分解具体指标，避免各地之间的盲目竞争。在政策评估的组织上，改革目前政策评估主体的单一性，扩大政策评估主体，吸收专家学者、民众和非政府组织等参与到政策评估之中，对各个政策体系进行全方位评估，实施定量和定性的结合。在政策评估所需要的资源上通过制度予以保障，同时推进政策评估的大众化、专业化。

（二）通过政策监控适时革新政策工具

政策监控是保证政策持续发挥作用的重要手段，新政策的效用能否发挥关键在于能否得到完美的执行。市场经济条件下政府对企业的规范主要采用间接化手段，尽量不干预企业的经营与决策过程，但是以追求利润为目的的企业在自身的运行过程中也可能会出现道德风险，且出现市场失灵的现象，如果此时政府的政策不能及时到位，很可能破坏本地区公平的竞争环境。同时，政策的执行中本身容易出现偏差、目标错位等现象，适时监控是弥补政策执行缺陷的有效手段，通过政策评估及时调整政策工具将有效地为本地区创造一个支持生产率提升的良好环境。广西北部湾经济区享有众多的优惠政策，比如北海市和南宁市实行的"一园一策"优惠措施，但是许多政策在运行过程中的效用并不明显，区域开发注重政策的数量，对政策执行的关注不到位。如前文所述，目前企业对该地区的投资软环境满意程度不够高，差异巨大，也说明了并不是政策数量多就能够获得政策对象的认同。对当前北部湾经济区来说，政策法制环境还是影响区域发展最明显的因素，这说明政策主体需要适时监控本地区的发展环境，通过政策评估找出企业对当地政策法制环境满意度的主要原因，具体来说需要从政策法规和政策执行两方面去分析原因，首先要通过对本地政策法规与国家法律法规的一致性来分析优惠政策对企业的适用程度，从政策的运行的稳定性和透明度等方面了解当前政策法规本身的状态；其次要分析政策执行是否公正，政策能否有效为企业解决难题，政策是否得到了完整的承诺兑现；最后要找到政策工具失效的深层次原因，通过政策工具的革新和执行创新来提升区域开发政策工具的适用程度，并提高政策工具的效率。

（三）通过政策转型获取更大收益

我国先发展地区在改革开放之初面临政策不能有效解决社会发展问

题的现实状况，通过不断创新探索出了众多的优质政策，发挥了改革开放"试验田"和"排头兵"的作用，后来这些政策都逐渐转化为该地区的重要法律制度。正是由于改革开放从一项政策变成我国的基本制度，我国的沿海地区能够获得持续的发展，并发生翻天覆地的变化。政策创新转化为制度创新是政策变革的一次飞跃，获取新政策的持续效益，保障竞争优势的持续提升需要将那些原始的基本政策创新转型为制度，在以往政策经验的基础上发展完善新政策，获得制度创新的收益。当前，广西北部湾经济区面临经济发展滞后，政策执行灵活性不强，政策老化现象严重，这迫切需要通过政策创新及时回应政策生态环境的变化，破解政策供给不足、效率低下的难题，实现政策与社会发展需要相适应。《广西北部湾经济区发展规划》已经为本地区提供了政策创新的制度支持，经济区的发展现状需要政策主体创新思维，要善于冒风险进行政策变革，在政策创新过程中注重保障社会基本的公共利益，使整个政策运行处于一个良性循环的状态。

广西北部湾经济区要完成工业化、城市化等任务，需要在经济发展、行政体制等方面进行政策的调整和更新，这些政策将有很大部分是经济发展的原始制度创新，甚至可能引领我国改革潮流，及时将这些政策转化为法律制度将有利于保障经济区竞争优势的持续提升。政策创新本身是一个探索的过程，在这个渐进式创新过程中，要及时总结政策运行中存在的问题，弥补以前方案的不足。在适当的时候，政府应将适合立法的优质政策提请人大立法，保证新政策收益的稳定性。此外还要合理确定法律的时效期，根据政策的变迁来调整法律法规，实现政策的灵活性与制度的稳定性两者共生共融的状态。目前自治区已经开始全面清理地方性法规，提出修改和废止多项政策和法规。要通过建立定期清理制度，吸引社会广泛参与到政策和制度的修订中，彻底解决目前政策和制度对经济发展的制约，将一些优质政策适时转型为制度，真正发挥其效益。

第三章

广西北部湾经济区人才政策创新

　　人才是社会、经济、文化发展不可或缺的重要力量，人才资源是第一资源，关系着北部湾发展的成败。只有人才工作做好了，其他的各项事业才能有序开展。人才政策与区域产业政策、区域财政与金融政策等一样，都是区域公共政策的重要组成部分。其中，人才政策是区域产业政策、区域财政与金融政策发挥作用的重要基础条件，也是区域人才培育与发展以及人力资源优化配置的重要"杠杆"。

　　随着经济全球化的深入、迅速发展和变化，《广西北部湾经济区发展规划》和国务院《关于进一步促进广西经济社会发展的若干意见》正式实施以来，广西的发展环境也发生了重大变化，尤其是 2010 年，中国—东盟自由贸易区正式启动，以及 2015 年国家"一带一路"（"丝绸之路经济带"和"21 世纪海上丝绸之路"的简称）新战略的提出，对广西北部湾经济区人才提出了更高的要求。广西北部湾经济区是"海上丝绸之路"的主要区域之一，理应在"21 世纪海上丝绸之路"建设中有所作为。北部湾经济区的跨越发展面临着区域性人才竞争更加强烈和经济转型要求更多高层次人才之间的矛盾，呼唤着更多数量和更高质量人才的到来。为此，北部湾经济区的人才政策也应及时地进行调整、优化与创新，使北部湾经济区人才工作与经济社会发展更加紧密地结合起来，发挥人才特别是高层次人才对北部湾经济发展超强大的推动作用。这既是为北部湾经济区提供人才保障和技术支持，抢占人才优势新机遇，适应国家发展战略、赢得发展先机的必要手段，也是广西北部湾经济区实现"桂兴民富"和长远持续发展的有力保障，对区域经济发展有着重要的促进作用。

第一节 广西北部湾经济区人才政策创新的内涵及意义

一、人才政策创新的含义

（一）人才的含义

究竟什么人才算是人才？不得不承认这是一个很难回答清楚的问题。究其原因，一方面，在于人才本身就是一个模糊的概念，没有一个明确的衡量标准，所以不同的人就有不同的看法，很难给出一个放之于四海而皆准的定义；另一方面，在不同的历史时期和不同的社会发展阶段，由于社会的价值观的差异等原因，人才的内涵也不总是相同的。例如，在中国古代，在对人才进行判断时，首先就会把道德放在第一位进行考虑，只有"德高"之人才可以"望重"；而到了明清之际，在西学东渐的大环境下顾炎武等人提出能够重实用而不尚空谈，认为能够"经世致用"之人才是社会需要的人才。一般性而言，在当下我们所说的人才，指的是那些在整个人力资源中自身能力和素质相对较高的劳动者，他们比其他人更富有创造力并拥有一定的专业知识或专门技能，能够做出更有成效的工作。后文所提及的人才，也同样依照这个定义。

（二）人才政策的含义

人才政策是公共政策的一个重要构成部分，它是由公共权力主体，为了达到充分引进和利用各类管理和技术人才等来推动社会经济发展的目的，针对人才发展遇到的问题制定并颁布的相关法律法规或行政规章的总和。具体来说，上到全国人民代表大会颁布的关于人才方面的法律法规，下到地方各级政府对人才资源进行的相关规定，都属于人才政策的组成部分。

（三）人才政策创新的含义

人才政策创新是指人才政策主体根据社会发展环境的变化，以创新的价值理念为指导，对人才政策主体、工具、机制等要素进行重新组合或创造，制定、执行与完善有创意、有价值的公共政策，实现人才政目标的活动。以政策创新来推动各地区更好地对人才进行引进、培养、使用等，使人才在社会发展中释放出强大的力量，是我们亟待正视和解决的问题。

二、广西北部湾经济区人才政策创新的意义

（一）人才政策创新是北部湾经济区发展的重要保障

广西北部湾经济区的定位是要建设成为重要国际区域经济合作区，即将其打造为中国—东盟开放合作的物流基地、商贸基地、加工制造基地和信息交流中心。① 在这一发展过程中，人才交流与合作日益频繁，对人才数量与质量的要求大大提高，势必要求人才政策也随之不断调整和创新。只有完善和创新北部湾人才政策，使北部湾成为人才的"大本营"，聚集起一大批高科技人才、学术带头人、高级技术和管理人员、海外人才，才能保证北部湾的不断向前发展。

（二）人才政策创新是人才资源开发工作的现实需要

广西北部湾经济和社会发展需要人才，但不可否认的是，现阶段北部湾在人才方面至少有两大缺陷。其一是人才数量的不足。根据中国人才发展论坛以及统计局公布的数据，2010 年北部湾经济区人才总量大约只有 115 万人，2015 年人才总量也可能只有 168 万人。与此对应的是，在 2010 年，就全国来说，拥有大概 1.2 亿人；而广西的兄弟省份广东，单单一省就超过 1500 万人的人才量，这不难看出北部湾的人才量是多么的缺乏。其二是人才结构不合理。这不仅仅局限于（高级）技术工人的缺乏，更表现为具有高学历人才的不足，以及人才在三大产业间分布的不合理，详见表 3 - 1：

表 3 - 1　人才学历及产业分布比重统计及预测　　　　　单位:%

年份	本科及以上学历	大学专科学历	中专及以下学历	第一、第二、第三产业人才的比重
2010	33.68	40.67	25.65	16.70:36.54:46.76
2015	45.62	39.99	14.99	12.55:44.09:43.36

---

① 广西审计学会课题组. 广西北部湾经济区绩效审计研究［J］. 广西财经学院学报, 2011（2）: 20—25.

尤其是那些熟悉国内外市场规则并且有过相关管理经验的企业家等人才更是稀缺。从目前实际情况来看，北部湾经济区的人才政策面临诸多方面的挑战，如经济基础还不够强、在人才争夺战中优势不明显、人才发展环境不够完美、还压制着人才能力的发挥和进一步成长、人才管理与使用不科学影响了人才积极性等问题。要解决这些问题，实际上也就是要搞好北部湾经济区的人才资源开发工作，归根结底，也就是抓住人才政策创新这个纲领。

第二节　广西北部湾经济区人才政策创新性实践

自 2008 年《广西北部湾经济区发展规划》成为国家发展战略规划以来，各类优秀人才积极投身于广西北部湾经济区建设的大潮中，使得北部湾经济区成为全国发展较快、最富活力的区域之一。在这一发展过程中，当地政府更加清楚和深刻地认识到了人才的巨大推动作用. 为了能更好地发挥人才的功效，广西颁布实施了《广西北部湾经济区2008～2015 年人才发展规划》和《广西壮族自治区中长期人才发展规划纲要（2010～2020 年）》等人才规划与政策。2014 年 1 月 8 日，广西发布了我国首部省域人才资源发展报告——《广西人才资源发展报告（2010～2012)》。该报告首次发布广西 132 个人才经济数据、14 个地级市 1815个人才经济数据、109 个区县市 2660 个人才经济数据，摸清了广西人力、人才资源的"家底"及其在国内的地位。① 北部湾经济区各市对人才政策也都进行了创新性的实践。

一、人才政策主体创新

（一）政策主体观念创新

1. 人才观念的突破

《广西北部湾经济区发展规划》实施以来，北部湾经济区相关地方

---

① 姚琳. 广西人才状况的细致描述——《广西人才资源发展报告》解读［N］. 广西日报，2014－1－13.

政府对人才观念有了新的解读，针对以往的唯学历论和唯资历论，重点提出在德才兼备的基本原则下以能力和业绩为标杆对人才进行衡量和取舍。这为当地人才管理和使用提供了大方向，即坚持以能力、品德和业绩这些主要因素为导向，从重学历到重能力，从重身份到重品德，从重资历到重业绩等，给所有成员提供公平竞争的平台，使其能够自由地发挥能力和平等实现个人目标和价值。唯才是举，真才必用。在人才使用上，不因循守旧，按照个人特点和才能进行合理安排。这种"人才优先"和"以用为本"的做法实际上对"以人为本"理念的体现和阐释——把重心真正转移到人身上来，维护人的尊严，关心人的情感，满足人在物质上和精神上合理的需求，使人的潜力和能力可以完全得到发挥。

2. 创新发展理念

目前北部湾人才情况不容乐观，人才比较短缺，尤其是高层次人才短缺制约了北部湾进一步发展。当下北部湾人才开发的重点之一就是使人才总量能够增强，使当地有一支数量充足的人才队伍。为此，广西北部湾相关城市高度重视人才工作，创新人才发展理念。例如北海市等城市实行"一把手"抓好"第一资源"，具体来说，就是实行市委、市政府作为第一负责人统筹整个人才计划和政策，把人才工作放入经济社会发展规划和政府重要议事日程里，使人才政策在领导者层面得到充分关注。发展理念要想得到创新，就必须把科学发展观和科学的人才观相结合，在发展经济的同时更加注重对人的能力的提高和综合素质的完善。发展不单单是针对狭义上的社会与经济，更是提高和完善各个体素质和能力的过程。从北部湾经济区的发展进程来看，对待发展中遇到的问题抛弃了原先僵化、教条主义的处理方法而采取灵活多变、富于创新的途径，例如，依靠自身独特的地理位置和优势条件，使北部湾区域发展上升了一定的高度，不再仅仅是本区域的问题，更是国家与东盟合作发展战略的重要组成部分；对外进行招商引资的时候，不再是不分轻重的统统引进，而是有所考虑和分析，对一些不利于生态环保的项目进行慎重的讨论和决定，对于有利于民生建设的项目进行大力支持和鼓励；进一步认清北部湾发展的真正动力，把为北部湾发展贡献自身的人才和当地群众看作是基本的内在动力，而把相关政策和资金的支持视作外在推动力。这种理念的转变有利于北部湾地区经济走上良性发展和长远发展的道路。

3. 效率优先的价值取向

公共政策的难点之一就是在于其既要追求效率又不能忽视公平，效率和公平到底何者为先何者为后，是效率服从于公平还是公平应服从于效率，目前为止还并没有统一的定论。北部湾人才发展改革试验区的设立的主要目的是要通过对北部湾经济区的人才政策与人才管理模式创新来赋予一定的优先权和特殊权，包括创新人力资源组织、整合和积聚方式、创新资源分配方式、创新人才服务方式等方面，以更高效率地聚集高端人才，激发人才活力，但以效率优先的人才政策，并不意味着不要公平。当然，人才政策和人才管理模式的创新不能过度向效率优先的方向倾斜，要在基本社会保障政策方面体现出人才政策公平取向的一面。

（二）政策主体的结构创新

1. 决策前进行专家咨询

在事关全局的重大发展战略制定以及重点项目建设之前，按照不同的行业组建专家团，围绕关键性问题组织专家参与讨论和论证，使决策科学化。例如，在整个北部湾地区，钦州市首先就钦州人才发展制定通过了《钦州市政府雇员和高级顾问管理试行办法》、《钦州市发展战略专家咨询委员会试行办法》。在这一系列的办法和方案中，钦州市根据经济社会发展的实际需要，聘请了44位国内外著名学者，在政府制定相关人才政策时对其进行战略咨询以使人才决策科学化和合理化。同时在专业管理领域，通过各渠道比较、选择并引进了4位政府雇员和2位政府高级顾问，这使得政府在制定相关人才政策时有更多的高层次人才辅助，从而保证人才政策更加契合实际，以发挥更好的作用。

2. 在人才政策制定中更加广泛地引入公众参与

就公共参与的作用来说，其一是它可以在保证人才政策合理性的方面发挥积极的作用；其二是能够保证人才政策在实施过程中更加顺利和畅通。所以可以肯定地说，人才政策从最初的制定和实施，到后期的评估和监督过程，公众参与不可或缺。北部湾的一系列人才政策就是听取公众的反馈意见并根据当地实际情况加以修正而出台的。例如，充分利用网络的便利，建设起有关北部湾地区人才政策信息的网站或者论坛来积极听取大众和用人单位的建议和意见，并根据其中合理的或者有建设性的意见或者建议来改进现有的政策。所以要加强宣传，努力营造环境使公众积极参与到人才政策制定中来，改善公众参与条件，引导和鼓励公众参与公共事务管理，使公众参与到政策中成为一种潮流和趋势。对于重大的人才政策的出台，在决策时必须使更多的公众加入进来。凡是涉及群众切身利益的人才方案和相关政策，都要广泛听取专家、学者和社会各方的意见，并将决策情况向社会公布，接受社会监督。此外，还可聘请有较强政策水平、热心公益事业、秉公办事的社会监督员对人才政策的实施情况进行具体监督，促进人才政策正确地执行和实施。

3. 积极发挥市场在人才资源配置中的作用，促进人才合理流动

这主要体现在北部湾当地政府大力优化软环境的努力，积极发挥市场在人才资源配置中的作用，以各领域发展对人才的实际需要为依据，在人才供给与需求方面尽可能地取得平衡，即当对人才的需要产生时，能够有效满足各种需要，通过市场配置人才资源，使人才能够合理流动，并形成一种良性的循环。同时，打破以往的直接由政府单方面制定人才政策，让市场积极加入进来，使市场在人才政策制定中起到"风向标"的作用，并通过人才与市场的双向选择，使人才流动到那些社会经济发展非常需要的地方去，流动到那些能够更好地发挥人才作用的地方去，丢掉以往那种直接由行政命令统一安排的方式，使人才的流动真正符合市场的需要以能产生最大的效益。

（三）能力创新

从政府政策的角度来看，政府的能力主要是看政府能否恰当地运用政策、计划等工具。① 当前，北部湾地区相关地方政府包括人才服务在内的社会服务方面还没有形成成熟的制度框架，政策主体能力仍需进一步提高。针对北部湾人才政策，北部湾地区相关地方政府首先提高了自

---

① 张平. 政府能力与政府有效性关系探析 [J]. 中共郑州市委党校学报，2007（1）：63－64.

身政策问题的确认能力，认识到了其事关全区进一步发展的重要性和涉及各方利益的复杂性，进而就人才政策规划、执行和输出能力进行了全面的升级，使人才政策更加契合当地实际情况。北部湾地方政府积极发展和完善了与人才有关的相关法规和制度，使政府部门能够更加有效地发挥能力服务人才发展。例如北部湾结合经济发展的相关计划制定了人才发展战略和具体人才政策，使人才政策的目标得以体现，使政策能力也能够在实现这一目标中取得进步。

二、人才政策目标和原则创新

（一）人才政策目标的两大创新

所谓人才政策目标，就是相关政府针对现存的有关人才政策的不足和问题，自上而下出台相关办法、制定相关政策、采取相关措施来实现特定的效果和目的。对于人才政策本身来说，其目标最主要的就是吸引人和使用人，以人才引领创新发展，以创新推动经济和社会进步。北部湾则对于人才政策的目标进行了深化和拓展，这主要表现为两大方面：

1. 以广西经济和社会发展的状况为依据对人才政策目标进行动态调整

这使得人才政策目标富有更多的灵活性和适应性，也更加契合当地发展的实际，保持经济与社会发展状况相匹配。人才政策围绕每个时期的重大发展战略决策来确立新重点以满足经济发展对人才需求的变化。《广西北部湾经济区 2008～2015 年人才发展规划》、《广西壮族自治区中长期人才发展规划纲要（2010～2020 年)》等人才规划与政策的出台，是基于该时期北部湾经济区要实现跨越式发展，成为中国新的经济增长区和重要国际区域经济合作区的重要时期这一认识上的。规划中特别强调该区人才政策"应紧密围绕每个时期的重大发展战略决策，重点确定了石化、林浆纸、能源、钢铁和铝加工、粮油食品加工、海洋产业、高技术、物流和现代服务业九大重点发展产业的人才需求"。[①] 具体情况见表 3－2。

① 陈晓风，莫婕. 北部湾经济区人才资源开发政策取向探究 [J]. 法制与经济，2011 (8)：45－46.

表 3 - 2　广西北部湾经济区九大重点发展产业人才需求

单位：万人

行业	2010 年人才量	2015 年人才量
石化	1.70	2.50
林浆纸	0.25	0.39
能源	1.28	1.61
钢铁和铝加工	5.15	9.60
粮油食品	6.10	8.55
海洋产业	5.15	9.60
现代服务业	13.95	17.82
物流产业	6.23	9.58
高技术产业	3.13	4.50

资料来源：根据《广西北部湾经济区 2008 ~ 2015 年人才发展规划》整理。

2. 将人才政策置于人才流动的一般规律下进行创新

人才流动看似繁杂无序、不可捉摸，但其也具有内在的规律，包括人才流动依靠市场配置、人才流动需要政府引导、人才从生产力落后的国家和地区向生产力先进的国家和地区流动、经济发展和发达时期人才辈出而且人才流动快等规律。北部湾经济的人才政策创新顺应了人才流动依靠市场配置与政府引导的基本规律，促进人才政策由"刚"到"柔"的转变，主要体现在：以人才流动规律为基础，确定了以招揽人才为目标的招商策略，以人才培养为目标的优惠政策和以产业发展为目标的人才鼓励政策；积极推行人才居住证制度，提出持证者在创办企业等方面享有相应市民待遇；积极培育和发展人才市场，激活市场在人才配置与流动方面的基础决定性作用，尽可能地使人才在流动中逐步实现"人尽其才、才尽其用"。

（二）政策原则方面的创新

1. 在以"党管人才"为原则的基础上进行创新

无数的历史经验和教训都已经告诉我们，只有坚持党的领导核心地位，社会主义事业和建设才能得到顺利发展。对于管理人才方面来说亦是如此，坚持正确的方向与保障人才政策的实施，都要求坚持"党管人才"的基本原则。《关于进一步加强党管人才工作的意见》中明确提出了"党管人才主要是管宏观、管政策、管协调、管服务，包括规划人才发展战略，制定并落实人才发展重大政策，协调各方面力量形成共同参与和推动人才工作的整体合力，为各类人才干事创业、实现价值提供良好服务等"。[①] 北部湾经济区人才规划中把加强党的组织领导并实行"党管人才"原则放在了相当的高度，为此专门成立了北部湾经济区人才开发协调领导小组，监督检查北部湾地区人才规划实施情况和重大事项的进展情况，并对相关负责人进行定期考核和通报。

2. 政策的协调性与创新性相结合

对于人才发展而言，改革创新最基本的就是政策创新，要以政策创新带动体制机制创新。广西区党委和政府部门领导"充分尊重各市人才工作的差异性和多样性，鼓励各市在统一协调的人才政策基础上开展创新。"[②] 北部湾经济区内相关地方政府部门应转变对现行的人才政策的认识，一方面要看到政策中合理的内容和方面，另一方面也要重点关注政策的不足和问题之处，特别是人才政策有无创新点所在，各种相关政策是否配套，运转是否良好等。同时，以区域人才开发与服务的一体化为人才政策创新的目标，对现行的各类人才政策及地方性人才规定进行了梳理，或修改或废除不利于区域合作的政策和阻碍人才交流的制度，使区域内相关人才政策和制度彼此关联并协调存在。

3. 人才开发国际化原则

当下北部湾经济区经济发展面临的问题之一，就是与对外联系和合作日趋深入紧密的经济区跟现阶段经济区国际化人才较少之间存在着供需不匹配的矛盾，这一类型人才的缺乏拖慢了北部湾经济区眼下经济和社会发展的步伐，阻碍了对外开放合作的进程。基于此，北部湾经济区政府提出了人才开发国际化的口号，提出一方面要创新培养方法和内容，培养出能够在对外合作中担当大任的人才；另一方面要加大国际人

63

① 中共中央办公厅. 关于进一步加强党管人才工作的意见 [N]. 人民日报，2012 - 9 - 27.

② 广西北部湾办. 广西北部湾经济区 2008 ~ 2015 年人才发展规划 [EB/OL]. http：//www.gxzf.gov.cn/zjgx/gxbbw/zwzx/bbwjjqgh/201104/t20110411_ 287601.htm.

才引进力度，从人才服务和环境营造两方面着手提高当地集聚国际人才的能力。就这几年间北部湾的实际操作来看，其国际化人才建设还处在上升的阶段，真正培养出适合条件的人才还比较少。特别是与东部沿海发达地区相比，北部湾地区国际化人才的发展还处在非常落后的位置，在质量和数量上都远远赶不上。

4. 保持人才开发政策与产业格局发展方向相一致

人才的引进应以能为当地经济与社会服务为前提。进一步说，一个地区引进一类人才是因为该地区的发展需要这类人才，对于该地区来说，人才引进的数量并不是越多越好，人才质量也不是越高级越好，这些都应该围绕着本地区产业链发展的具体情况。各地区实际发展情况和条件都不可能完全一样，人才开发的重点自然也有所差别。但不管怎样，有一点是可以肯定的，不根据当地实际采取对应的人才政策和措施，是不可能取得良好效果的，只有因时因地采取的相匹配的政策和措施才有可能取得成功。北部湾经济区在引进人才的过程中，以高新技术产业化项目和重点工程项目为参考，重点引进支柱产业和重点项目发展紧缺的高级技术人才和管理人才。不光要着眼于增加人才的总量，还要有区别地选择人才和有计划有步骤地培养人才。特别是北部湾对增加人才总量有深入的认识，不单单在相关数据上增加人员数量，而是注重新增加的人才要与北部湾经济发展情况相适应，防止人才数量的盲目增加与当地产业发展对人才要求不一致的矛盾，从只注重人才的数量转到人才的数量和结构并重上来，使人才数量的增加能够切实带动当地相关产业的发展。

5. "引进为主、培养为辅"的原则

在人才作用日渐凸显的今天，或大或小的地区都针对所需人才出台一系列优惠条件和措施，积极引起外部人才来促进地区发展。对于所需要的人才到底是从外引进好还是自主培养好的问题，也许并没有一致的看法。但是就北部湾当今实际情况来看，政府坚持"引进为主、培养为辅"的原则是合乎情理的。首先，很重要的一点是能够节省成本。相对于从外引进人才来说，政府对人才成长教育所花费的费用非常高。其次，人才从培养到发挥作用的时间一般都比较长，对于市场短期内需要

广西北部湾经济区政策创新研究

的大量人才难以满足，而从外引进的效果则立竿见影。最后，当前社会发展迅猛，对于需求的人才也是变化着的，引进人才能够紧跟发展的步伐，更加符合实际情况。特别是对于高层次人才，他们在一些重点项目方面和高技术含量的岗位上发挥着不可替代的作用，而在当下快速培养出一名高层次人才则是非常困难的。

三、人才政策工具创新

总体来看，广西北部湾经济区人才政策可以概括为以下三个方面：一是重才。通过出台《关于进一步加快实施人才强市战略的决定》、《关于加快吸引和培养高层次创新创业人才的意见》等一系列政策措施，使人才政策的大方向得以确定。二是聚才。突破高端"瓶颈"，促进整体开发。近年来，南宁市着力改善人居环境、社会环境、生活环境，完善吸引高端人才的硬件条件；与此同时，在重点产业和重点项目的基础上兴建北部湾"人才小高地"，通过对引进人才平台各方面的完善，广泛地把高层次人才吸引到北部湾建设中来。三是用才。通过"人才活动月"提高对人才使用的合理性。自 2009 年起，南宁市委、市政府每年都在"两会一节"期间，举办为期近 1 个月的综合性的南宁市"人才活动月"活动。采取人才成果展示、拔尖人才表彰、技艺展示等形式，使人才流动得到足够重视，激励干事创业、赢得社会尊重，打造一个全方位展示南宁人才创造活力的新舞台。为了保证各主要用人单位选好人才、用好人才，落实好人才的工作责任，还制定了人才工作目标责任制，与各县（区）、主要人才部门签订目标责任状。

具体来说，北部湾经济区人才政策工具创新体现在人才引进政策、人才培养政策、人才激励政策、用人和留人政策等方面。

（一）人才引进政策工具创新

对于不同地区的不同时间段，引进吸收的人才类别都是不一样的。但归纳起来，基本上可以分为以下几种：一是属于北部湾经济区经济与社会发展紧缺的，而且具有高级专业技术职务任职资格的人员；二是具有高学历的人才；三是获得国家级科技大奖的科技人才或者具有某一领域发明专利的人才；四是高级管理人才和高级技术人才，以及从海外回归的各类人才等。例如，南宁市强调引进顶级专家、学者以及高新技术、支柱产业、重点工程、新兴产业等领域急需且具高级专业技术职务任职资格以上的人员。钦州着重引进高级专家学者和当地"石化、林浆纸、能源、粮油食品、海洋、现代服务业、物流、电子信息等重点产业急需紧缺的具有副高级专业技术职务的专业技术人才和经营管理人才"。① 防城港市则对于具有高级专业技术资格或获得博士学位，或有突出贡献的中青年专家和优秀专家进行重点引进。为了更好地吸引外部人才，北部湾经济区还针对人才的需要拟定了相关优惠措施和政策，总的来说主要有以下几个方面。

1. 在经济上进行资助

经济上的资助主要表现为政府向从外引进的人才提供经济支持或奖励。例如，给人才提供一定的经济补助；对于高级人才或者有相当贡献的人才提供一定的安家费等；对于科研项目提供资助资金以使其顺利进行等。

北海市对人才的经济资助主要体现在：一是实施人才安家补贴。北海市首先就北海市实际人才队伍和发展状况对急需紧缺人才的范围进行了确定，并划出了专项资金。根据北海市政策，对于引进的人才，按照具体情况，最低可获得 7.5 万元最高 120 万元的安家费，鼓励其在北海定居和工作。二是对专家工作室进行特别资助。为了鼓励科学研究和项目合作，北海市对本市用于研究工作的工作室，可按照规定对其进行奖励，特别突出的可给予其科研启动经费。对引进北海市的专家，按照其类型分为 40 万~80 万元、80 万~120 万元、120 万~200 万元这三类进行奖励和资助。三是岗位津贴的大量发放。北海市依据重点事业单位和工业企业，在其中设立"首席专家"岗位和"首席技师"岗位，对于聘任上的人员，专家可获得每月 4000 元的岗位津贴，技师可获得每月 2000 元的岗位津贴。②

钦州对引进的高层次人才在经济上分四大方面进行支持：一是住房补贴，对于已经引进来的高层次人才，只要他们是在钦州市首次购买房屋的，按照其在人才政策中所属的类型，从低到高实行2万元/年、6万元/年、10万元/年、20万元/年的标准在前3年给予其购房补贴。二是安家费补贴，只要是钦州市紧缺的人才，一旦引进钦州市，从低到高实行1万元/年、2万元/年、5万元/年、10万元/年的标准在前5年给予其安家费。三是政府特殊津贴，对于那些原先享受政府补贴的人才，在引进钦州后即使相关人员无法再享受，钦州市也会给予其政府津贴，标准并不降低且保持和原先一样的水平。四是工资待遇政策灵活。对于党政机关引进的高层次人才，其工资待遇可以参照现行公务员制度的工资待遇执行。对于事业单位引进的高层次人才，可由用人单位与引进的高层次人才双方协商确定其报酬方式，报酬方式可以实行年薪制或以专利、发明、专有技术、管理、资金等要素参与收益分配。①

南宁市进一步放宽人才政策并对人才提供更多的资助。对进入南宁市工作并签订5年（含5年）以上服务合同的博士、携带经省部级以上鉴定的先进技术项目的科技人员或者享受省级以上政府津贴的高级专家，一次性给予安家费补贴5万元；进南宁市工作并签订5年（含5年）以上服务合同的硕士研究生，一次性给予安家费补贴2万元。属财政全额拨款的单位引进人员的安家补贴费由各级财政支付，其他单位引进人员的安家费补贴可由用人单位与本人协商，参照执行。来南宁市工作并签订服务合同的，院士年薪100万元，著名专家、教授年薪30万~至50万元。②

防城港市对于引进的人才，最高可给予每人150万元的安家补助费。同时，防城港还深入实施博士、硕士研究生培养工程，鼓励各类在职人员攻读硕士、博士和自费出国留学，对于在职获得硕士和博士学位的人员分别给予40%和60%的学费补助，并给予5000元或10000元的

---

① 中共钦州市委.《钦州市高层次人才引进、培养和开发暂行办法》补充规定[J/OL]. 2010 - 2 - 22. http：//www2. qzedu. gov. cn/qzdj/2010/0222/article_ 1623. html.

② 关于加快人才引进与培养的若干规定 [J/OL]. http：//www. chinalawedu. com/news/ 1200/22598/22605/22737/2006/4/wm34461022271214600 27080 - 0. htm.

一次性奖励。防城港将人才开发专项资金纳入财政预算，每年市财政预算不少于 1000 万元。除了为引进的人才解决住房问题外，属于年度急需紧缺人才需求目录范围，引进到市机关、企事业单位以及市属国有企业的高层次人才，分七类分别发放 3 万～150 万元安家费补贴。①

2. 在住房、子女教育问题和家属工作等方面给予照顾

在住房、子女教育问题和家属工作等相关政策上给予优惠，主要表现为在相关制度和规定上给人才适当关照。例如，对那些来本地区进行投资和创业的外来人才提供投资或者税收上的优惠；对有家庭的外来人才，要解决好他们的子女教育问题和家属工作问题；为新引进的人才配备具有一定期限的免费住所或在住房上给予一定的补贴等。

具体来说，北部湾经济区四大城市的人才引进优惠政策工具的侧重点又有所区别。南宁市将要出台创造更为柔性的政策，针对拥有大学本科及以上学历的人才在南宁市落户给予支持，对于高级专家、教授等提供较有吸引力的年薪、相应的安家费，在招聘上优先聘任高级职称的中青年专业技术人员，并设立由市政府财政支持的直接用于引进和安排优秀人才的专项资金。防城港对于重点引进的人才给予一定数额的住房和安家补助费，规定在非财政全额拨款事业单位和企业中引进的人才，"可以视人才的贡献情况在收入分配上实行政策倾斜，人才可以专利发明、专有技术、管理技能等要素参与企业收益分配"。② 针对重点引进的人才，可以实施柔性引进，改变以往硬性、死板的要求，采取灵活的方式如兼职、担任顾问等，使人才通过各种渠道发挥作用。北海市对本市急需的人才采取特殊化处理，低职高聘给能力较强的人才提供机会和平台。引进人才如果原先获得相关职称的，对其职称予以承认并进行保留，对于贡献较大的人员，可根据情况破格提升使其担任专业技术职务。不同类型的专业技术人员可以用专利、技术等折价入股的方式在北海市当地创办企业。钦州市用人才居住证制度打破了以往地域和户籍对

---

① 周隆富，苏桂荣，蔡芳芳. 为引进人才防城港最高发放 150 万元安家费［J/OL］. http：//fcg. gxnews. com. cn/staticpages/20140218/newgx5302db6c － 9670146. shtml.

② 防城港市委组织部. 关于印发《防城港市人才引进、培养和管理试行办法》的通知［EB/OL］. 2009 － 6 － 09. http：//www. fcgdj. com/rencaigongzuo/tongzhitonggao/2009/0609/707. html.

人才的阻碍，实行落户和流动都不受各种不应该存在的限制；对于高层次人才，建立专才特聘制度，在岗位津贴、住房补贴、社会保险、科研经费等给予倾斜性的政策与资金支持①；对重点产业、重点领域设立专项资金，确保项目和产业进展顺利。

3. 实行柔性的人才引进政策

柔性的人才引进政策主要表现为对现阶段在本区工作而户口不在本区的人员，只要其符合办理人才居住证的条件，积极为其进行办理而不找借口为难；在编制上，每年拿出一定数量的机动事业编制，使高层次紧缺人才不受专业技术职务结构比例限制，不受人事档案管理的限制；在人事档案管理上，可为人才重建档案而不影响原有工资待遇；不仅其本人职称评审和社会保险方面按照北部湾当地的标准对待，其子女在当地入学也同样享有和当地人一样的权利而不受其他限制。

除此以外，北部湾经济区还就促进本区域开放开发出台了进一步的政策规定，对户口准入条件进一步放宽，为后期人才的留用提供了一定的基础。如积极建立起有实力的研究机构，促进当地产业的发展，用产业的发展带动人才的发展，使人才有更多的岗位可以选择，使人才得到更加适合的安置，减少因人才频繁流动带来的损失；动员高校与市场联合起来培育"人才青苗"，设立人才专项基金来辅助人才的专业化水平的提高，以此来为经济发展储备人才和提供后备力量；以北部湾经济区重点产业和重点项目等为基础，以重化工业、高技术产业、现代服务业等领域为方向，通过北部湾政府资金与政策的支持，打造起属于北部湾地区拥有相当竞争力的"人才小高地"，以集聚和吸收一大批北部湾发展所急需的能力强大的优秀专业技术人才以及管理人才，利用这些人才全方位地推进北部湾发展；打破户籍、地域和人事关系等制约因素，积极实行"来去自由"的人才引进政策，优化聚才环境并提高服务水平。

（二）人才培养政策创新

人才培养也是人才开发不可忽视的部分，确保人力资本投资与整个

---

① 钦州市贯彻落实《广西北部湾经济区 2008～2015 年人才发展规划》的实施意见 [EB/OL]. http：//www.gxrc.com/ds/qz/Article.aspx？ArticleID＝45124.

社会经济发展的需要相一致和契合，制定切实有效的人才培养政策是提高人才知识、素质和技能的重要保障。就其内容方面来说，人才培养政策主要包括扩大优秀青年人才队伍、培养后备人才政策和继续教育政策。

《广西北部湾经济区发展规划》实施以来，北部湾经济区相关地方政府出台一系列政策，积极采取了一系列措施来加强对人才的培养。从2008年开始，北部湾地区就开始在人才培养项目中试行远程教育，通过网络围绕着技术提高问题对专业人才进行培训，建设广西北部湾经济区人才培养远程教育基地，成效显著。同时采取以广西电大和远程教育服务中心牵头的方式，以南宁、北海、钦州、防城港市电大的基础为培训依托，首期邀请中央广播电视大学、中国人民大学网络教育学院、北京航空航天大学网络教育学院、中南大学网络教育学院等六家单位参与相关项目合作和整合优势专业。通过这样一系列的行动，使北部湾经济区九大重点产业的人才计划和政策更加完善合理。在这样的背景下，北部湾各市也从实际出发做出努力，采取了具有当地特色的措施。

南宁市坚持"谁用人，谁培养"的人才培养原则，建立起一套由政府引导和行业指导为基础、个人自愿为前提、单位自主安排为主的系统的人才培养机制，每年都选送优秀干部到英国、美国、日本等攻读硕士研究生或进修，以短期培训的形式派送企业专业技术领军人才和专业技术骨干人才到科研院所、大专院校进行学习和深造。[1] 强调把德才兼备且会管理的党政领导干部、经济发展需要的学术和技术带头人、重点工程和支柱产业急需的科技人才、企业高层次经营管理人才等作为培养的重点对象，在个人自愿的前提下，由政府或者单位为主体进行筛选和确定培养人选。在具体的人才培养方面，树立起了新世纪人才培养意识，把人才培养提高到战略的层次上；建立委员会，每年评审出来一些能力和素质都良好的中年尤其是青年专业技术人才，采取公费的形式，把他们送到国外有名的企业或者高等学校学习相关理论和技术；对项目进行审核并在确定后进行资助，以此来带动人才培养；完善领导干部管理的

---

① 南宁高新区：打造人才小高地　拓展产业人才承载 [J/OL].2012－4－28. http://www.chninvest.com/zh/administration/20120428/10750.html.

相关制度，使领导干部在聘任、罢免、职位升迁方面都更加合理和科学，让优秀年轻干部有机会脱颖而出；在有条件和有实力的相关企业里成立博士后工作站，通关工作站培养出一大批研制与开发方面的人才等。

钦州市针对人才培养渠道少的问题，对其进行优化和完善，一方面积极邀请学识和素养较高且有一定社会影响力的相关专家对相关人才进行培训；另一方面选出一些各方面表现优秀的人才到国内或者国外进修学习，通过多种方式对人才进行培养。并且钦州市对人才培训的投入机制进行了进一步完善，对于政府，规定其用于人才培训的经费要逐年有所增加，增加的幅度要和本地区财政收入的增长率相协调；对于企事业单位，以工资总量的 1.5% 为限，规定其用于职工教育的经费最低不能少于这个标准；对在职攻读硕士以上学位的人员，只要其顺利通过毕业后回钦州市工作，在读期内的工资和福利不会有所下降，其拥有的职称评审的资格也不会因人当时不在本岗位而被取消。

防城港市加大政府投入力度，要求员工按规定参加各种培训时，用人单位必须给员工提供相应的学习费和差旅费，不能找各种理由推诿；还要求各级财政部门要在年度财政预算上对在培养人才工作中产生的一系列钱财进行优先考虑和保障，为其安排专项资金。近年来，防城港市加大了对人才培训的投入力度，通过举办不同形式的培训来为人才的进步服务，到目前有超过 27.1 万人才因此受益。特别是在钢铁、核电、镍铜这三大工程项目的实施和进行时，超过 1000 名人才被选中允许其直接参与这些重大项目的开发建设，使其在实际的工作中，能力得到极大的提高。

北海市将人才这种"第一资源"放在优先考虑的位置，这一点从它先后设立了"人才小高地"建设资金、高新技术发展基金、科技成果产业化扶持资金就可以明显看出。在重点领域加大对人才引进和培养，以人才的培养带动重点领域的推进。选择重点的事业单位新增"首席专家"岗位，挑选有实力的企业新增"首席技师"岗位。[①] 通过"北

---

① 组织工作知识学习手册［J/OL］. http：//www.0451.org/index – htm – LangType – cn – BasePage – 176 – article_ id – 8054. htm.

海教育名家发展计划"、高层次医疗卫生人才引进培养计划和"文化北海"人才培养计划等一系列计划的制订和实施，全面推动北海市各领域中人才的培养工作进程。

(三) 人才激励政策创新

合理和良好的人才激励政策能够让人才的创造性和积极性得到高度地发挥。北部湾经济区相关地方政府部门在建立人才奖励政策体系中，主要政策措施有：一是强化市场经济下人才奖励政策规范，使人才奖励在法律约束下有序和有效地进行。二是实行物质奖励和精神奖励等多种奖励方式，使人才奖励方式多元化。针对不同对象的不同特点和情况建立多样化的激励措施，满足人才不同需要，包括对其家庭生活、工作环境方面采取物质和精神激励相结合的方式，发挥对人才的激励作用。三是政府和企业都制定了对人才的奖励政策，包括设立一定的人才奖励项目和规定相关奖励标准等，从政策和制度方面进行引导和激励，共同实现对人才奖励的激励作用。四是通过建立合理的用人体系、完善的薪酬福利、科研成果和工作绩效奖励等方案使整个激励方式趋向规范化和科学化。

南宁市为了强化激励措施，设立了种类丰富的奖项，如对评选获得"南宁市杰出人才贡献奖"的个人或团队，南宁市直接拿出100万元对其进行表彰。鼓励人才进行研究，特别是对于那些有助于南宁市社会发展的重点项目进行研究时，其研究者一旦被确认为属于南宁市高级人才的范围，南宁市将提供最高500万元的经费作为奖励和支持。对高科技领域里的中小企业的创业，专门设立了"南宁市科技型中小企业技术创新资金"，为他们在贷款、税收等方面提供相应的优惠措施。

钦州市为了鼓励高层次人才，设立了该市人才的最高荣誉奖——钦州市突出贡献人才奖。同时，对科研项目立项与科研成果获奖者进行奖励，其中，对于获得国家或省部级经费资助立项的项目第一主持人，钦州市财政按照此项目获得资助经费额度的2%进行奖励，最多不超过10万元；"对于获得国家最高科学技术奖、自然科学奖、技术发明奖、科技进步奖和自治区科技进步三等奖以上奖项的主要人员，用人单位按国家和自治区同等额度的奖金给予奖励"。① 对于企业单位，以纳税额大小为奖励的基本标准，对于年纳税超过 5000 万元，给予不超过 10 名高层次人才参照本人缴纳的个人所得税 1:1 的奖励，对于年纳税超过 1 亿元的，给予不超过 20 名高层次人才参照本人缴纳的个人所得税 1:1 的奖励。

防城港市制定并实施了《防城港市促进产业发展人才奖励办法》，重点表彰和奖励该市优秀企业经营管理人才和专业技术拔尖人才。"对在科、教、文、卫等方面有突出贡献的人才，政府视财力状况给予一定的奖励。其中，在国家级奖项评选中获奖的，给予不高于奖金两倍额度的现金奖励；在省（部）级奖项评选中获奖的，给予不高于奖金同等额度的现金奖励。"② 并且加强宣传报道，在市级主要新闻媒体开设专栏宣传优秀人才的先进事迹，通过多种方式和手段来激励人才。

（四）进行"人才小高地"建设

"人才小高地"建设工程是广西创新性的人才政策之一，是广西壮族自治区党委和政府为了解决广西高层次人才紧缺等制约北部湾经济发展的核心问题，通过设立人才建设专项资金，力图"依托本地区的重点产业和重点项目、重点学科和优势企业事业单位，建立聚集和培养高层次人才的人才特区"的一项政策措施。③ 2004 年 8 月，在广西境内的 13 个"人才小高地"被通过并正式对外成立。至今，广西的"人才小高地"建设有了明显的进步，"人才小高地"作用逐渐显露，这主要表现在通过"人才小高地"的导向功能吸引和聚集更加有力，众多博士及博士以上学历的人才都被吸引到北部湾经济区。为北部湾经济区发展献计献策，科技研发水平有了明显的提高，为数众多的项目得到开展，部分"人才小高地"有了新的进步，成为一些重大项目和学术会议新的热门的选择地区，这有力地推动了经济区的技术以及科研水平。

① 钦州市高层次人才引进、培养和开发暂行办法［EB/OL］．http：//www.gxrc.com/ds/qz/Article.aspx？ArticleID＝45122.

② 关于印发《防城港市人才引进、培养和管理试行办法》的通知［EB/OL］．http://www.fcgdj.com/rencaigongzuo/tongzhitonggao/2009/0609/707.html.

③ 姚琳．广西人才小高地成为区域性品牌［N］．广西日报，2014－11－22.

广西各"人才小高地"在建设中，主要是结合当地经济的具体情况并有针对性地选择和使用人才，只要是对北部湾发展能够起到积极作用的人才，尤其是产业型人才和科技创新人才，都积极引进；以优势产业和优势项目为突破点，通过项目培养人才而人才反过来又推动项目的进步，寻找推动经济发展的新途径。如钦州市在"人才小高地"建设的过程中，结合本市经济和社会发展的现实发展状况，决定把石化产业、能源产业、制陶产业作为确定为优势项目来促进"人才小高地"的建设，对产业与经济发展起到了良好的促进作用。通过 10 年来的建设，广西逐步形成由点到面的"人才小高地"分布格局，对产业发展起到了很好的带动作用。"人才小高地"的建设，不仅是广西人才观念和人才政策的重要创新，也是广西人才工作方式的重大转变，其成效显著。至今，广西"人才小高地"已成为具有区域性特色的人才工作品牌。①

（五）用人和留人政策创新

如果说吸引人才是前提，那么善用人才和留住人才则是关键。用人和留人政策的合理与否涉及能否长期、合理、有效地开发和发展人才资源。为了能够更好地发挥人才在北部湾经济区建设中的作用，积极革新用人和留人政策成为人才政策创新战略中不可忽视的重要部分。首先，对专业技术岗位的设置比例予以灵活考虑，在资质资格评审方面突破以往的身份和地域界限，吸引真正有能力的人才资源，充分体现"公开、平等、竞争、择优"的用人原则，做到不唯学历、不唯职称、不唯资历、不唯身份，打破传统的选拔观念，突破固有的学历限制、户籍限制、职称资历限制，真正做到按需选人，以工作岗位性质需求来选拔优秀人才。其次，出台相关政策明确产业人才奖的"认定标准"，通过慰问、休假和奖励等形式，努力营造温馨、和谐的工作氛围，提高其工作生活满意度。除了待遇留人，还要环境留人。最后，制定、健全、完善人才政策机制避免高素质人才的流失，如提倡毕业生面向基层就业、完善促进就业长效机制、推进高校毕业生进社区工作、鼓励引导毕业生积

---

① 姚琳. 广西人才小高地成为区域性品牌［N］. 广西日报，2014 - 11 - 22.

极创业等。

（六）完善和创新人才政策法规体系

一套完备并且符合当地实际情况的人才开发政策法规体系是人才开发长期顺利进行的保证。一方面，北部湾经济区政府对人才开发政策法规体系进行了全面升级和革新，改革选拔选聘机制和管理制度，使无论是管理人才还是专业技术人才都可以自由流动而不受在地区、行业等所限，对与保障人才生活紧密相关的福利制度和社会保障制度进行改革，切实保护人才的合理权益。另一方面，为增强人才开发政策的时效性，选择较短的年限为周期对现行的人才政策法规进行分析和修正，使人才开发政策体系与人才现状相适应。

四、人才政策机制创新

"人才是鱼，机制是水。"只有进一步打破人才培养与发展的体制障碍，创建人事改革试验区，不断探索和创新优秀人才的引进培养、能力开发、选拔任用、绩效考评、奖励分配机制，才可能争取吸纳到更多的优秀人才。与此同时，为了更好地发挥公务员在政府治理与善治模式构建发展中的积极作用，试行公务员聘任制度、专才特聘制度、高层次人才在区域内自由落户制度、专业技术人才兼职制度等一系列新颖突破性的政策都是必不可少的。

一是国家有关部门的大力支持自然是必不可少的，积极争取国家的扶持政策，创建广西北部湾经济区人事改革试验区，推动人事制度改革从根本理念着手，破除人才开发制度性障碍，建立区域人才开发与合作新模式，推进区域人才开发一体化，优化人才发展环境。二是继续加强在北部湾经济区各市推广实施聘任制公务员试点工作，重点推进防城港市行政机关实施聘任制公务员制度试点工作，把推进聘任制公务员制度作为引进高层次人才的抓手。三是制定并实施北部湾经济区事业单位特设岗位试点办法，解决人才引进编制缺乏的问题，满足北部湾经济区发展对急需紧缺人才的需求；研究并制定事业单位专业技术人员自主创业和兼职兼薪实施办法，引导专业技术人员投身于北部湾经济区和重点产业、农村和林业一线。

（一）人事改革试点的推进与多元化的人才开发投入机制

为了真正发挥人才该有的作用，就必须打破人才开发在体制等方面的障碍，为此北部湾经济区在争取国家有关部门的支持下创建了广西北部湾经济区人事改革试验区，通过人事改革试验区试行公务员聘任制度、专才特聘制度、高层次人才在区域内自由落户制度、专业技术人才兼职制度等，其作用和意义正在于此。北部湾经济区在事业单位进行岗位试点，探寻人才引进编制缺乏难题的答案之所在；为了加大对高层次人才的吸引力，北部湾经济区各市已经推广实施聘任制公务员试点工作。

对于人才的投入应是一项长期的工作，这项工作直接关系到人才产出的问题，单纯地依靠政府或者企业都不可能真正地做好这项工作。如南宁市以本市重点、主要产业和当地发展实际情况为依据，确定了人才发展的重点对象和方向，通过以特聘专家、创新资助、创业扶持、重大决策为核心建立起"四项制度"，提出完善人才投入、认定考核评价、分配激励和奖励、服务保障和工作责任专家咨询明确等机制，在高新技术产业和现代服务业方面针对高级专家和科研团队重点投入资金发展人才。就整个北部湾经济区来说，为了保证重点产业人才开发能够顺利实施，设立了专门性的资金并且在资金数量上也是逐年增长。

在人才开发的实践过程中，北部湾经济区已经初步形成了政府、企业、社会和公众四方合作的框架，一方面政府鼓励社会组织设立相应的人才发展资金，另一方面给予企业税前抵扣、专项补助等优惠政策方式来支持和刺激企业并加大对人才开发的投入占比。政府设立的人才开发和人才创业的保障资金，也面向社会和个人名义的捐赠以汇聚社会各界的力量为北部湾的人才战略提供物质支持。同时，北部湾政府也针对人才开发出台了配套措施，如对人才创业实行贷款优惠、创造人才交流合作平台、加大对科研基地的资金投入等。基于对北部湾地区特殊地理位置的考虑，通过举办"中国—东盟人才资源开发合作论坛"等会议来加大与东盟各国相关企业和机构的交流力度，提升北部湾当地人才的国际化水平。号召企业"走出去"，在东盟各国的相关企业投资和劳务合作等过程中，企业经营管理人才的素质得到一定程度的提高。

（二）创新人才培养与引进机制

1. 积极拓宽培训渠道，加大对人才的培训力度

与相关院校、各行业协会和培训机构进行合作，对各类培训机构进行规范，如倡导其导入质量管理体系等，使培训机构朝着良性方向发展；鼓励各类社会培训机构的建立，在政策方面给予支持；政府加大对培训的资金投入，加强农村富余劳动力的转移培训工作；对于经济发展急需的高层次管理人才和技术人才，在单位、个人、社会三方按照合适的比例投入资金。防城港市在人才培养上着眼服务科学发展，提高人才素质，加大人才培训投入，举办各级各类专题培训，累计培训人才27.1万人次。特别是在钢铁、核电、镍铜"三大天字号"工程推进的过程中，坚持把重大项目建设一线，作为加强优秀人才实践锻炼的重要平台，让选派的人才直接参与北部湾经济区重大项目的开发与建设过程中，极大地提升了这些人才"促进发展、服务发展"的能力。南宁审议通过了一批人才政策，其中包括 2 个规划、1 个意见和 7 个配套文件，新出台的政策为南宁的人才引进和培养提供了更强大的助推力。一是加大财政投入，强化经费保障。从 2011 年起，南宁出台具体政策，设立市高层次人才开发专项资金，规定市级财政须按照当年可用财力的1%，并列入财政预算，专门用于人才引进、培养、激励、工作生活条件改善等。北海实施人才优先，建设人才强市，以人才的"风生水起"来保障经济与社会的科学发展，"先后设立了人才小高地建设资金、高新技术发展基金、科技成果产业化扶持资金"①，并予以大力推进落实，为优秀人才的创新创业提供更好的政策环境与服务平台。针对人才存量不足等问题，近两年来，先后组织开展了 14 个批次 335 个职位、涵盖了机关、企业、事业单位不同类别、不同层次的竞争性选拔人才工作，从区内外引进了一批北海开发建设急需、紧缺的优秀人才。近年来，累计评选了北海市优秀专家 42 名，引进了包括国家自然科学一等奖获得者在内的 400 多名高层次人才。钦州市策划建设北部湾国际人才创业基

① 李贤. 人才投入是效益最好的投入——全区各市组织部长在线访谈人才工作之一[N]. 广西日报，2011-6-9（02）.

地，打造集人才创业大厦、人才公寓和人才酒店于一体的核心人才服务区，为今后更好更多地吸引高层次人才奠定了基础。整合全市10多所中专学校，组建广西北部湾职业教育中心，培养支撑临海工业区产业发展的新型技能人才。

2. 重视外部人才资源的使用

与有关高校合作、建立留学回国人才库，加大对高层次留学人才的吸引力度。设立专项资金用以引进高层次紧缺人才和优秀的外部人才，对于他们进行的重点项目给予帮扶和资助。北部湾经济区利用国家外国专家局在国（境）外400多名专家组织和培训渠道资源以及部分经费资助，重点支持29个产业园区引进国（境）外高层次紧缺专家来参与规划、建设、咨询指导、开发合作、解决核心问题或者举办各种促进北部湾经济区开放开发的国际论坛和大型专题活动。改革职称评审规定，打破身份界限、所有制界限、地域界限、岗位限制和资历限制，让优秀人才脱颖而出。实行人才租赁制。使外部人才能够为当地所用。如钦州市制定《高层次人才引进、培养和开发暂行办法》，依托"三重一优"（即重点产业、重点学科、重点项目和优势企事业）领域的有关企业和事业单位，"建成了2家国家级实验室、1家自治区级人才小高地，完成了11个引进国外智力项目，设立了引进国外智力行政许可延办窗口"[1]，成为全区授权试点城市。

3. 健全高层次人才自由落户和流动的人才居住证制度，完善人才调剂机制

健全高层次人才自由落户和流动的人才居住证制度，即事先为高层次人才保留部分行政和事业编制，而对于编制已经饱满但又确实亟须引进高层次人才的情况，可采取先进后出的方式，最大限度地减少因为编制问题而对人才的限制。对于本地区"引进的急需、紧缺行业的高层次人才，可以选择在北部湾经济区内任何一个城市进行落户或者申领人才居住证，凭证可以平等享受该城市市民待遇"[2]。目前，随着北部湾经

---

① 韦义华. 钦州招纳"领军型"人才［N］. 广西日报，2011－9－7.
② 参见：广西北部湾经济区人才发展规划.

济开发区的人才战略的推进，以及"北部湾同城化"战略与政策的实施，人才居住证制度也在与时俱进，并做出相应的调整，人才居住证制度的政策取向由"户籍论"转向"居民论"，服务方式由"控制型"转向"服务管理型"，并逐步实现各部门之间的"共建共享"转变。该制度的实行既保留了传统户籍制度的合理之处，又有利于实现对居民的有效管理，在一定程度上消融了户籍地域的隔阂，体现了同一城市居住者"身份平等，待遇相同"的城市管理理念，也体现了社会主义核心价值观，凸显和强调公平在社会规则中的重要地位，加大城市社会凝聚力，因为"人们会感到什么时候受到了公平的或不公平的对待以及他们将如何对此做出反应"，居住证制度的实行增加了广大劳动者对城市的认同感、归属感和使命感，可以为城市的现代化发展做出更好的贡献。通过健全高层次人才自由落户和流动的人才居住证制度，以及不断完善的人才调剂机制，增强了对高级管理和专业人才的吸纳能力。

（三）创新人才选拔机制

人才选拔不到位，不仅不能充分发挥人才的积极性，甚至还会影响整个组织的稳定与和谐。北部湾经济区实行专才特聘和特岗特贴制度，即在招聘重点产业和项目所紧缺的人才时，其薪酬和职务并不按照常规的方式确定，而是依据其特聘岗位确定，其津贴补助同样依据特殊岗位发放。同时，充分发挥市场在配置人才上的作用，使党政人才到企业任职由市场配置决定。改变以往过分看重身份而忽视职位的做法，对新进人员采取公开招考、竞聘上岗等形式，使优秀人才真正被选拔出来。在人才使用方面，不拘泥于老旧的按照学历、身份和地域等标准，要有创新的思想和意识。如为了保证政府决策的质量，提高决策的科学性和合理性，可以在全社会范围内运用具有竞争力的薪酬福利来吸引一批素质和能力都比较高的人才。在有条件的岗位，比如硬件和网络维护等需要专业技能的岗位试行公务员聘任制度，与其签订合同明确责任和工作内容，对其进行定期和不定期的考核，以业绩为依据评价和决定是否对其聘任，在被聘任期间其享受的权益和普通公务员一样。尤其是对于那些现阶段北部湾地区急需而专业性要求也比较高的岗位，可以酌情按照实际情况对程序进行调整，以更加方便地及时引进人才。实行"专才特聘"和"特岗特贴"制度，所谓"专才"，就是特殊人才，具体来说就是支柱产业、核心项目和相关科研机构等紧缺的关键性人才，对他们的聘用要有别于一般性人才，可以以特聘岗位为依据来对其发放薪酬福利；所谓"特岗"，就是特别岗位，具体来说就是统筹和负责整个经济区重点工程项目、关键性研究课题的岗位，对待这些岗位的负责人要实施岗位特殊津贴，所需要的资金由各级财政部门和项目所在单位共同负责。

对于当地国有企业中的经营类人才和管理类人才，在选用时可以创新方式和方法。例如，钦州市积极鼓励国有企业在人才选拔上创新，引到企业用市场化的方式进行人才资源的配置，在整个人力资源市场中选聘职业化的企业家和经理人，签订用人协议，实行合同化管理。这一举动打破了党政人才的使用由组织配置的老旧方式，开始了市场配置的方法以求得国有企业人才选拔上的新突破，保证选聘进来的人才有能力带动企业的发展。从外引进人才要体现出公开、公正和公平，不局限于人员原先身份地位的高低，只是要其在相应的职位给予其对应的工资，不搞两套方法区别对待。对于在事业单位中工作和任职的人员，只要其完成了规定的任务，可以允许其在不损害单位利益的基础上进行兼职，用个人的努力取得更多的合法收入。

（四）创新人才分配激励机制

创新人才分配激励制度，除了在条件具备的国有企业实行股权激励外，还可以在人员报酬方面进行改革，如将实行按照职责和业绩定薪，重视津贴、奖金的提高对于人才激励的作用，把短期激励和长期激励结合起来。特别是对于绩效表现突出的高科技或者技术性人才，要更加注重对其的激励，不光要对其在工作中创造的效益进行精神上的表扬和物质上的奖励，还要适时予以提升让其能力有更大发挥的空间，以激励其做更大的贡献。对于企业经营者和管理者来说，不仅要在各个较短时间内进行激励，也要运用股权、年薪等较长时期的激励，使二者互为补充。对于取得的重大科研成果，可以实行有偿转移制度。

在分配和激励制度方面，更多地向实际绩效方面倾斜，破除原先复杂的人际关系对分配和激励制度造成的障碍。有能力、绩效突出者就应

广西北部湾经济区政策创新研究

该拿到更多的奖励和分配。对于高技能人才，鼓励其取得更高级别技术等级证书和职业资格，一旦其在这方面取得进步，就应该对其奖励和并相应提高其待遇。尤其是对于那些因为个人努力在工程和项目上取得了重大效益和突破的技术人才，可以采取按照实际效益的百分比的形式对其进行重奖，以激励本人和其他人，能够形成一种良好的工作和贡献氛围。

（五）完善人才评价机制

只有对人才在工作中的表现进行正当合理的评价，才能在整个组织里创建和谐的氛围，使人才真正被认同。对于表现好的和取得优秀成果和绩效的，要给予其应有的评价，而不应受制于学历、资历等；对于表现欠佳的，评价也应客观，而且要积极沟通，以期在以后的工作中，其品德、知识和能力能够得到提高。为了切实做好人才评价工作，北部湾经济区已经建立起一个以绩效、能力、成果等为主要指标的考评体系，把平时考核和定期考核结合起来，使评价工作成为促进人才提高的一条有用途径，有效地加快了人才队伍的建设。

北部湾经济区的发展离不开相当数量的专业技术人员，对专业技术人才的评价，不应局限于同行专家的评价，而应该侧重于社会和行业的认可，探索建立以社区为基础的服务体系。特别是在其工作中，以技术等级和职称为引导，聚集专业技术人才以形成了一个能够有效发挥作用的科学合理的系统。积极引进人才评价与现代科技的应用，进一步优化人才测评工具，把定期考核和不定期的评估结合起来，把领导评价、专家评价和组织内部评级结合起来，切实提高评价的准确性和客观性。尽可能地使评价能够为被评价者所接受，最大限度地发挥评价的作用。

（六）完善人才公共服务体系

完善的北部湾人才公共服务体系有利于人才环境的塑造。在建立人才公共服务体系方面，北部湾经济区政府将人才档案管理纳入政府公共服务范围，实行"免费管理，有偿服务"，建立了人才档案社会化管理制度；积极打造包括政府电子政务、科技金融服务等在内的网上公共服务平台，为企业、公众、社会组织等不同群体提供技术合作、人才引进、信息资源共享等方面的公共服务①；优化政策法规，向有利于人才成长和发展的方向倾斜，保障各行各业人才的合法权利，如对知识产权的保护等；按照"新人新办法"的原则。对事业单位新入职的人员，尝试实施社会养老保险制度；对高层次人才，给予岗位津贴、住房补贴和学术休假等政策支持与保障。同时，要成立北部湾经济区重要人才的信息数据库，并要为其建立起安全相应的保护机制和保障体系。对那些参与较大工程且经常接触关键技术或重大商业机密的，建立一个适当的非竞争条款，以此规范这些人才按秩序流动。在北部湾几大城市间建立人才居住证互认互通制度，使人才不受地域限制，平等享受权利。在人才高地建设、人才市场建设等方面用人性化的政策和良好和谐的环境来加快人才的成长，使人才从培训到引进这一过程都有相关的政策和制度支持。倡导为人才提供更多更好的公共服务，使人才安心工作、更有动力地去工作。

（七）建立人才资源共享机制

人才资源和信息资源的共享不仅有利于各市紧密合作、共同发展，也有利于提高人才的使用效率和效果，所以建立一个统一、开放的能推进区域人才一体化进程的人才信息交流平台，已经显得尤为迫切。在北部湾经济区内，以市为单位分别成立了人才开发合作协调机构，就是为了达到人才资源共享从而合作共赢的目的，其出台的《广西北部湾经济区人才开发一体化共同宣言》以人才有序流动和资源自由共享为突破点，在人才政策协调和制度衔接上做了特别优化，通过跨区项目合作等对人才资源实行一方引进、多地使用的方法，在人才资源共享方面迈进了一大步，相关机制初步诞生。

在人才资源使用共享方面防城港市前进脚步较快。2009 年，防城港市与武汉市等签署了"人才交流与合作协议"，开启了人才和智力方面合作的征程。② 通过"协议"，防城港市成功在国内一批重点大学通

① 参见：广西北部湾经济区 2008~2015 年人才发展规划。
② 邓晓冬. 防城港市与武汉市实行人才"联姻"效果显著［J/OL］. http://www. gx. xinhuanet. com/dtzx/2009 – 11/17/content_ 18266964. htm.

过人才招聘活动取得了不同种类的人才，极大地促进了本市的发展建设。

第三节　广西北部湾经济区人才政策存在的问题

一、人才政策制定过程不够科学合理

（一）人才政策制定不够严谨、科学

广西各级地方政府已经根据各地市人才的实际情况及需求状况，就人才引进与培养、人才使用与发展、人才开发与合作等方面制定了相关的人才政策和规定。而且，通过相关政策的颁布和实施，为人才引进、开发、培养、使用、发展等提供了政策制度和法律依据，不仅有力地推动了人才资源的开发与发展，还有力地促进了区域人才的开发合作与交流，在很大程度上促进了人才的开发与人力资源的有效整合与优化使用。但是，限于当地自身经济条件、社会状况等方面，人才政策还明显存在着一些不足，人才政策法律法规不完善。一些政府部门和领导干部科学民主决策的观念淡薄，对于一些政策的执行和颁布缺乏深入调查、充分论证和可行性研究，有的地方为了抢占先机，急于求成，按部就班，未进行充分的调研和论证就出台政策，导致相关人才政策的随意性和片面性。

（二）人才政策执行力不够，随意性太大

一些地方政府为了招贤纳士，吸引技术、人才，都出台了补贴、奖励等一些优惠政策，而出台的优惠政策随意性太大，有些政策又难以兑现。政策的执行主体比较单一，以政府部门为主，企业与民间组织等参与程度低。而且人才政策宣传和扩散机制不够健全，导致一些优质政策难以被政策对象了解，进而无法达到政策目标。

二、人才引进政策工具作用发挥不明显

广西先后出台《关于加强工业专业技术人才和经营管理人才队伍建设的意见》、《培养新世纪学术技术带头人的实施意见》、《关于进一步

加强人才工作的决定》、《优秀专家评选管理办法》、《关于加强我区博士后工作的意见》、《关于建设广西人才小高地的意见》、《关于加强专业技术人才队伍建设的实施意见》、《激励专业技术人员创新创业若干规定》、《关于鼓励留学人员来广西工作若干规定》等人才政策，这些规划和政策文件分别从建立人才引进的"绿色通道"、人才培养与使用、项目扶持、薪酬激励、社会保障服务等方面提出了若干优惠政策。① 但从人才培养、人才引进和使用、人才奖励等方面的政策上看，广西与发达省市的人才政策相比还存在着比较大的差距，这主要表现为现有的人才引进政策对高层次优秀人才吸引力还不够。究其原因可以概括为以下几个方面：

（一）缺乏必要的财政支持

人才开发政策离不开财政的大力支持，薪酬偏低使得人才对物质的需要得不到有效满足，人才的积极性被迫降低，也无法全面发挥人才的创造性。广西作为欠发达地区，虽然近年来社会经济取得较快的发展，但财政收入仍相当有限，教育、医疗、卫生、社保等用于保障民生的支出的比重达到总财政的70%。据统计，"2013年，广西全年组织财政收入2000.51亿元，突破了2000亿元大关，同比增长为10.5%"。② 但是，由于广西有28个国家级贫困县及21个区级贫困县，扶贫迫在眉睫，势必要求进一步将财政支出向民生倾斜。在这种情况下，北部湾对人才政策的资金支持有所限制，还达不到理想的资金支持。

（二）有效的引才、引智载体数量不足

作为还处在发展之初的北部湾经济区，一方面，位于当地的大型企业还不多，现阶段只有大海粮油工业（防城港）有限公司、斯道拉恩索公司、金光集团、盛隆冶金公司等为数不多的具有实力的大企业，优势产业较少，整体的经济基础较为薄弱，竞争力还不强，还未形成良好的产业环境和创新环境；另一方面，重大课题和项目还不够多，无法成

---

① 伍梅. 广西与发达地区高层次科技人才政策比较与借鉴［J］. 市场论坛，2010（9）：19-21.

② 肖世艳，邓先亮. 2013年广西财政支出3000亿元其中民生占2500亿元［N］. 南国早报，2014-1-2.

功搭建引才引智的平台，难以真正吸引和留住人才。

（三）人才服务体系建设滞后

广西北部湾经济区已经实施了人力资源社会保障的同城化政策，主要内容包括统一就业与社会保险政策体系，在经济区内实现社会保障"一卡通"，就业信息的资源共享等[①]。但是，目前北部湾经济区还未能建立起一个功能相对完善、结构相对清晰的人力资源市场体系，人力资源市场有待进一步开发，人力资源流动还存在着层层壁垒和阻碍。北部湾服务于整个北部湾经济区的人才服务网络还有待构建与完善。

（四）现行财政管理体制和编制管理体制在某些方面限制了人才的科学使用

其中突出的问题包括：一是对于处在同样地区同样职位的技术人员，因是否有编制等，其获得的薪酬却大不一样的问题；二是人才流动不畅，部分部门难进，部分部门难出，存在着人才资源配置不合理的问题。

三、人才培养与人才激励政策工具效果甚微

（一）对人才培养与教育存在错误认识

一些地方政府对人才的培养和教育存在着两种错误观念：一是认为再教育所起到的作用不大，有些政府部门在人才培训之前，就片面地主观断定培训的作用不大，培训不过是浪费相关人员的时间和政府经费的行为，已经引进的人才都可以完全适应其工作，安排其进行培训对政府来说完全没有必要，所以直接将人才的培养和再教育拒之门外，在相关政策上予以轻视；二是认为从外部引进的人才都是能够发挥价值的人才，不需要再次培训，因此人才的培训教育投入不足。

此外，一些地方对人才的培训教育没有系统的和整体的规划，也没有规范的制度和多元化的培训形式，培训内容空洞，导致进行人才培训时没有重点和方向，培训也就是走走过场和装装样子，成为政绩工程的

---

① 许大为，邓君洋. 广西北部湾经济区内实现人力资源社会保障同城化〔J/OL〕. 中国广播网. http://news. cnr. cn/native/city/201402/t20140225_ 514931868. shtml.

一部分，根本无法产生积极的培训效果。

（二）人才激励政策工具缺乏多样化和针对性

人才激励政策对人才发展具有非常重要的作用，其积极作用主要表现为良好的人才激励政策可以极大地提高人的积极性和主动性，促使人才发挥出自身能力做出应有的贡献，同时，促进经济以及社会的发展。人才奖励针对的应该是其所做出的贡献，做出重大贡献的人才就应该得到重奖而不应停留在口号上，而且，人才在哪方面有才能和有贡献就应该在哪方面进行奖励，以促使其在相关领域发挥更大的才干，做出更多的贡献。在人才激励政策方面，也应该从以往的只注重对高层次人才的资金投入，转向对各种类型、各种层次人才兼顾。广西北部湾经济区现行的人才激励政策，还存在着激励时层次划分不够明确，奖励的对象和奖励的形式不够多样，主要还停留在传统的"以钱为本"激励误区，以为单纯依靠金钱等物质奖励就能满足人才的需求，忽视了精神激励等多样化奖励方式的作用，使奖励应有的效果没有得到充分体现。

四、人才政策协调性不足，人才政策特色不突出

（一）人才政策协调性不足

至今，北部湾经济区的人才政策主要以宏观层面政策规定为主，缺乏针对本地区特色和实际完善的、配套的系列人才法律法规，且北部湾各市之间的人才政策主要还是各自为政的局面，同时，广西区政府就北部湾层面出台了《广西北部湾经济区 2008 ~ 2015 年人才发展规划》、《关于加强工业专业技术人才和经营管理人才队伍建设的意见》、《培养新世纪学术技术带头人的实施意见》、《关于进一步加强人才工作的决定》、《关于建设广西人才小高地的意见》、《关于加强专业技术人才队伍建设的实施意见》、《激励专业技术人员创新创业若干规定》、《关于鼓励留学人员来广西工作若干规定》等一系列的人才引进战略规划和政策，地方政府也出台了一系列相关配套政策和措施，但广西北部湾经济区人才开发合作缺乏灵活的跨区域协调机制，各地人才政策体系之间缺乏系统的协调，存在着相互抵触或阻隔，无法高效率地统一开发、配置

人才资源，不利于北部湾经济区的经济转型与升级，也不利于北部湾经济区的进一步开放与合作。

（二）各市的人才政策未能突出自身特色

创造自己的城市发展品牌并形成"城市文化人才高地"，突出自身优势和亮点，打造起一个优秀的区域文化形象，是整个北部湾经济区应该思考并解决的一个重要问题。因此，在人才政策上充分体现区域与地方的特色并促进区域的特色发展。而且，为了避免北部湾经济区人才建设中的"马太效应"，这就要求北部湾各市在制定人才政策时摆脱雷同化的模式，并依据自身经济、社会与人才等特点，制定出具有区域与地方特色与比较优势的人才政策。但观察和比较如今北部湾经济区各地的人才政策，大多与整个北部湾经济区的总体人才规划基本相同，缺乏对于自身特色的考虑。① 北部湾经济区各地港口开放和建设未形成特色和分工，产业同构、内部竞争、重复建设等问题比较突出，没有按照建立适合自身需要的人才队伍，造成人才引进专业分化严重，能力参差不齐，人才引进政策冲突比较明显。

第四节　进一步创新北部湾人才政策的建议

完善的人才政策不仅有助于人才的健康成长和取得更好的人才使用效果，而且有利于北部湾社会的和谐和经济实现跨越发展。对于外国的经验，借鉴而不能照搬，去粗取精，去伪存真，使北部湾人才政策逐渐完善。

一、对于人才政策本身的改进

对于人才政策要有长期的发展规划，不能是短期出现问题了才想到出台政策，并且人才政策本身要有从人才引进到人才培养使用等都应出台系列的配套政策及其实施细则。

---

① 万佳丽. 广西北部湾经济区人才开发政策制定研究［J］. 中国市场，2012（26）：92－93.

（一）进一步完善优惠人才政策体系

北部湾经济区各地应该加快修订与完善人才引进政策、人才培养政策、人才晋升政策、人才奖励政策等政策体系，促进区域间人才流动政策的沟通与协调，加快北部湾经济区"同城化"的步伐，实现北部湾经济区在资格认定、人才评价、户籍和档案管理等人才政策方面的互通互容，为北部湾经济区人才跨地区服务、创新创业、科技合作等方面提供更好的政策环境。

在引进人才时应该采取具有比较竞争性和吸引力都比较强的政策。北部湾经济区可根据当地的经济实力，采取与经济区相匹配的高待遇和高服务等优势吸引各类人才，提供弹性福利的政策，丰富工作内容，还有就是可以采取讲座、合作、沟通等间接方式，在人才引进上求突破。通过制定与完善广西北部湾经济区人才流动政策和规章制度，扭转人才外流严重的不利现象，合理吸引更多的广西壮族自治区内外的高端优秀人才向广西北部湾经济区聚拢，促进北部湾经济区的跨越式发展。

（二）优化吸引人才模式

政府在对人才投入时，应改变以往"不舍得"、"不划算"等错误观念，加大资金扶持力度，优先对人才项目进行投资。可以考虑设立包括资助项目、住房津贴、子女教育费、医疗保险，工作午餐、交通补助等高层次人才专项资金，保障高层人才队伍建设顺利进行。同时，不局限于传统的单靠钱财的吸引人才，而且还要通过相对好的具有竞争力的人才引进政策来吸引人才。首先，应该根据北部湾地区的经济发展需要，帮助特有的人才优化其所需要的工作条件和工作内容，为他们专门开设项目。其次，多出台本地区的优秀项目，高层次人才特别是国外人才对好的项目非常看重，通过这些项目来吸引并留住他们，使他们在为本地区发展做贡献的同时也实现自身的价值。最后，向企业直接投入科研必要的费用进行项目合作时，调动一切积极因素，使企业在吸收和培养高层次人才方面发挥更好的作用。

（三）积极引进高层次海外人才

在经济全球化发展日益深入的今天，北部湾要想实现长远发展，就必须积极引进高层次的海外人才。可以以北部湾优先发展的重点产业和重大项目为基础，从海外引进相关的高层次人才并且给他们提供特定的资助，以便增强当地对海外高层次人才的吸引能力。根据马斯洛的需求层次理论，除了物质上最基本的需求以外，人们在精神上也有交流与沟通、得到认可的情感需要，因此要构造良好的工作环境，使其有更大的职业发展空间和弹性的福利模式，使其工作内容充满丰富化和高挑战性。相关部门应积极引进人才培训计划工作。特别是对于海外高层次人才的家庭，要积极注意和关怀，例如其子女是否遭遇了入学障碍、配偶工作是不是有困难、住房方面有没有碰到难题等，应尽最大的努力积极为其提供帮助，以激励高层次海外人才发挥自身潜能，在北部湾经济发展的浪潮中贡献出其应有的一分力量。同时提供必要的基础性的科研等基础设施，大力提高科研所需要的硬件条件，打造一个有利于科研的氛围，使引进的高层次海外人才有用武之地。

二、对于政策运行流程的创新

北部湾地区现阶段在人才方面的相关政策还不尽如人意的原因，主要在于人才政策管理的过程不健全。主要表现为，对整个政策运行活动是否有效和效果如何缺乏全面而深入的评估；人才政策的主要实施者，即北部湾当地政府，既忽视对人才政策的实施以及有效的指导和监督，也忽视对其有效的宣传力度；人才政策传递机制不完善，不能及时有效地把相关信息传达到政策管理者和广大人民群众的手中；缺少详细的工作分析和完善的人才政策实施计划，也没有规定在政策执行中相关人员的责任要求。

所谓政策的实施流程，是指一项政策从最初的制定、实施到后来的监督、管理等一系列活动的过程。对政策运行过程创新的必要性主要在于，任何一项政策都是在其运行过程中确定和体现它所具有的价值，要想政策结果更好地实现，主要依赖于系统化的、开放性的政策运行流程来实现的，站在流程的视角上考虑和衡量政策运行的"三效"——效益、效率和效果，就是站在整体的高度上看问题，能够解决政策运行低效率和低效果的问题，对政策进一步创新。

（一）规范人才政策制定流程

这主要体现在对人才政策议程进行规范，通过对重大人才行政决策实行听证制度，来促进北部湾人才政策向科学化和民主化的方向发展。具体表现为，在政策制定时，更多地考虑人才政策应对本地区经济发展适应的问题，在政策议程方面更好地听取和综合各方面的意见，防止专断和偏废，使人才政策具备一定的前瞻性，减少因需要二次制定人才政策所需的后续费用；尽可能地在政策议程中针对人才政策的可操作性做深入科学地分析和讨论，尽量避免人才与发展不协调产生的资源和钱财上的浪费。

1. 提高人才政策相关研究机构的能力

对政策研究和咨询组织提供相应的人才、信息和资金帮助，增加组织的整体实力，完善人才政策咨询和研究机制，从而实现实施的高效率。政策运行是一个不断完善的过程，良好的政策调控系统可以保证人才政策在实施过程当中不会走向歧途，保证人才政策目前的实施效率和长期运行的有效兼容。

2. 增强人才政策决策系统科学性

政策决策系统的科学化和规范化是政策运行有效性的前提和保障。人才政策决策系统应依照不同的层次和领域，进行适当地分工并明确各自的职责和决策范围；积极建立起北部湾人才政策委员会以管理和协调北部湾各地区具体的人才政策，并根据人才政策的运行情况对其调整和完善；也要加强人才政策正确的实施工作，另外，北部湾各市要在坚持目标和方向上保持一致的前提下对整个宏观性的大政策进行必要调节和再优化工作，使之适合当地的具体情况；有效且合理地配置有关公共资源使之适应相关的人才政策。

（二）改进人才政策执行流程

1. 制定人才政策实施细则和方案

广西北部湾经济区现阶段制定的人才政策，很大一部分都是基于整个经济区大环境来确定的，这就决定了这些政策本身具有较强的概括性而对于具体细节和措施考虑较少。所以对于北部湾地区各个城市来说，就应该在遵循人才政策的前提下结合本地区的实际情况执行。对于在人才政策执行中遇到的问题，在不违背整个区域人才政策的原则上，因时与因地制宜地对原有政策进行优化和改进，使人才政策更好地服务于各地区的发展。

制定年度人才实施方案，明确方案总负责人，把人才工作加入到政绩考核中来，使北部湾经济区各级领导班子和领导干部能够提起重视并切实负起责任来。

2. 加强对人才政策的宣传

要想强化和提升人才政策宣传工作的效果，需要加强人才政策的指导思想工作，不断加强人才公共服务工作。政府管理过程中的相关人才政策信息走向公开透明化，可以使人才政策运行的效率得到有效的提高。对于政府主要决策层来说，公开透明的信息传递系统可以使其有效且迅速地了解相关的情况并积极采取行动；对于民众来说，信息的公开化可以加强他们的认识能力，从而能够自觉有效地对自己的行为进行约束，并监督他人的行为，提高政策运行的效率。

对政策加以宣传对其后续执行而言有着积极的意义，政策执行涉及执行者、执行对象和社会公众参与这三个方面，加大政策宣传让政策被人们充分理解并深入人心，可以极大地减少实施过程中可能产生的阻碍，人才政策亦是如此。北部湾地区对刚出台的人才政策宣传不局限于传统的贴文件、发通知等形式，可以通过报纸、电视台特别是发展尤其迅速的网络等大众媒体来进行大规模地介绍和宣传，及时地把相关信息向不同层面的对象散布出去，提高全社会对人才政策的关注度。

要做好人才政策的宣传工作，可以考虑从以下三个方面着手"三管齐下"：一是将人才政策决策的实施者和其决策的全过程和相关规则向整个社会公开，把决策主体置于群众的监督之下，使之承担一定决策风险。二是将人才政策的运行规则、内容和结果公开于众，同时不断加强人才政策的服务和管理工作。三是开展丰富的形式多样的宣传以及教育活动，使相关人才的具体内容和相关精神被社会大众接受和认可。

3. 加大人力、物力和财力的投入

人才政策执行不能离开相应的人力、物力和财力而单独存在。北部湾经济区人才政策在实施的过程中，注意在这方面投入需要的资源，如加大对引进和培训人才的人员和经费都给予资助，保证人才政策能顺利实施。

（三）完善人才政策调整流程

为了能使相关的人才规划在付诸实践的过程中切实做到位，北部湾经济区各市把规划分解后纳入具体的年度工作计划当中，并出台了一系列的实行方案。通过人才工作奖励机制和监督评估制度，对人才政策适时调整使它时刻处于掌控之中，并防止人才政策在实施过程中被扭曲。

1. 充分发挥人才政策评估机制的作用

作为整个人才开发政策过程中不可或缺的一部分，人才政策评估机制是对政策制定、执行等不同阶段进行评估。科学的评估活动不仅能及时发现政策本身带有的问题，还可以就具体情况对问题进行改正使人才政策正确地执行下去而不出现意想不到的偏离。

北部湾经济区已经建立了官方和非官方的评估委员会，其工作是专门针对人才开发有关的程序、政策、内容进行评估。官方的评估机构具有更大的权威性，其获取各方面的信息方便，对人才资源的分布情况和动态信息进行详细了解，可以帮助政府及时调整人才政策，优化人才结构以便和北部湾地区所需要的人才现状相匹配。但是官方评估委员会的局限之一是可能受困于"当局者迷"的困境，这就需要非官方的评估机构的介入。一些民间的研究机构由于处于外部以及机构的相对独立性，可能对政策进行比较客观的评价，通过评估政府制定出台人才政策，向公共部门提出相关建议，弥补官方自身认识的不足。

2. 通过跟踪监测人才政策实施，修订其不足之处以获取更多的社会效益

通过收集相关人才信息和有关人才资料的动态分析，制定更加详细完善的北部湾人才资料数据库，准确而及时地掌握和传递信息，形成包括社会各领域的、系统全面的人才信息体系，坚持短期指导、中期评估、长期跟踪和适时更新的原则，提高政府对北部湾经济区人才调控的能力特别是优化的能力，提高对人才政策运行的效果，使其能发挥更大的社会效益。

人才政策调整的内容是多方面的，既涉及修正和完善特定政策目标和政策方案，又包括对相关配套或者关联的政策之间关系进行协调和统

广西北部湾经济区政策创新研究

一。人才政策调整的方式同样也是多样的，不论是对政策进行局部的还是整体的增加、删减，都应基于需要达到的调整幅度来进行。为了防止政策过程混乱，现实中多采用对政策过程的局部调整。对人才政策进行动态调整，首先要制定政策创新的方案和相关计划。在这一过程中的首要任务就是使人才政策目标明确化和规范化，根据新的政策环境对原政策目标进行修订，并在此基础上，站在不同的角度设计出多种完善的人才政策创新的方案。

在已经设计出来并存在多种方案的情况下，最重要的问题就是人才政策创新方案的选择。究其实质，是对人才政策决策做出优化的过程，只不过相当于原先的政策决策更加系统化，因而要求相关的人才政策制定组织采用必须更为严格的标准对各种方案优中选优。

即使就当时来说最优的人才政策实现，在一段时间之后，由于社会、经济等大环境发生变化，也可能使方案的有效性大大降低，所以动态性地对人才政策调整和优化，也成为不能忽视的一项任务。在人才政策调整过程中，一方面要在尽可能降低调整的成本的前提下，把握好政策调整的时机，有计划、有步骤地改正人才计划中的不当之处；另一方面要防止在人才政策调整时出现"过犹不及"的情况，依据整个宏观社会大环境的变化和政策产生的影响适度实施。

三、营造良好的人才环境，健全人才政策合作机制

（一）把握"人才洼地"区位导向规律，营造良好的人才环境

"根据'洼地效应'，在市场经济条件下人才流动就像水流一样，由一般地区流向具有环境优势的'洼地'。"① 换言之，一个地方的经济水平越高，环境越好，政策越开明，就越能吸引和集聚人才；反之，则越容易流失人才。相关资料显示，我国东部地区、中部地区和西部地区人才净流入差距较大，东部地区相对发达，人才净流入多，中部和西部地区人才净流入少以及地区间的人才流动由于地区经济水平的差异不可

---

① 张玉兰. 把握人才集聚规律推进人才集聚工程［J］. 中国人才，2005（12）：30 - 31.

避免地出现了失衡的现象。特别是对于欠发达地区，对于外在的优秀人才需求量很大但由于当地条件的限制难以引进，而本地的人才又由于相对其他相对发达的人才政策吸引而从本地区持续性地流失，这极大地制约了北部湾经济区等相对欠发达地区的进一步发展。北部湾经济区开放开发取得成功的关键就在于实现"洼地效应"，即形成资金流、人才流、信息流、劳动力流、物质流等各类生产要素向北部湾集聚的态势①。北部湾经济区大力加强城市基础设施建设，出台系列的人才优惠政策，力图提高区域文化生活质量、开展国内外区域合作、强化政府服务能力的意义正在于此。

（二）建立健全多层次、宽领域的人才政策合作机制

人才政策作为政府公共政策系统的重要组成部分，与其他政策和制度是相互影响、相互作用的。因此，在北部湾经济区发展的新时期，人才政策的调整与创新，必须有系统思维，不能局限于人才政策本身的框架，而要在遵循人才发展规律和社会发展规律的层面上展开制度创新，考虑自然地理环境、经济发展状况、文化教育等各种因素与人才政策的关联性，对有关政策和规则进行系统的调整与修订，使人才政策与其他政策相互协调和发展，才会有真正意义上的人才政策创新与突破，才能取得人才政策的预期效应，对经济与社会发展发挥更好的推动作用。

结合北部湾经济区的实际情况，应努力打破现有的部门条款分割、区域各行其是的现状，积极探索建构市、区范围内的区域化人才政策合作机制：一是建立北部湾经济区各市人才工作"联席会议"制度。建立健全广西北部湾经济区各项交流、合作制度和工作制度。加强北部湾经济区与国内外一些先行并取得成功经验的经济区进行交流与合作，进一步完善北部湾经济区的人才开发与合作的运作机制。二是构建广西北部湾经济区与其他区域的长效合作机制。在人才开发、技术创新、学术交流、学科建设等方面，扩大与珠三角、长三角、西部省区等区域的人

① 阳国亮.洼地：北部湾开放开发的核心要求 ［J］.改革与战略，2010（5）：127 － 129.

才开发合作①。同时，以中国—东盟自由贸易区的发展为基础，建立相对稳定的区域性人才开发与合作机制，进一步培养以东盟国家政治、经济、文化、生活等为重点的国际性人才。同时，应该充分利用广西北部湾经济区的地理优势、资源优势，积极与世界其他国家、发达城市、高等院校、世界500强企业、高新技术企业等构建多方合作机制，为北部湾经济区提供人才资源保障，通过合力共同推进北部湾经济区的人才开发与合作，共同促进北部湾经济区的建设与发展。

---

① 陆良程，董建．广西北部湾经济区人才开发与合作现状及对策研究［J］．大众科技，2013（9）．

第四章

广西北部湾经济区财政与金融政策创新

2014 年，修订后的《关于促进广西北部湾经济区开放开发的若干政策规定》，将广西北部湾经济区的范围由南宁、北海、钦州、防城港四个城市行政区范围扩大到了包括南宁、北海、钦州、防城港、玉林和崇左在内的六个城市行政区范围。广西北部湾经济区的快速发展不仅对广西意义重大，而且对我国西南及西部地区的发展也具有重大推动作用，同时对中国—东盟自由贸易区的建设具有重要的战略意义。广西北部湾经济区享受着国家给予的"先行先试"的权利，这在一定程度上要求地方在先行先试的思路上，敢于大胆尝试和创新，积极寻找一条适合本地发展的新路径。

经济结构的优化与重大产业项目的建设是区域经济发展的根本。区域财税政策和金融政策可以为重大产业项目发展与经济结构的调整与优化提供重要的财力保障，在一定程度上可以推动区域经济和社会的协调发展。然而，广西北部湾经济区财政税收政策和金融政策不够完善，财税金融工具与政策创新比较滞后，不能适应国家的"一带一路"发展战略和北部湾经济区深化发展的新要求。广西北部湾经济区作为一个新兴的开放开发经济区，如何在国家基本政策框架内，调整与创新现有的财政与金融政策，是加快北部湾经济区经济与发展、推进"21 世纪海上丝绸之路"建设的重要议题。广西北部湾经济区应通过重组政策构成要素、创新政策主体和政策目标、进一步对财税政策和金融政策进行改革和创新，进一步完善政策制定、政策执行与政策监督机制体制，充分发挥政策的引导和调控功能，以不断激发政策创新的活力，才能更好地发挥金融对北部湾经济区的导向与促进作用，更好地吸收和利用外部资源条件，促使产业集群不断壮大发展，提升广西对外开放合作的深度和广度。

第一节　财政与金融政策的含义

一、财政政策的含义

财政政策不仅是国家经济政策的重要组成部分，而且是国家公共政策的重要组成部分，财政政策有利于政府对经济活动进行干预和调节，它是一种宏观调控手段。财政政策是国家根据一定时期政治、经济、社会发展的情况来对当下的财政工作进行规划和调节，财政和税收是调节社会总需求两个最重要的方面。[①]

财税政策是在特定的财政理论指导下，通过使用多种财政工具，达到一定财政目标的经济政策。[②] 财政政策一般由国民收入分配政策、税收政策、财政投资政策、财政补贴政策、国债政策等内容组成。

广义上来说，税收政策是财政政策的重要组成部分，因为税收作为政府收入的重要组成部分，它是国家取得财政收入的一种重要手段，税收的多寡决定着财政政策的执行力度。为了刺激投资与需要，实现经济与社会发展目标，各级政府经常使用财政税收优惠政策手段。财政税收优惠政策主要是指国家在一定时期内根据当时的经济、政治和社会发展要求，通过使用各种税收优惠手段来实现国家总体目标和发展策略。我国现阶段普遍常用的税收优惠政策包括所得税、增值税、营业税、城镇土地使用税、房产税和关税等税种。目前我国现行税收优惠政策中最主要的措施是税收减免，优惠面几乎涉及我国所有的税种。一般来说，税收的增加在一定程度上可能抑制社会总需求，进而可能产生减少国民收

第四章　广西北部湾经济区财政与金融政策创新

97

---

① 姜伟. 当前我国宏观经济下的财政政策［J］. 黑龙江对外经贸, 2008（10）: 137 - 139.

② 孔晓阳. 浅谈我国财政政策的转型［J］. 内蒙古民族大学学报（社会科学版）, 2005（6）: 86 - 88.

入的作用。如果政府财政"入不敷出"，国家可以通过发行公债的形式来补充政府财政收入的不足。政府公债和政府税收不同，政府公债是指政府运用信用形式来对内对外筹集财政资金，它是一种特殊的筹资形式，包括中央政府债务和地方政府债务两种类型。

总之，财政政策在国家整个经济政策体系中发挥着重要的作用，财政政策是缩小地区间差距，调节地区间平衡发展的重要政策工具。世界大多数国家的政府力图通过财政政策工具来促进经济发展与社会进步。财政政策可以通过多种政策手段对地区资源进行合理配置，如财政体制机制、财政支出、财政投资、税收政策、转移性支出等，这些政策手段都能对地区的利益进行科学合理的调整，有利于构建良好的经济环境，最终促进地区间经济高效稳定的发展。比起其他的公共政策，财政政策最直接、最有效的作用就是直接对经济进行调控。在经济调控中直接和间接手段并用，形式更加灵活，更能直接体现国家的意志，最后达到国家的预定目标。财税政策是政府进行经济调节的重要手段，它是一种宏观调控的方式、是保障政府收入的主要来源。

二、金融政策的含义

金融政策主要是指一国中央银行通过货币、利率和汇率等工具来调节与影响国家宏观经济发展的各种方针和措施的总和。一般而言，国家的宏观金融政策由货币政策、利率政策和汇率政策三大政策构成。其中，货币政策是由中央银行通过法定准备金、贴现率、公开市场业务等政策工具来调整国家货币总需求的各种方针和措施的总和。利率政策主要是中央银行为了调整社会资本流通而实行的各种方针和措施的总和。对于经营存贷业务的银行而言，合理的存款利率政策有利于为银行吸收更多的储蓄存款，集聚社会资本。在一定程度上也可以调节社会资本的流通，从而调整产品结构、产业结构和整个经济结构，可以在一定程度上制约企业的筹资行为，改善企业筹资渠道，提高资本的使用效益。汇率政策是一国为影响国际贸易和国际资本的流动而实行的各种方针和措施的总和。汇率政策对于跨国公司、外商投资企业和经营进出口业务的其他企业都具有重要的导向作用。

三、广西北部湾经济区财政与金融政策创新的含义

制度创新在一定程度上可以统领财政与金融政策创新的全局，财政与金融政策创新主要是指从制度上对财政与金融政策进行的调整与变革。本书的广西北部湾经济区财政与金融政策创新可以概述为广西相关政府管理部门在遵循国民收入分配政策、税收政策、财政投资政策、财政补贴政策、国债政策、货币政策、利率政策和汇率政策等基本政策的基础上，以及在国家法律和政策许可范围内，从北部湾经济区财政与金融政策的战略目标与潜在价值出发，重新组合财政与金融政策的主体、客体、目标等，有创意地制定和执行财政与金融政策，以实现对区域经济的调控等政策目标的活动。

第二节　广西北部湾经济区财政与金融运行现状

一、广西北部湾经济区财政运行状况及问题

（一）广西北部湾经济区财政收入概况

自从 2008 年《广西北部湾经济区发展规划》实施以来，广西北部湾经济区财政收入不断增长，各市的一般预算收入持续增长，人均财力水平也得到了明显提高。财政收入每年以 10% 的增长率持续增加。另外，有利于促进经济区经济建设和社会稳定发展，也为经济区的财力提供了强有力的支撑和保障。

据广西壮族自治区统计局有关数据显示，2008～2014 年广西的财政收入逐年增长，2008 年广西的财政收入达到 843.56 亿元，同比增长了 19.8%，其中，城镇居民可支配收入达到了 14146 亿元。2009 年广西的财政收入达到了 966.89 亿元，同比增长了 14.7%，表明 2009 年的财政收入明显比上一年增加，而城镇居民可支配收入和农民人均现金收入也相应地有所提高。在 2010 年中，广西的财政收入达到 1228.75 亿元，同比增长了 27.1%。2011 年广西的财政收入达到 1542.49 亿元，同比增长了 25.5%。2012 年广西财政收入达到 1810.07 亿元，同比增

长了 17.4%。2013 年广西财政收入达到 2000.51 亿元，2014 年，广西的财政收入达到 2162.4 亿元，同比增长了 10.2%。这说明广西财政收入持续增长，呈现出一种好的增长趋势，其增长趋势见图 4-1：

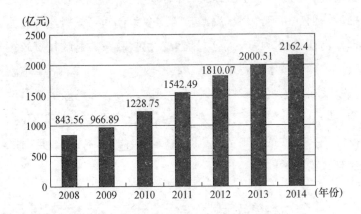

图 4-1　2008~2014 年广西的财政收入增长

资料来源：根据广西壮族自治区统计局有关数据整理。

　　总之，2008 年以来，广西的财政收入呈现稳步增长的趋势，广西北部湾经济区内各城市的财政收入和国民生产总值也是逐年增加。2013 年，北部湾经济区的四市国民生产总值达 4817.43 亿元，占全区的 33.5%。这意味着经济区以占全区 1/6 的国土面积，做出了逾 1/3 的经济贡献。[①] 广西北部湾经济区经济的发展，在广西发挥了"领航"的地位和作用，有利于广西北部湾经济区的建设和整个广西经济与社会的持续发展。

（二）广西北部湾经济区财政运行面临的问题

1. 财政收入规模有限

　　广西总体经济规模较小，以 2013 年为例，北部湾经济区六市地区的生产总值为 6600.52 亿元，地区生产总值在全国所占比例不高。据广西壮族自治区财政厅相关数据显示，广西 2013 年的公共财政总收入为 3539.75 亿元，当年支出 3344.97 亿元。收支相抵，年终滚存结余 194.78

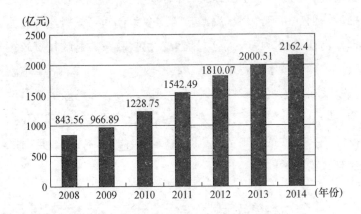（图中数据：）

（亿元）
2008: 843.56
2009: 966.89
2010: 1228.75
2011: 1542.49
2012: 1810.07
2013: 2000.51
2014: 2162.4
（年份）

① 孟振兴，唐秀丽. 北部湾风起潮涌　邕江畔千帆竞发 [N]. 南宁日报，2014-9-6. http://www.nnrb.com.cn/html/2014-09/16/content_110214.htm.

亿元，其中：专款结转 170.73 亿元，净结余 24.05 亿元。[①] 2013 年广西非税收入占公共财政预算收入的 33.6%，财政收入结构进一步优化。2014 年，广西公共预算总收入 3769.81 亿元，自治区本级公共预算总收入 2524.89 亿元。[②]

2008 年以来，北部湾经济区作为一个新兴经济区，把主要的财力都投入基础设施建设中，来保证社会各项事业协调、稳定发展，最终有利于实施广西北部湾开放开发的战略目标。[③] 基础建设支出在财政支出的比重逐年加强，大量筹措各项资金来投入沿海基础设施建设，其中包括财政专项资金、自治区本级预算内基本建设资金、交通基金、水利基金等继续贯彻落实全区铁路建设，按照"一揽子"计划逐个实施，通过加大财政资金投入力度，加快广西铁路项目建设，并安排专项资金来保障公益项目建设，尤其是继续对重大项目的前期工作予以人力和物力支持，保障重大项目顺利施行。因此基础建设支出占财政支出的比重逐年加强，广西"12310"高铁经济圈已经初显成效。但是，广西其他经济领域的投入受到一定制约，应适时调整，继续完善广西北部湾经济区的各项规划。

2. 财政收支矛盾明显，财政收支与全国相比差距较大

一是财政收入规模较小，财力保障水平有限，财政支出主要用于民生建设。据广西相关数据显示，2014 年广西全区生产总值（GDP）达到 15672.97 亿元，按可比价格计算，比 2013 年增长了 8.5%。2014 年，广西的财政收入 2162.4 亿元，按照 2014 年末广西人口 5282 万计算，广西人均财政收入 4094 元，而根据《政府预算草案报告》，2014 年我国财政收入 139530 亿元，全国人均财政收入近 1 万元，我区人均财政收入不到全国人均财政收入的一半，人均财力水平有限，财政收支矛

---

① 自治区财政厅. 关于广西壮族自治区全区与自治区本级 2013 年预算执行情况和 2014 年预算草案的报告 [EB/OL]. http://finance.gxnews.com.cn/staticpages/20140128/newgx52e6dffd-9552666.shtml.

② 自治区财政厅. 关于广西壮族自治区全区与自治区本级 2014 年预算执行情况和 2015 年预算草案的报告（摘要）[N]. 广西日报，2015-2-10.

③ 伍俊. 广西北部湾经济区财政收入结构优化策略研究 [D]. 广西大学硕士学位论文，2013.

盾突出，据相关资料统计，2013年南宁市地区生产总值2803.54亿元，按可比价格计算，同比增长10.3%，增速比全国高2.6个百分点，比全区高0.1个百分点，经济运行情况稳中有升，保持良好的发展势头。2013年，南宁市财政收入473.66亿元，增长12.24%[1]，而钦州市财政收入136.12亿元，同比下降2.2%，建市以来首次出现负增长，是全区唯一负增长的地市。[2]另外，财力保障不足。而且财政资金使用不完整、分散性太强，使用效益低下有待进一步提高。在财政管理中，由于陈旧的理念根深蒂固，分级管理的新理念还没有得到落实。这在一定程度上造成财政收入来源不足、规模狭小。尽管财政收入规模不大，但广西继续在财力上保障"社保、健康、教育、强基、安居、土地整治、农补、文化、生态、交通等惠民工程的实施"[3]，财政投入力度不断加大，进一步加大了财政负担。据广西财政厅相关文件数据显示，2013年全区公共财政支出"大部分集中在民生支出中，总计达2402.19亿元，这占当年全区公共财政预算支出比重的75.3%"。[4]这进一步说明财政支出主要用于民生建设中。财政投入另一个重要内容是教育，通过加大财政教育投入，完善学前教育建设，按照义务教育标准来积极推行教育建设，加大财政投资力度，改善办学条件，进一步优化师资力量来提高教育质量。还以"农民人均纯收入倍增计划"为目标，将各项惠农政策落到实处，做到以人为本，服务百姓。自治区还筹措资金7.8亿元用于社会保障和就业方面，还筹措资金用于支持城乡居民社会养老保险，以保障老年人的生活水平。

二是财政支出不合理，财力保障水平有限。由于广西壮族自治区的经济发展还达不到全国平均水平，财政支出存在一些矛盾，财政支出比例不合理，而行政事业费用支出在整个财政支出中占有很大比重，此

① 杨郑宝. 南宁市发布2013年经济报告［EB/OL］. 广西新闻网. http：//www. gxi. gov. cn/gxjj/xwtj/201401/t20140127_ 540337. htm.

② 2013年钦州市金融稳定报告（2014）［EB/OL］. http：//www. qinzhou. gov. cn/jr/bszn/zgrmyh/2014/06/26/17371335944. html.

③ 两会"广西声音"［J］. 当代广西，2014（3）.

④ 魏恒，欧乾恒，董文锋. 我区将投入460亿实施10项为民办实事工程［N］. 广西日报，2014-1-17.

外，广西要大力支持扶贫工作、建设边境地区、提供公共服务来维持社会稳定等，就造成用于经济建设和完善公共服务保障的资金不足，最终造成财政支出难以满足整个经济区经济与社会事业发展的需要。

三是财政日益增支加剧了财政收支的矛盾。造成广西未来财政增支的原因有以下几个方面：第一，随着北部湾经济的快速增长，城市化和工业化不断加快，城市基础设施建设需要进一步完善；第二，随着北部湾经济区人口流动，经济区主体功能建设要进一步完善，相应的社会保障体系覆盖面进一步扩大，这些都会加大当地的财政支出；第三，为了促进"北部湾经济区"和"西江经济带"的区域协调发展与建设，必须加大财政投资力度和改变原有的投资形式；第四，进一步加大资源区的开发，加快经济区的对外交流，以及推进新型城镇化建设和非公有制经济的发展，都需要财税政策的支持。

2014年李克强总理在广西考察时，提出"广西要成为西南、中南地区开放发展新的战略支点"的重要论述，这在一定程度上为我区建设找到新思路和新要求，有利于加强中国和东盟友好合作关系、进一步实现国家"海上丝绸之路"的战略目标、有助于把珠江—西江经济带建设纳入国家战略目标中，为我区经济建设与社会发展提供了一个崭新的机遇。国家也将会加大支持力度进一步完善扶贫工作，重点放在偏远的贫困地区、边疆地区、革命老区和一些少数民族地区，有利于中央政策和资金的下放。但我区的经济建设中也遇到很多困难和挑战，如经济区内需不足、企业生产管理滞后、外部投资力度不足等。为了促进双核驱动战略实施，加快产业转型，建设美丽广西等工程，以及教育、科技、农业、文化、医疗卫生等民生工程都需要财政支持，这些都进一步加重了财政支出负担，导致收支矛盾十分突出。由于财政支出方面越来越多，财政支出不够合理，造成财政保障依然十分有限。

二、广西北部湾经济区金融业发展现状

（一）广西北部湾经济区银行业发展现状

在金融行业中，银行业的发展对金融行业起着中流砥柱的作用，它

第四章 广西北部湾经济区财政与金融政策创新

103

能维持整个金融行业的快速发展。从整个金融的发展状况来看,我国比较发达的地区金融机构相对完善。目前广西北部湾金融机构虽然增长速度快,银行机构和非银行机构主要构成了北部湾经济区金融机构体系。在广西北部湾经济区内主要有中国工商银行、中国农业银行、中国银行和中国建设银行四种大型商业银行,另有农村信用合作社、邮政储蓄银行,还有一些股份制银行,如广西北部湾银行、中信银行、兴业银行、交通银行、浦东发展银行、华夏银行、招商银行和光大银行等,以及国家开发银行和中国农业发展银行等国家政策性银行。近年来,广西北部湾经济区内各类银行金融机构,依照央行的政策规定,认真贯彻执行了国家的货币政策,维持了北部湾经济区内正常的货币供应,以2014年3月末数字为例,广西银行业金融机构资产总额25350.25亿元①,基本保障了经济区建设的资金需求,形成了一个较为宽松的金融环境,使金融业成为广西经济发展的重要产业和服务业中的支柱产业,金融服务持续改善,服务水平显著提升,整体实力明显提高,对广西经济与社会的快速协调发展起到了重要支撑作用。

但由于数量有限,广西金融行业整体覆盖面小,广西北部湾经济区外资不足,大部分资金需求都是通过金融机构贷款融资来实现的,渠道单一,且资金链容易出现断裂问题,而"如果整个金融资金链有问题,那么广西北部湾经济区就会面临资金供应不足"。② 非银行金融机构的潜能尚未充分发挥,贷款约束较少、为资金需求迫切的企业提供社会闲置资金等优势还未能得到真正发挥。

要进一步壮大广西北部湾经济区的发展,推进北部湾的交流与合作,需要在人民币结算、外汇管理、农村金融、离岸业务、国际金融合作等方面,对现有的金融政策进行调整与改革创新,以解决广西北部湾经济区存在的金融问题,推动北部湾经济与社会的发展。

(二)广西北部湾经济区金融发展相对滞后

广西北部湾作为新兴的经济发展区域,经济金融基础相对薄弱,目

---

① 2014年一季度广西银行业总体运行情况 [EB/OL]. 中国银监会网站. http://www.cbrc.gov.cn/guangxi/docPcjgView/97C538122B984F0B8D5632664B0891E8/19.html.
② 张家寿. 广西北部湾经济区金融支撑体系研究 [J]. 东南亚纵横, 2010 (1).

前，广西北部湾经济区的金融总量小、规模小、金融结构不够合理，金融组织体系不健全，金融规模相对较小，金融工具不够多样化，金融政策创新比较滞后，金融对经济与社会发展的支撑作用有待进一步完善。[①]

1. 金融资产总量小、程度低，矛盾突出

广西北部湾经济区不能对经济发展起到应有的支撑作用。广西北部湾经济区内，信贷资源主要集中在南宁，截至 2013 年 12 月末，广西银行业金融机构存款余额 18400.48 亿元，同比增长 15.24%，银行业金融机构贷款余额 14081.01 亿元，同比增长 13.97%，南宁市金融机构存款余额 6483.52 亿元，增长 15.22%，金融机构贷款余额 6115.88 亿元，增长 11.17%。[②] 而北部湾经济区其他城市金融资产规模相对较小、本外币各项存款余额与贷款余额总量较低，金融深化程度较低。截至 2013 年 12 月末，防城港市金融机构本外币各项存款余额 443.47 亿元，同比增长 11.92%，本外币各项贷款余额 354.27 亿元，同比增长 22.87%，增速排名全区第一[③]，北海市金融机构本外币各项存款余额 656.25 亿元，同比增长 10.58%，本外币各项贷款余额 388.26 亿元，同比增长 21.59%[④]，钦州市银行业金融机构本外币各项存款余额 709.83 亿元，同比增长 13.99%，本外币各项贷款余额 516.02 亿元，同比增长 15.35%。[⑤] 2013 年广西及北部湾四市金融机构本外币各项存款、贷款余额以及同比增速对比情况见图 4 - 2、图 4 - 3：

广西北部湾经济区四市的金融资源差距较大，存贷等金融资源主要集中在南宁。[⑥] 北海、钦州、防城港等几个市的存款总量、贷款规模等

① 九仔. 北部湾经济区发展与金融支撑体系构建 [J/OL] . http：//www. 9956. cn/college/102674. html.

② 南宁市发布 2013 年经济报告 [EB/OL] . 广西新闻网，2014 - 1 - 27，http：//www. gxi. gov. cn/gxjj/xwtj/201401/t20140127_ 540337. htm.

③ 2013 年防城港市金融稳定报告 [EB/OL] . http：//www. docin. com/p - 835940226. html.

④ 2013 年北海市金融稳定报告 [EB/OL] . http：//www. docin. com/p - 862318107. html.

⑤ 2013 年钦州市金融稳定报告（2014） [EB/OL] . http：//www. qinzhou. gov. cn/jr/bszn/zgrmyh/2014/06/26/17371335944. html.

⑥ 何红梅，王珍珍. 广西北部湾经济区金融结构优化研究 [J] . 广西经济管理干部学院学报，2011（1）：10 - 14.

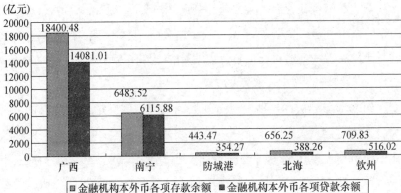

图 4 – 2 2013 年广西及北部湾四市金融机构本外币各项存款、

贷款余额对比

资料来源：根据 2013 年广西、南宁市、防城港市、北海市、钦州市等金融稳定报告整理。

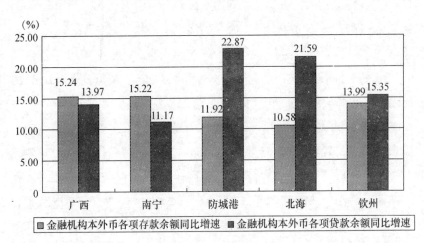

图 4 – 3 2013 年广西及北部湾四市金融机构本外币各项存款余额同比增速

资料来源：根据 2013 年广西、南宁市、防城港市、北海市、钦州市等金融稳定报告整理。

都比较小，而且贷款的发放比率也相对较低，且资金转化能力都比较弱。截至 2013 年末，广西银行业金融机构存贷比为 76.5%，南宁市、防城港市、北海市、钦州市的资金转化能力都比较弱，银行业金融机构存贷比依次为 94.9%、79.9%、59.2%、72.7%。北部湾四市存贷比对比见图 4 – 4：

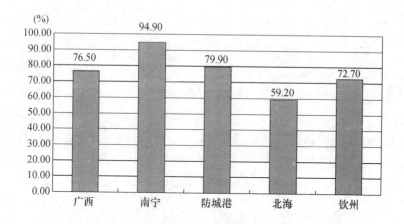

图 4 – 4　2013 年广西及北部湾四市金融机构存贷比

资料来源：根据 2013 年广西、南宁市、防城港市、北海市、钦州市等金融稳定报告整理。

　　根据人民银行南宁中心支行统计，截至 2014 年 6 月末，广西本外币各项存款余额突破 2 万亿元，达到 20120. 60 亿元。从贷款投向看，交通运输、制造业、水利、批发零售以及水电业等重点行业的新增贷款在全部行业新增贷款的占比较大，融资结构也不断优化。①

　　2. 北部湾经济区的金融结构不合理，金融市场结构单一

　　北部湾金融工具单一，结构不合理，股票、债券等基础性金融工具因在经济区内发行规模较小、收益率不高，致使市场融资能力有限。而且，金融创新不足，对新的金融工具尤其是衍生金融工具使用较少，这在一定程度上阻碍了经济区的发展。

　　3. 区域金融合作力度小，预防金融风险的能力不强

　　政府对地方金融企业的政策支持力度不够，还没有全面落实走出去战略，经济区在与国内外其他金融机构的合作与业务往来较少，利用外资等，水平不高。

　　总之，广西北部湾经济区由于处于经济起步阶段，经济实力不够强，经济总量不大，财政底子差。而且广西金融业发展比较慢，突出表现在金融资产总量低，金融资本不雄厚，金融体系不够健全，金融结构

---

　　①　广西存款总量突破 2 万亿元［N］. 广西日报，2014 – 7 – 11.

不合理，投融资渠道单一，资金转化能力较弱等方面，有待进一步完善。广西北部湾经济区是中国与东盟经贸的一个窗口，积极地推动广西北部湾经济区与其他国内外金融合作，对于地区发展与稳定发展都有积极促进作用。但是，目前，北部湾经济区体制上仍然存在一些弊端，有待于进一步提高预防金融风险的能力。另外，要加大力度建设金融监管体系，提高经济区抵抗金融风险的能力，增强经济区金融安全性。

第三节　广西北部湾经济区财政与金融政策工具及问题

一、广西北部湾经济区财政政策工具及其问题

（一）广西北部湾经济区财政政策工具

广西北部湾经济区运用的财税政策工具很多，主要集中在税收优惠、产业发展税收优惠、对保税港的生产经营性企业优惠、增大财政支持力度和建立投融资平台等措施。

1. 税收优惠

《广西北部湾经济区发展规划》实施以来，广西北部湾经济区的税收优惠政策大致可以划分为两个阶段：第一个阶段是从 2008 年至 2012 年。2008 年，广西出台了《关于促进广西北部湾经济区开放开发的若干政策规定》，给予企业在企业所得税、土地使用税、自用房产税、城镇土地使用税等方面的优惠政策，其中，在企业所得税方面，规定享受优惠政策的企业除国家限制的企业外，都可以免征一部分企业所得税，一些高新技术企业和集成电路生产企业、经济区新办的工业企业，除国家限制和禁止的项目外，包括石油化工、林浆纸、冶金、电子信息工业企业等，也免征属于地方分享部分的企业所得税。在土地使用税、自用房产税、城镇土地使用税等方面，规定从 2008 年 1 月 1 日起至 2012 年 12 月 31 日，针对北部湾经济区内的石油、化工、冶金、食品制造、高新技术、海洋等一些工业以及物流业、金融业、信息业、旅游业、文化业、广播、电视、新闻、体育、卫生等部分第三产业，都可免征自用土

地使用税和自用房产税。① 后来，税收优惠政策延迟到 2013 年。第二阶段是从 2014 年至 2020 年。党中央、国务院力图将广西建设成为我国西南和中南地区进一步开放开发的新的战略支点，为了贯彻落实这一目标，广西进一步实施《广西北部湾经济区发展规划》。2014 年，《关于促进广西北部湾经济区开放开发的若干政策规定》由广西修订后实施。修订后的政策实施范围在原来的南宁、北海、防城港、钦州四个城市之外，增加了玉林和崇左两个城市，执行时间到 2020 年 12 月 31 日。据自治区有关部门初步测算，实施这些优惠政策，每年对企业的奖励和补助超过 15 亿元。② 2014 年修订后实施的《关于促进广西北部湾经济区开放开发的若干政策规定》，不仅基本保留了 2008 年《关于促进广西北部湾经济区开放开发的若干政策规定》给予企业的税收优惠，并且把税收优惠范围扩大到北部湾经济区产业发展中。例如，对一些新办的或新认定的国家规划布局内重点软件企业和集成电路设计企业、软件及集成电路设计和生产企业、新办的符合本政策第三条规定的国家鼓励类工业企业、新办的从事国家非限制和禁止行业的小型微利企业，以及环境保护、节能节水项目等符合一定条件的企业，免征属于地方分享部分的企业所得税。

2. 给予保税港区的设立审批手续等政策倾斜

按照国务院 2008 年颁布实施的《广西北部湾经济区发展规划》的规定，中央对广西北部湾经济区在保税港区设立审批上给予了一定的政策倾斜。2008 年以来，短短几年时间，国务院批准设立广西钦州保税港区（2008 年 5 月 29 日）、广西凭祥综合保税区（2008 年 12 月 19 日）海关总署批准设立南宁保税物流中心（2009 年 1 月），并同意北海出口加工区按政策拓展保税物流功能（2009 年 2 月）。③ 这些重要举措都离

---

① 广西壮族自治区人民政府关于促进广西北部湾经济区开放开发的若干政策规定的通知 ［EB/OL］. http：//www. nnbbw. gov. cn/policy_ 4DA7EEFC572C3F87 - 2. html.

② 黄凌志，陈国镔. 新修订的《关于促进广西北部湾经济区开放开发的若干政策规定》发布实施 ［J/OL］. http：//www. bbw. gov. cn/staticpages/20140115/bbw52d5ff02 - 109283. shtml.

③ 江沂. 北部湾开发配套政策正在制定"硬环境"已初步成型 ［N］. 中国证券报，2009 - 6 - 2.

不开中央政策的支持，为北部湾开放发展打下了很好的基础条件。

3. 加大财政支持力度，创新财政支持方式

按照 2008 年和 2014 年《关于促进广西北部湾经济区开放开发的若干政策规定》中的内容规定，设立广西北部湾经济区重大产业发展专项资金，重点用于支持经济区重点产业园区、重点产业及其相关基础设施建设等。① 同样，在市政公用基础设施建设与维护、经济和社会事业发展等方面的资金安排，也应优先考虑并重点投向北部湾经济区内的重大基础设施、重点产业和重大社会公益设施项目等。

由于广西北部湾经济刚刚起步，还处在发展的初级阶段，各种基础设施建设比较滞后，不能为经济区的发展提供保障，由于财政支出在基础建设的投入有限，这在一定程度上阻碍了北部湾经济长期发展。建立和壮大投融资平台来大力发展基础设施建设已成为北部湾至关重要的问题。而加大投融资平台的支持力度，需要广西各级政府部门配合，更要发挥重大投资的导向作用，例如，直接投融资和间接投融资同时使用，加大力度支持铁路、公路、信息网、城市化及城市基础设施建设，通过大量资金积累和注入，运用资产优质化、改善投资规模等来建立和壮大投融资平台体系，并通过运用财政支持方式来为政府搭建信用平台，进一步完善广西壮族自治区本级投融资平台体系，在一些关乎国计民生的衰退产业，可以通过政府资金支持企业重组，重新激发企业的活力和竞争力。

（二）广西北部湾经济区财政政策工具存在的问题

广西北部湾经济区由于处在开发的初级阶段，存在着基础设施不完善、基础条件差、经济总量小、投资力度低、融资渠道不畅，资金短缺、财政政策不合理等一系列问题。这些都造成了北部湾经济发展缓慢。因此要想加快北部湾经济快速发展，就需要创新财政政策体系、改变财政政策的运行机制，激化公共财政的带动作用。现有的财政政策问

---

① 广西壮族自治区人民政府关于促进广西北部湾经济区开放开发的若干政策规定的通知 [N]．广西日报，2014 - 1 - 15，转引自 http：//news．gxnews．com．cn/staticpages/20140115/newgx52d5c9ad - 9454770 - 5．shtml．

110

广西北部湾经济区政策创新研究

题具体体现如下：

1. 财税政策自身针对性不够强

目前北部湾经济区的税收优惠没有涉及各个方面，只涉及一小部分，实际上税收优惠的实质性和针对性都不够强，在一些领域诸如地区经济发展重点和不同的产业行业，税收优惠政策仍然需要加强。其中产业税收优惠的实施并未如政策预期目标那样对产业发展以及产业结构的优化升级起到明显的导向作用。由于经济快速发展，导致各地区之间的竞争也越来越激烈，为了更好地拉动内需带动本地区经济的发展，各地政府也纷纷制定了税收优惠政策，但与我国一些发达的沿海省市相比，我区现在推行的税收优惠政策都是根据上级要求出台的，也在国务院要求的框架内。地方政府只是按上级要求执行这些税收政策，还没有能力制定出适合当地经济发展的税收优惠政策。目前的各种税收优惠政策，由于自身存在针对性不够强，创新性不足等局限性，加上政策主体在制定政策过程中之间缺乏沟通与协调，中央政策与地方政策，以及政府政策之间，存在着相互矛盾或抵触问题，导致政策实施效果不佳。

2. 税收政策过于分散，缺乏协调性

每个现行的税制中几乎都能看到税收优惠政策，但每一种税收优惠政策都有前提条件，都具有特定的适用条件，都受到当地经济发展的限制。它只能在特定的环境和条件下实行。一般情况下，在实施优惠政策的过程中，需要实施的主管部门对各个方面进行监督和管理，包括优惠主体、优惠客体和优惠环境，要从整体进行分析和把握。目前，已有的税收优惠比较分散，缺乏整体性和系统性，现在实施的税收优惠政策的目标性也不够强，对各项具体的税收优惠措施没有形成一个完整的分析框架，只是做了一个简单的数据罗列。而且税收优惠政策在目标性方面没有一个清晰的认识，具体目标没有落实，针对性不强，引导力不强，实施力度也不够。部分税收优惠政策自身存在很多局限性，如优惠时限较短，优惠范围较窄，优惠幅度较小，现行优惠政策的目标不明确，在重点领域和产业行业实施优惠政策方面缺乏针对性和指导性，在一些应用技术研究和高新技术研究等方面缺乏先进性，不能突出北部湾经济区特有的优势。我国各项税收优惠措施很少有明确的法律条例来规定，一般是通过各个分散的行政规章来规定，由于缺乏法律明确规定，因此在实施的过程中强制力低、说服力差。对优惠范围的界定缺乏科学论证过程，没有科学评价标准，也缺乏科学论证机制，对税收优惠政策实施过程缺乏严格的监控。

3. 优惠方式不够多样化，优惠范围不够广泛

近年来的税收措施较单一、适用范围过窄，在一定程度上影响了广西北部湾经济区经济与社会的深化发展。当前北部湾经济区的税收优惠措施主要是通过减税、免税、退税、降低税率等直接优惠手段来实现政策目标[①]，而对加速折旧、延迟支付、亏损结转、税收信贷、技术开发基金、提取风险基金、投资税收减免等间接优惠方式较少使用，优惠方式不够多样化。当前，北部湾经济区要对能源、交通、石化、钢铁、高新技术等重大产业和项目进行重点发展和投资，现有的税收优惠形式大部分是企业所得税，涉及面窄，优惠范围不够广泛，对基础设施建设等不够适用，影响效果不明显。因此有必要扩大税收的优惠范围，增加税收优惠方式，使直接优惠方式和间接优惠方式相结合，才能不断提高广西北部湾经济区的竞争优势，加快自主创新力度，最终促进北部湾经济区及广西的产业升级与进步。

4. 税收政策运行机制不够合理

我国现行的税收政策运行机制存在严重的问题，运行过程缺乏科学的监控机制。在大部分税收政策的制定中，广西北部湾都采用"自上而下"的途径，缺乏民主性和科学性，一般都是根据国家的要求和相关税收优惠政策制定的，很少考虑到当地经济发展所适用的税收优惠形式。这些税收在运行过程中大多只考虑如何便于各级行政机关进行管理，如何便于各级行政机关进行控制。对政策对象的考虑很少，这种不从政策对象的需要出发制定出的政策和运行方式容易导致优惠政策落实情况。由于运行机制不够科学合理，加重了税收优惠政策落实的难度。

5. 财税体制不尽合理

现行的财税体制存在严重的不足，不利于经济区的率先发展，不合

---

① 李顺明，冯敏，王单娜，丁丽娜．促进广西北部湾经济区开发建设的财税政策研究[J]．广西财经学院学报，2010（1）：24-29.

理因素主要是地方税在立法和结构上都必须服从于中央，这就导致在地方税的立法和制定中，地方就会缺失主动权，不利于地方政府根据自己的特点开征相应的更有针对性的地方税，在一定程度上阻碍了地方政府的积极性。"由于我国目前还没有建立起一套省级以下完整的分税制，在地方税中主体税种不突出，因此北部湾经济区缺乏持久稳定的主要税源。"① 除此之外，地方税种本身也有许多的不足之处，如税种结构不合理，税种主体方面不突出，征收方式零零散散，实施过程不确定等，阻碍了北部湾经济区经济发展和减少了北部湾经济区的财力保障。作为刚刚"风生水起"的北部湾经济区，经济发展还处于初级阶段，如果要发挥北部湾经济区自身的优势，增强北部湾经济区的自主创新能力，就要为经济区提供一个自主、灵活的政策环境，弥补财政体制中存在的不足。这样才能发挥北部湾更大的经济优势，从而摆脱经济滞后的因素，激发新的活力。

6. 税收政策协调机制不完善

广西北部湾经济区税收政策协调机制不完善，一是表现在税收管辖权与税收归属权在一定程度上的背离，如果税收收入在管辖区间转移，就会导致区域内部、区域成员之间的税收利益不均。② 二是表现在北部湾经济区税收政策过程中，很少与国内外各经济区进行税收政策方面的交流与协商，税收政策过程不够开放，尤其可能导致与东盟国家在一些合作项目中税收政策的难以实施，也不利于北部湾经济区与东盟国家经济的深度合作与发展。因此要不断完善税收协调机制，在税收政策制定中，加强北部湾与国内外税务交流和协商，进一步推进北部湾经济区域的一体化发展。

二、广西北部湾经济区金融政策工具存在的问题

（一）金融主体与市场主体不完善

广西北部湾经济区几个城市中，除了南宁市金融组织体系比较完善

---

① 翁凯. 促进北部湾经济区发展的税收政策研究 [D]. 广西大学硕士学位论文, 2009.

② 汪星明, 莫观华. 促进广西北部湾经济区发展的税收政策建议 [J], 涉外税务, 2008 (9).

外，经济区内其他城市的金融组织体系不够系统完善，尤其缺少中外合资银行、外资银行等银行机构，非银行金融机构也不够健全，金融市场的参与主体的类型还不够多元化，数量还比较少，未形成多元化金融机构并存的系统格局，还不能适应广西北部湾经济区开放开发的要求。需要进一步打造坚实的经济基础和加大创新动力，重新调整与创新金融体系和金融政策，完善金融主体和市场主体。

（二）金融工具创新滞后

金融工具的创新包括金融制度创新、金融产品创新与金融服务等方面的创新。通过金融工具的创新，可以更好地发挥资本对广西北部湾经济区经济与社会发展的推动作用。

2010 年 12 月 19 日，广西出台了《广西壮族自治区人民政府关于加快发展金融业的实施意见》，将广西北部湾经济区作为金融改革创新的试验区。其中一项重要创新是从 2013 年 12 月 31 日开始，广西地方银行业金融机构、区内各股份制商业银行、广西农村信用合作社联合社，"率先实施北部湾经济区银行服务收费同城化，即各银行业金融机构将北部湾经济区内南宁、北海、防城港、钦州四个城市视为同一服务区域，取消同一银行内一切异地业务费用"。① 同时，积极发挥钦州市作为国务院同意设立的云南、广西沿边金融综合改革试验区的特殊地位与作用，以跨境金融业务创新为主线对沿边金融进行综合改革与创新，"探索实施人民币资本项目可兑换的多种途径，提高贸易投资便利化程度，促进与周边国家建立更紧密的经贸金融合作关系"。② 不断完善南宁的现代金融服务体系，将其逐步培育成为服务中国—东盟自贸区的区域性金融中心。

但是，总体来看，金融工具创新滞后。广西北部湾经济区银行业存在较多的同质化金融产品，缺乏创新性金融工具或金融产品，这与将广西北部湾经济区作为全国金融改革与创新实验区的地位不相符合。之所

---

① 南宁北海钦州防城港 同一银行将免收异地业务费 ［N］. 南国早报，2013 - 12 - 25.
② 2013 年钦州市金融稳定报告（2014） ［EB/OL］. http：//www.qinzhou.gov.cn/jr/bszn/zgrmyh/2014/06/26/17371335944. html.

以会出现这样的差距，固然和广西北部湾经济区经济发展相对落后有很大的关系，但更主要的是缺乏金融创新意识和能力，且还处于比较被动的引进金融产品的状态，不能很好地适应北部湾地区经济与社会发展变化的要求。

（三）北部湾经济区的金融生态环境不完善

首先，体现于北部湾经济区金融支持力度分配不均，除南宁市以外，其他的各市如钦州、北海、防城港、崇左和玉林这五市的存贷款总量较小，信贷资金不足能力较薄弱。其次，北部湾经济区内大部分银行的贷款对象多是当地高能耗、高污染的中小企业，难以得到可持续的金融支持，处于被动状态。而且中小企业在经营管理方面和抵抗风险方面的能力都比较低，在信贷方面也缺乏透明的沟通机制，不易建立良好的信用环境。再次，在政策的制定过程中，没有对经济区的金融做出详细的指导规划和细则，也没有对北部湾经济区内的金融机构做出详细的指导规划和政策实施的细则。最后，经济区的诚信文化建设比较落后，缺乏良好的社会信用环境。"良好的社会信用制度和良好的社会信用环境建设有利于降低信贷风险。"① 缺乏良好的社会信用环境既不利于构建良好的金融环境，也不利于培育与提高企业社会责任意识。如果该地区信用环境差，就可能导致资金供给和需求双方互不信任，也就会让投资者失去投资信心而撤资，同时会增加金融机构自身运作风险，最终导致成本的提高和区域内投资条件的增加，阻碍区域经济的进一步发展。

（四）银行业经营管理不够科学合理，金融政策运行过程不够科学

由于经济发展较快，银行机构设置的变化也随着不断改变，但银行机构的管理与经济发展不相适应，管理机制不够科学合理。例如，自2000年以来，北部湾经济区的工行、建行、中行等大型商业银行均经历不同程度的变革，经济区内像防城港、钦州辖区原来的二级分行都出现了降格，辖区各县、市支行也互不辖属，导致辖区内同系统各支行各

① 张家寿. 广西北部湾经济区金融支撑体系研究［J］. 东南亚纵横，2010（1）.

自为政。①

金融政策运行过程不够科学主要表现为政策制定过程对银行、企业、公众等的金融政策需求了解不足，缺乏对金融政策的有效宣传，金融政策传递机制不完善等。

第四节 广西北部湾经济区财政与金融政策创新建议

广西北部湾经济区应不断创新财税与金融政策体制机制，从政策主体、政策工具以及政策运行流程等方面进行突破和创新，以进一步激发广西北部湾经济区财税与金融政策体系的活力，提升北部湾经济区的吸引力。

一、广西北部湾经济区财政与金融政策创新的原则

（一）公共性

在公共行政中，公共财政是用之于民，主要向社会提供高质量的公共产品和公共服务，以维持社会稳定、提高人民生活质量，进一步推动社会经济快速发展。因此，政府和国家机关在制定政策或政策创新过程中，要一直贯彻"一切从公众利益出发"的公共性理念与原则，更好地服务于公众和整个社会，加大对基础设施、社会保障事业、环境保护、科技教育、人类资源开发等一些关系国家和区域长远发展的公共项目的投资与建设。

（二）协调性

政策创新不是从各方面进行改变，也不是简单地依照上行下效的原则执行，而是以遵循国家总政策和基本政策框架为前提，政策主体以创新理念作为核心价值观，通过对区域发展新形势的分析和把握，及时调整和创新北部湾经济区财税与金融政策，来适应北部湾地区经济与社会发展趋势的变化。

---

① 文熹明，王丹. 北部湾经济区银行业发展现状及对策研究［J］. 区域金融研究，2011（8）：46－49.

在制定和执行财政与金融政策时，政府应该把握国家财税与金融政策的精神，以及《广西北部湾经济区发展规划》的总体方向，局部调整和协调广西北部湾经济区经济发展的财政资金支出与金融信贷需求，然后在保持各自发展优势的前提下，加强区域内各城市之间的协作，合理地利用金融资源。

（三）可持续发展的原则

经济的发展必然离不开对土地、水资源、海洋资源、能源等的使用，广西北部湾经济区未来的建设必然牵涉到大量资源的使用，这样必然会对区域的生态环境产生一些不良的影响，因此也会进一步提高对交通、网络、电力、信息、金融各方面的承载力。在国家倡导可持续发展的前提下，以及在财政资金预算拨付时，要考虑到该区域的自然资源和生态环境的承载能力，从经济区可持续发展角度出发，合理增减财政资金的投入和使用。在提供公共产品和公共服务时，以保证生态环境为前提，推动社会经济向健康、稳定的方向发展。合理加大资金投入社会保障、基础设施建设、科技教育及人力资源开发环境保护关系国家和区域长远利益的公共项目中，以确保与公共事业建设与经济社会的可持续发展。

随着广西北部湾经济的快速发展，对环境构成了很大的压力，应倡导和坚持低碳经济发展模式，通过"绿色金融"、"碳金融"等手段来为北部湾生态环境提供保障。"绿色金融"包括绿色信贷、绿色证券以及绿色保险三大部分。在北部湾经济区，经济发展与环境保护并重且离不开绿色信贷的金融保障。目前，北部湾经济区绿色信贷才刚刚起步，仍然存在着信用信息采集难、企业环保共享信用信息数据库缺乏等问题，不利于北部湾绿色信贷支持的有效推行。因此，应充分发挥金融工具的引导和"杠杆"作用，促进北部湾经济的可持续发展。

金融政策创新应以"绿色信贷"为原则与目标，以"突出比较优势、巩固薄弱环节，坚持分类对待和引导"为原则，突出重点，抓主要方面，制定合理的目标，运用科学的手段、有效的方法，才能真正有效落实绿色信贷金融政策，实现合作共赢的可持续发展的金融政策体系。

二、财税与金融政策主体创新

(一）财政与金融政策主体的观念突破与能力创新

广西北部湾经济区金融政策创新应以"绿色信贷"为目标，以"突出比较优势、巩固薄弱环节，坚持分类对待和引导"为原则，突出重点，抓主要方面，制定合理的目标，运用科学的手段、有效的方法，实现合作共赢的可持续发展的金融政策体系。

当前，北部湾地区相关地方政府政策主体能力仍需进一步提高。为此，北部湾地区相关地方政府首先应提高自身对政策问题的鉴别能力，积极发展和完善金融方面相关法规和制度，以实现金融政策目标得以体现，使政策能力也能够在实现这一目标的过程中取得进步。

(二）"开门"决策，促进政府、银行、企业与公众良性互动，促进财政与金融政策主体的结构创新

金融政策的制定和实施以及到后期的评估和监督过程，企业与公众参与不可或缺。应努力营造制度与文化环境，改善企业与公众参与条件。在事关全局的重大发展战略制定以及重点项目建设之前，按照不同的行业组建专家团，围绕关键性问题并组织专家参与讨论和论证，使决策科学化。对于重大的金融政策的制定与实施，都要广泛听取专家、学者和企业与公众不同政策对象的意见，并将决策过程及其情况依照法定程序向社会公布，接受社会监督，并根据当地实际情况加以调整。

目前，财政与金融政策主体创新的重点是要建立健全财政投融资机构。广西北部湾经济区内的南宁、钦州、北海、防城港等市财政部门在财政投融资法规草案的拟定、项目资金使用的审批等方面进行了规范与调整，促进投融资平台向一体化结构转型，协调推进政府与金融机构战略合作，加强政府与金融机构的交流，有利于政府注入资金，建立投融资平台，搭建银行、政府、企业沟通平台，抓好重点项目融资工作。而金融机构在一定程度上也能协助政府推介各类政府投资项目，有利于扩宽政府投资渠道。例如，钦州市财政局多举措加强融资项目资金管理。2012 年 7 月，成立了财政投资评审中心，有利于强化工程项目评估核算。一方面加强了政府投资的规范、约束、监督和管理；另一方面各个

部门互相合作与互相监督，从项目立项、评审、招投标、施工实施、工程质量、项目竣工验收、项目结算以及项目资金管理等各个环节，加强相互交流与协调，共同推进融资项目的建设与管理。①

三、财政与金融政策工具创新

（一）税收政策工具创新

按照广西于 2008 年出台实施的《关于促进广西北部湾经济区开放开发的若干政策规定》，以及 2014 年修订后实施的《关于促进广西北部湾经济区开放开发的若干政策规定》，对在广西北部湾经济区内的许多类型的企业，除国家限制和禁止的项目外，包括石油化工、林浆纸、冶金、电子信息工业企业等，均享有免征属于地方分享部分企业所得税的优惠，在土地使用税、自用房产税、城镇土地使用税等方面，也享受优惠政策。"钦州保税港区、中国—东盟凭祥边境综合保税区、南宁保税物流中心、防城港保税物流中心、北海出口加工区"② 等保税区的税收政策也比较优惠且保税物流层次较高。但是，税收优惠政策中还存在一些须改进的地方，如优惠方式单一，主要强调直接税收优惠，很少采用间接政策措施，而且以企业所得税和地方所得税为主，很少涉及流转税等，激励机制不完善，不能很好地展现税收优惠政策的优势等。因此，应采取多元化的税收优惠手段、优化税收优惠政策格局。

由于广西北部湾经济区目前缺乏一个整体性系统性的税收政策，导致税收优惠对于产业发展的倾向性不清晰、目标性不明确。因此，要进一步完善税收优惠政策，明确税收优惠对象和税收优惠政策的目标，改变对单纯的税额减免与低税率等为主的直接优惠为主的税收优惠政策的依赖，提高投资税收抵免、税前扣除等间接优惠手段在税收制度中的应用。对外来投资税收优惠设定一定的"门槛"，并按照外来投资的额度不同进行差异化税收优惠税率，将广西北部湾经济区优势产业、重点产

---

① 广西钦州市财政多举措加强融资项目资金管理［J/OL］. http：//jkw. mof. gov. cn/mofhome/mof/xinwenlianbo/guangxicaizhengxinxilianbo/201301/t20130107_ 725566. html.

② 魏乾梅."西江经济带"建设的财税金融政策现状问题研究［J］. 会计之友，2011（7）：5.

业、支柱产业都纳入《产业结构调整指导目录》的优惠范围内，① 以更好地发挥税收优惠政策的激励与积极引导作用。在营业税方面，可以加大税收优惠力度，在国家规定的幅度内提高营业税起征点。另外及时调整和强化资源产品附加费等非税收入手段，尝试引入排污权有偿使用新机制，使经济发展与生态环境保护并重，也有利于增强广西北部湾经济区核心竞争力。

同时，广西作为民族区域自治地区，在不违背国家法律和中央精神前提下，可以根据北部湾经济区自身的特点与优势，制定具有自身特点的具体相关税收优惠政策。但要及时调整优惠政策中不适当的方面，对那些与中央精神相抵触的政策，要及时清理与取缔那些越权的税收减免。

（二）金融政策工具创新

金融政策工具创新包括金融主体创新、金融产品创新、金融服务创新等方面。广西北部湾经济区内的各银行与非银行金融机构应积极探索并创新金融政策工具，同时，不断推出结合区域特色的金融政策、产品和服务。

1. 金融主体创新

一是从北部湾经济区的金融发展状况出发，大力加强北部湾经济区内的地方法人金融机构等金融主体的建设与发展。金融主体的建设与发展主要包括银行金融机构与证券、保险等非银行金融机构的发展；小额贷款公司和支持中小微企业担保机构发展以及民间的合法借贷的发展等。同时，针对小微企业发放贷款的金融机构，继续在政策上予以风险补偿等支持，鼓励民间的合法资金流动，为中小微企业和"三农"拓宽融资渠道，才能真正推动广西北部湾经济区的经济发展。

二是对国内外金融机构在经济区设立总部和分支机构，根据金融机构的类型、组织形式和注册资本等情况的不同，由广西壮族自治区财政

---

① 汪星明，莫观华. 促进广西北部湾经济区发展的税收政策建议［J］. 涉外税务，2008（9）.

给予一次性补助或行政事业性收费减免等方面的优惠。①

三是充分发挥资本市场以及北部湾经济区产业投资基金等的作用，拓展北部湾经济区融资的规模，为北部湾经济区的经济发展提供保障。

2. 金融产品创新

广西地方政府、金融管理部门与金融机构，应在中央金融政策框架内，结合北部湾经济区特点，针对传统金融产品的不足与局限，进行金融产品创新，实施具有区域特色的、高度异质化的金融产品服务，以提高金融资源配置的效率。

一是区域内商业银行应该借鉴国内外同行的先进的成功经验，适应不同客户的差异化需求，增加个性化的金融工具和产品。二是拓展政策性银行的开发功能，为广西北部湾经济区内的交通基础设施、重大产业项目等重大项目，提供融资等更多的开发性金融服务，以支持区域产业结构调整与优化。三是支持非金融企业债券融资工具的发展，鼓励和支持符合条件的企业通过资本市场融资。"积极推广进出口押汇、仓单质押、海外代付、汇利达业务等贸易融资和出口退税账户托管贷款业务"②，为企业发展壮大提供更多的融资途径和方式。

3. 金融服务创新

广西北部湾经济区区域金融服务的完善与创新主要涉及支付结算服务、资信调查服务、表外业务服务、提供信息以及管理风险服务等，应逐步形成一体化的金融服务体系，从而把以南宁为中心的广西北部湾经济区打造成为面向东南亚的金融功能齐全的金融服务区域。③

当前，广西北部湾经济区区域金融服务的完善与创新主要应做好以下工作：一是应有丰富多样化的金融宣传形式。加强对包括金融信贷政策、信用报告、支付结算、人民币反假等金融知识的宣传，提高公众的

---

① ② 广西壮族自治区人民政府关于促进广西北部湾经济区开放开发的若干政策规定的通知 ［EB/OL］. http://news.gxnews.com.cn/staticpages/20140115/newgx52d5 c9ad－9454770－5.shtml.

③ 何红梅，王珍珍. 广西北部湾经济区金融结构优化研究 ［J］. 广西经济管理干部学院学报，2011（1）：10－14.

金融意识，有效地建立金融支持和服务的长效机制。① 二是提供便捷的人民币银行结算账户的行政许可服务和边贸结算服务，完善区域金融服务，促进人民币在东盟国家的流通。三是改进管理方式，提高管理效率，拓展金融服务，发展金融中介服务机构，推进金融服务方式的改革与创新。四是积极探索政府、银行、企业合作新模式，以政策金融驱动商业金融。

当前，中央已经给予广西北部湾经济区金融改革方面先行先试的优惠政策。广西北部湾经济区已经在产业投资基金、创业风险投资、金融业综合经营等方面进行改革试验。当前重点任务是推进沿边金融改革创新。2013 年 7 月，中国人民银行南宁中心支行批准设立东兴试验区，该试验区是广西首个全国继浙江省义乌市之后设立的第二个可以开展个人跨境贸易人民币结算的地区。2013 年 11 月 21 日，经国务院批复同意，中国人民银行等 11 个部委办联合出台了《云南广西建设沿边金融综合改革试验区总体方案》。该方案是我国促进沿边金融、跨境金融、地方金融改革创新的重要举措，对促进人民币在东盟国家的区域化认同与发展有重要的战略意义与作用。后来，经过"各方协商，将中国农业银行防城港分行作为首家中国（东兴试验区）东盟货币业务中心，并于 2014 年 3 月挂牌运行，成为目前云南、广西两省区唯一一家在边境一线设立的银行业务中心"。② 这对促进我国云南和广西等西南地区的开放开发有重要作用，不仅为我国深入推进金融改革开放提供探索性经验，还将为广西北部湾经济区开放开发提供多元化的金融政策、经营主体和金融服务，有助于推动西部大开发和国家"一带一路"等新型国家战略取得新的突破性进展。

四、财政与金融政策体制机制创新

（一）财政政策体制机制创新

在广西北部湾经济区发展规划的定位中对经济区内经济的发展做了

① 巫志斌. 广西北部湾经济区农村金融改革试点创新实践及面临的问题分析 [J]. 区域金融研究，2011（9）：21 - 26.

② 董文锋. 东兴试验区：打造东盟货币离岸金融中心 [N]. 广西日报，2014 - 4 - 1.

整体的规划，但由于经济区经济的快速发展，现有的财政政策不能适应当地的经济发展。因此，需要加大财政体制机制创新力度，改变现有的财政体制机制，构建有利于可持续发展的财政体制机制，对现有的财政政策进行创新，从战略上推进北部湾经济区财政体制机制创新，建立起科学化与合理化的管理机制，广西北部湾经济区的财政体制向一体化的方向推进，为各项财政提供制度保障，以创新来配合经济区的发展需要，推进经济区快速发展以适应整个社会的发展。在推进财政体制机制创新的过程中，坚持以制度作为改革的前提，用制度建设推动改革步伐，使改革向规范化和合理化的方向发展。如改革财政管理内部控制制度、财政分配体系、财政调控体系等。

（1）完善财政管理内部控制制度，为各项财政工作的良好运行提供制度保障。通过内部控制制度建立和完善，有利于财政管理工作运行的制度化和规范化。通过健全完善财政管理内部控制制度来促进财政收入的可持续增长。在财政管理内部业务工作中制定合理的、制度化的工作规程，为各项财政工作的良好运行提供制度保障。

（2）完善财政分配体系，建立科学合理的财政关系。把财力与事权对应起来，防止财力大于事权，以财力的大小合理匹配各级政府的事权。使财政转移支付制度控制在透明的范围内，统一和分类规范专项转移支付。全面推进和改革"自治区直管县"和"县直管乡"的财政管理方式，优化现有的乡镇财政监管职能，强化上级财政对下级财政的指导和管理，进一步完善和提高财政运行效率，激发地方财政尤其是基层财政的发展活力。

（3）完善财政调控体系。一要加大财政力度对大型公共基础设施的投资，由于广西北部湾经济区的社会发展处于初期阶段，要促进经济快速起飞，必须重点集中在大型的公共基础设施和公共工程建设中。全面合理地推进各项基础设施的建设。二要加大财政对产业结构和经济增长方式的导向作用，提高经济与社会效益。三是在建设主体功能区的同时，要深入实施总体统筹布局战略，加快建设城乡公共服务体系和城镇基础设施，在财力薄弱地区加大财政支持力度，促使经济区优势互补、协调发展。

（4）完善财政保障体系。一是通过争取中央政策与财政的大力支持，进一步完善财政政策的长效机制。建议中央给予广西北部湾经济区更多地以鼓励性政策和援助性政策为主的开放、开发优惠政策。二是对于中央与地方的事权与财权，要认真地进行规范并逐步调整事权和财权职能范围，增强地方财政实力。

财政保障的重点就是改善民生。民生工程建设需要大量的财政投入。农业、农村发展都离不开财政支持，因此，随着社会经济的不断发展，要进一步完善财政政策的长效机制，为改善民生提供有效的财力和制度保障。要加大政策支持，突出财政保障重点，将财政政策措施纳入规范化、制度化的轨道。要运用多种财政手段，逐步解决好千家万户生活幸福的问题，如教育、医疗、卫生、就业、社保、住房、收入分配差距等。认真贯彻落实好国家各项强农惠农政策，进一步建立和完善粮食补贴机制，不断提高农村社会保障标准和扩大保障范围，加大财政对农田水利等基础设施建设的投资力度，为农业和农村发展奠定良好的基础。

（5）完善财政监管体系。广西各级财政部门要努力加大力度提高财政的监管工作，不断提高财政收入质量，保证财政收入持续稳定增长。一是以中央相关税收优惠政策为前提，依法征管；二是改进手段。以税源调查为前提，对于不同地区、不同类别的项目采取因地制宜的征管方法，建立一个精简、高效的征管体系，尽量避免偷税、漏税；三是奖惩并举。通过激励机制来激发财政收入，加强中央宏观投资的取向和重点，协调部门之间的合作，提出更多更好的项目，争取得到中央更多的财力支持。

（6）建立健全广西北部湾经济区财税协调机制。一是建立健全经济区各市间以及各市税收征管部门间的财税协调机制。建议由区政府牵头，成立专门的广西北部湾经济区财政协调机构，成员由专管财政的副主席、区财政厅和南宁、北海、钦州、防城港、玉林、崇左六个城市财政部门负责人组成，通过开展联席会议等方式，共同商讨如何发展经济区财政战略规划以及协调解决财税合作中出现的问题。同时，要进一步提高北部湾经济区六市税收征收的标准化程度，加强综合性税收管理的

广西北部湾经济区政策创新研究

电子网络平台建设，逐步完善各市在税收的征管、稽查、评估、管控、服务、信息化建设等方面的协调与合作，提高北部湾经济区各市的税收征管的服务水平。二是建立一套合理的横向转移支付制度，合理有效地配置资源和财力。广西北部湾经济区作为一个区域发展的整体，区域内各城市现有的财政支出能力参差不齐。因此，应在财力允许的情况下，建立一套合理的横向转移支付制度，合理有效地配置资源和财力，减少北部湾经济区内各市的财力分配差距，以加强经济区内各市之间的良性竞争。建立经济区城市公共服务实施建设的财政协调机制，努力实现基本公共服务的同步发展，促进经济区经济公共服务平衡发展。三是在遵循主权独立于平等自愿原则的基础上，协调北部湾经济区与周边国家与区域的税收制度与政策。我国与东盟国家的财税与金融合作落后于经济贸易合作，影响了北部湾经济区金融业发展。可尝试通过财税与金融方面的协调与合作，并促进经济贸易的发展。

（二）金融政策体制机制创新

创新是发展的动力，金融机构也要有金融创新意识，适时进行金融体制机制的创新。要加强政府、银行、企业之间的合作与交流，在制定金融政策时，要以政府为平台，金融创新与企业自主创新结合起来，建立一个投融资平台，为北部湾经济区创造一个良好的金融环境。

1. 构建政府、银行和企业等利益相关者互动协商机制

在金融政策议程设置、决策和执行等政策环节中的过程中，地方政府在区域发展目标与规划目标方面，应该与企业项目规划和资金供求信息、银行信贷供给等方面进行对接与沟通，形成地方政府、银行和企业之间长效的互动协商机制。企业发展不仅需要政府积极引导，还需要市场进行调节，实现资产重组、资源共享、资金增值。

2. 建立健全社会诚信体系

科学合理的社会信用担保体系能增强经济区的风险控制意识，也有利于经济区主管部门及时采取有效的保障措施。地方政府应充分发挥主导作用，建立和完善包括企业信用担保体系在内的社会诚信体系，增强金融机构的风险防控与抵御能力，并完善经济区的金融安全性。

3. 建立金融稳定协调机制，构建有区域特色的金融调控政策

广西壮族自治区政府及北部湾经济区，应尝试建立金融稳定的预防与协调机制，加强地方政府与银监部门之间的合作，对区域金融合作与发展进行共同规划与协商，对北部湾经济区银行机构与非银行等金融机构进行监管，对经济金融风险的预防与应对措施进行共同研讨，以保证金融资源的有效与安全流通，有利于共同解决经济金融发展中出现的问题，促进区域金融合作矛盾的化解。

构建有区域特色的金融调控政策体系，需要做好以下工作：一是清理区域金融政策中相互矛盾与抵触的条款，消解金融组织体系和资金管理等方面形成的有形或无形的"区域壁垒"，引导金融资源的优化配置。二是构建基于地区差别化的中央银行金融调控政策与有北部湾经济区特色的金融调控体系。[①] 三是加强和改进金融监管机制，加强财政政策与金融政策的协调。四是构建南宁金融机构集聚区，完善金融服务功能，以良好齐全的服务吸引一些跨国公司、金融机构、企业财团等在南宁发展业务，为各经济主体的经济贸易等商务活动提供便利。

五、财政与金融政策运行流程的创新

财政与金融政策运行流程的创新涉及财政与金融政策的制定、执行、监控与调整等政策环节。

(一) 规范金融政策制定流程

为进一步规范财政与金融的决策行为，推进财政与金融决策的科学化、公开化与民主化，提高现有财政与金融的管理水平，要进一步完善现有的财政投融资决策制度：一是重大事项的决策要让社会公众参与，充分经过专家论证和讨论，必须保证社会公众的权益，符合当地经济发展需要。同时，对一般项目的决策过程也应广泛征求社会各界的意见和建议。二是决策公开程序也要严格把关，可以按照有关法律要求进行听证、公示或论证评估，充分征求社会公众的意见。也要建立决策公开监

① 黄宇. 广西北部湾经济区开放开发的金融供给与需求分析 [D]. 广西大学硕士学位论文，2010.

督体系，重大事项决策必须及时公开，接受内部和社会的监督。三是完善项目审批制度和项目稽查制度。为改进和规范政府投资项目审批制度，要严格把关对项目的审批工作，包括对项目建议书审批、项目可行性审批、项目初步审批和项目建设方案的审批。如在一些基础设施项目中，要明确责任单位、审批依据、申报条件和申请材料等。另外，由相关部门按照程序进行审查，审查通过后再办理手续，待相关手续完善后交由最后的审批机关受理正式进入审批，避免盲目实施项目，并对整个项目的实施过程进行严格监控。建议尝试推行建设项目责任人终身负责制，建立规范化考核体系，这样有利于保证项目的实施效果。四是完善财政投融资中介机构市场准入制度。为此，应改变政府与中介服务机构之间的行政隶属关系，使他们之间的关系从领导与服从关系转变为平等关系。同时，政府要放开对中介服务机构的自主权管理，放宽市场对投资机构进入的条件，通过风险责任制度的建立来明确中介机构的职责，使中介机构实现自主经营，为市场主体提供更好的服务，进一步激发市场活力与潜力。

在金融政策制定过程中，政策主体应听取和综合地方政府、金融机构与企业等各方面的意见，使金融政策更有针对性和前瞻性。同时，充分发挥政府在金融政策过程中的引导和带动作用。政府部门应强化金融服务意识，了解政策对象的金融政策需求，组织引导和协调银行、企业等相关主体共同参与金融政策过程，对重大金融决策应实行听证制度，促进金融政策向科学化和民主化的方向发展，为金融机构创造良好的政策环境。此外，金融机构在制定金融政策的过程中，应综合考量成本与利益的关系，找到最有效的激励政策，促进北部湾经济区的金融发展。

（二）改进财政与金融政策执行流程

广西北部湾经济区相关地方政府，在遵循国家层面财政与金融政策法规精神的前提下，应根据区域财政以及金融环境与状况，尽可能地在政策议程中针对财政与金融政策的可操作性进行深入、科学的分析和讨论，并制定出更具有针对性和可操作性的财政与金融政策实施的细则和方案。同时，要加强对财政与金融知识与政策的宣传，以提高金融政策运行的效率。

(三) 完善财政与金融政策调整流程

通过跟踪监测财政与金融政策实施效果，及时调整不合适的政策。财政与金融政策调整的内容涉及财政与金融政策目标、方案以及相关配套或者关联的政策关系等方面。财政与金融政策是时代的产物，实施一段时间之后，可能由于经济、社会等环境的变化，原来的政策方案可能失效。因此，尤其要注意新的政策环境，并对原政策目标与方案进行调整。

从金融政策的角度看，根据广西北部湾经济区的功能定位和战略目标确定，应对金融政策目标进行调整。2008 年初国务院批准实施和2014 年修订后实施的《广西北部湾经济区发展规划》中，明确提出要把南宁建设成为重要国际区域经济合作区与区域性金融中心的目标。2010 年，广西颁布实施了《关于加快发展金融业的实施意见》，提出努力把北部湾经济区作为中国金融改革创新试点地区，争取至 2020 年将北部湾经济区核心城市南宁市建设成中国—东盟区域性货币结算中心、区域性资金融通中心、金融产业中心、金融市场中心、金融信息中心和金融监管中心。①

北部湾经济区在政策与经济上都得到了国家支持。因此，地方政府不仅要着力发展经济，还需要努力建设金融生态环境与投资环境，并发挥它们的积极引导作用，把它们也纳入北部湾建设的战略目标当中。为此，北部湾金融政策主体应根据北部湾经济区的特点与优势对金融政策目标等及时进行调整，制定金融发展战略与政策，创新政策工具，并根据自身的发展优势和现有的资源，转变原有的资本集约化经营方式，切合实际地走出一条具有北部湾区域特性和优势的金融发展道路。

总之，广西经济要想持续快速增长，需要相关政府部门和金融机构的共同努力，充分发挥广西北部湾经济区的重要"领航"作用，这就要求财政部门与金融机构能相互支持和协作，在财政与金融政策主体、政策工具、政策体制机制等方面进行创新和突破。通过实行高效融通的

---

① 黄艳梅，廖淑菊. 广西北部湾经济区先行先试，建设区域性金融中心 [J/OL]. 中国新闻网，2011－8－3. http：//forum. home. news. cn/thread/86992063/1. html.

区域财政与金融政策，合理配置财政与金融资源，为区域经济创造更好的支撑条件。

　　无论是 2008 年广西壮族自治区人民政府出台的《关于促进广西北部湾经济区开放开发的若干政策规定》，还是 2014 年修订的《关于促进广西北部湾经济区开放开发的若干政策规定》，产业政策都处于整个政策体系的首要位置。产业政策内容包括对广西北部湾经济区重点产业园区、重大产业项目、重大产业布局等产业发展的支持等方面。① 其中不乏创新性产业政策，从公共政策构成要素视角分析，广西北部湾经济区政策在政策主体、政策工具以及政策运行流程等方面看均有明显突破和创新。

---

　　① 广西壮族自治区人民政府. 广西关于促进北部湾经济区开放开发若干政策规定［EB/OL］. http：//www. gov. cn/gzdt/2009 – 01/07/content_ 1198775. htm.

第五章

广西北部湾经济区产业与环境政策创新

第一节　产业政策和环境政策的含义及基本内容

一、产业政策和环境政策的含义

（一）产业政策

国内外对产业政策主要有以下几种不同研究角度的理解：一是认为产业政策就是政府等公共权力部门制定的有关产业的一切国家法律与政策的总和。二是认为产业政策是当市场调节发生障碍或资源分配偏离政府的宏观经济政策目标或预计可能偏离目标时，为了提高整体经济收入水平，由政府采取的一系列弥补市场缺陷、促进产业结构优化、产业技术进步、产业组织发展等方面的干预性政策措施。或者将产业政策看作是"政府为改变产业间的资源分配和各种产业中私营企业的某种经营活动而采取的政策"。① 三是认为产业政策是国家为了促进经济发展和产业结构优化升级通过产业组织形式和产业结构的调整，以及价格、税收、金融、财政、外汇等调控手段，而采取的一系列政策措施。四是将产业政策放入国际视野，认为产业政策是工业后发展国家为了赶超工业先进发达国家，针对产业发展采取的一系列政策措施的总和。五是从产业政策包括的内容出发，认为产业政策就是由产业结构政策、产业组织

---

① ［日］桥本寿朗. 现代日本经济（中译本）［M］. 上海财经大学出版社，2001.

政策、产业发展政策、产业环境保护政策等共同构成的，促进经济发展的一系列政策目标、手段和体系的总和。

以上几种对产业政策的定义，虽然不够全面或未能全面反映产业政策的本质，但都在一定程度上反映了产业政策的内容和特点。

借鉴上述学者的观点，本书认为产业政策是国家经济政策体系中的核心政策，但并非某一单项政策，而是指规划产业发展方向和目标，引导产业合理布局，促进产业结构和产业组织的调整与优化。它是一国公共权力主体为了调整与规范市场的行为，引导与促进产业有效适度发展和进步而制定的。

（二）环境政策

环境政策是环境保护政策的简称，是指党和政府等公共权力主体为解决环境公共问题，根据我国的经济和社会发展状况、环境资源现状以及技术水平等而制定的保护和改善环境的一系列政策和措施的总和。

环境保护政策按照时间、空间、政策主体、调控对象、政策内容等不同标准划分为不同的类型。环境保护政策按照影响时间长短可以划分为长期、中期和短期的环境政策。环境保护政策按空间范围大小可划分为战略性的宏观环境政策和局部性的微观环境政策。环境保护政策按照各级党、人民代表大会和政府等公共权力主体的不同，可划分为国家层面环境政策、地方环境政策和部门环境政策。环境保护政策按照调控对象不同可以划分为大气、水、固体废物、噪声等具体的环境政策。[①] 环境保护政策按照政策内容不同可以划分为自然环境保护、环境污染与防治、环境侵害赔偿等方面政策。

环境保护政策创新是指环境政策主体（政府等公共权力组织）根据经济与社会环境变化的新要求，突破既存环境政策体系的主体、内容、手段和程序，对环境政策主体、政策工具以及政策运行流程等环境要素进行重新组合，创新性地制定与执行环境公共政策，以有效解决环境问题，满足政策客体的需求，从而实现环境政策目标的活动。

---

① 郑国明. 澳门特别行政区环境保护政策研究 [D]. 华中科技大学硕士学位论文，2009.

广西北部湾经济区环境保护政策创新是在贯彻执行国家有关环境保护的方针、法律法规、制度与标准等基础上，广西地方政府根据北部湾经济与社会可持续发展的总体目标，结合广西北部湾经济区经济、资源、环境等发展状况，制定出广西北部湾经济区发展的地方性环境保护政策。

二、产业政策和环境政策的内容

（一）产业政策的内容

产业政策内容大致可分为"产业结构政策、产业组织政策、产业发展政策、产业技术政策、产业布局政策、产业环境保护政策"①，以及其他指导与规范产业发展的政策等。

产业结构政策通常是指一国公共权力主体为了促进产业结构的高级化发展，根据产业结构的发展现状及趋势而制定的、关于主导产业选择、支柱产业和新兴产业的扶持、幼稚产业和衰退产业的保护等方面的一系列政策措施的总和。产业结构政策主要包括主导产业选择政策、支柱产业保护政策、幼稚产业保护政策和衰退产业援助政策等。②

所谓产业组织政策，也称为"禁止垄断政策"或"竞争促进政策"，通常是指一国公共权力主体从公共利益出发，为实现产业组织合理化，促进资源的有效利用与有效竞争，鼓励开展竞争又防止过分竞争，充分发挥规模经济效益，实现产业发展目标，针对产业组织中出现的市场障碍，而对某些产业或企业采取鼓励的或限制性的政策措施。从具体的政策内容看，产业组织政策的主要内容通常分为两类：一是"竞争促进政策"或"禁止垄断政策"。禁止垄断政策是产业政策中典型的政府直接干预政策，通常以立法等具有较强的约束力的形式对产业组织发展进行干预。反垄断政策的具体内容主要涉及：对垄断性企业的不正当竞争行为事前预防及事后的"肢解"与分立等政策；保护中小企业生存和发展的政策等；对企业的不正当竞争行为进行裁定等。二是促进

---

① 王红. 论中小企业法的地位［J］. 南方经济. 2003（9）.
② 芮明杰. 产业经济学［M］. 上海：上海财经大学出版社，2005.

产业合理化政策。这类政策主要是鼓励产业组织的专业化和规模化发展，但又必须通过直接规制等方式来限制过度竞争，直接规制政策的主要内容包括对企业的进入条件、数量、产品价格、产品与服务质量设备等方面的规制。从政策手段来看，产业组织政策主要包括市场结构控制政策、市场行为规范政策、促进产业资源合理配置政策等方面内容。

产业组织政策的主要功能是调节不同产业内部的市场结构，目的在于保护市场机制，规范企业的市场行为，维护市场秩序，鼓励开展竞争又防止过分竞争和充分发挥规模经济效益，促进产业组织合理化。

产业发展政策是指为了实现一定时期的产业发展目标而制定的、关于产业布局、产业技术、产业环保等一系列具体政策措施的总和。产业发展政策有综合性、手段的多样性和规范性等特点。产业发展政策包括产业技术政策、产业布局政策和产业环保政策等①。其中，产业技术政策是指国家为促进产业技术进步而制定的关于新技术的引进与开发等方面的政策措施的总和，主要涉及产业技术进步的指导、组织和奖惩等方面的政策。产业布局政策即产业空间配置格局的政策，是指政府等公共部门从本国的经济、资源、产业发现状等基本国情出发，根据不同产业的经济与技术特性，对重要产业的空间分布进行科学引导和合理配置与调整的相关政策措施的总和。产业环境保护政策是指政府对产业可持续发展战略在环境方面的相关政策措施的总和。

总之，产业结构政策、产业组织政策、产业发展政策、产业技术政策、产业布局政策、产业环境保护政策等都是产业政策的重要组成部分。在产业政策体系中，产业结构政策、产业组织政策、产业发展政策和产业环境保护政策是产业政策的主体部分，产业结构政策是核心组成部分，其中心任务是促进产业结构的高级化。从某种意义上讲，产业组织政策、产业发展政策、产业环境保护政策等均服务于产业结构政策，这些产业政策分别从组织、发展、环境等不同的角度来促进与保障产业结构政策的顺利实施，且对区域经济发展有着非常重要的作用。因此本书主要从产业结构政策、产业组织政策、产业发展政策、产业环境保护

---

① 李建花. 科技政策与产业政策的协同整合［J］. 科技进步与对策，2010（8）.

政策等方面阐述了广西北部湾经济区产业政策的创新。

（二）环境政策的内容

1. 国家层面的环境保护政策

我国国家层面的环境政策体系由环境国策、环境基本政策、环境主体政策和环境配套政策组成。其中，"环境保护"是我国环境国策，也是其他所有环境政策的指导思想和原则。我国环境基本政策是指"三同步"政策和"三统一"政策，即"经济建设、城乡建设和环境建设同步规划、同步实施、同步发展，实现经济效益、社会效益、环境效益的统一"，而"预防为主、防治结合"，"谁污染谁治理"和"强化环境管理"是我国环境主体政策，其配套具体政策有"环境影响评价制度"、"三同时制度"、"环境保护目标责任制度"、"排污收费制度"、"排污申报登记与许可证制度"、"城市环境综合整治定量考核制度"、"限制治理制度"和"污染集中控制制度"八项制度。[①]

至今，我国的环境管理工具除了传统的八项制度以外，还运用了环境经济手段、公众参与手段、生态补偿等新环境政策工具。

我国现行的环境政策虽然发挥了重要的作用，但是并没有从根本上遏制环境状况不断恶化的趋势，我国环境政策工具仍有待完善，政策执行效率仍须进一步提高。其中一个重要原因是我国实行以行政直控的管制政策为主的环境政策，缺少第三方激励与监督机制。因此，应尝试实施自愿性环境政策，作为管制型环境政策的补充。在自愿性环境政策实施的过程中，政府起到引导、激励、信号传递的作用，是企业和公众主要依靠市场机制参与自愿性工具。

2. 环境保护的制度性政策手段

"环境保护的制度性政策手段主要有环境保护税收制度、环境污染收费制度、污染防止奖励制度和政府的直接规制。"[②] 其中，环境保护税收制度和排污收费制度是制度性环境政策手段的最基本的两种方式，即对排污者按排污浓度和数量征收环境保护税或以污染排放对社会造成

①　高德耀. 环境保护政策浅论［J］. 山西高等学校社会科学学报，2007（5）.

②　夏大慰. 环境保护政策研究［J］. 财经研究，1992（2）.

的损害费用对排污者进行收费。此外，主要的环境政策手段还应该包括污染防止奖励和政府直接规制。

政府应在综合考虑国情及政策手段本身的特点与差异的基础上，选择适合的环境政策手段。

改革开放以后，我国实施以排污收费制度为主的制度性政策手段，取得了一定的成效。但是，排污收费制度有一定的局限性，在具体实施过程中出现了政府和企业难以对排污量与水平做出准确估量与监测的现象，且各地区排污费征收工作发展不平衡，资源配置不合理。

三、产业政策和环境政策创新的含义

产业政策和环境政策创新是指政策主体根据产业发展目标与经济、资源、环境等方面的发展变化，突破原有产业政策和环境政策的主体、客体、内容、程序和手段等，对产业组织、产业结构、产业发展、产业环境保护等方面对产业政策的构成要素进行重新组合，通过制定与执行具有一定创新性的产业政策和环境政策，实现产业规划及经济社会发展目标的活动。

第二节　广西北部湾经济区产业政策的基本内容

一、产业发展的政策环境

为了促进《广西北部湾经济区发展规划》的实施，2008 年 12 月 17 日，广西壮族自治区党委常委会审议通过了《广西壮族自治区人民政府关于促进广西北部湾经济区开放、开发的若干政策规定》，政策规定的内容涉及产业、财税与金融、土地使用、人力资源和科技开发、对外经济贸易、投资环境等方面，进一步完善了支持广西北部湾经济区开放、开发的综合政策系统。该政策有效执行期限至 2013 年 12 月。

2014 年，为进一步加快广西北部湾经济区开放、开发，大力推动中国—东盟自贸区建设，广西修订了《广西壮族自治区人民政府关于促进广西北部湾经济区开放、开发的若干政策规定》等相关政策规定。此

政策修订后，政策实施范围更广，由南宁、北海、钦州、防城港四个城市行政区范围扩大到了包括南宁、北海、钦州、防城港、玉林和崇左在内的6个城市行政区范围。政策执行期限为7年（2014年1月1日至2020年12月31日止）。

此外，国务院出台《关于进一步促进广西经济社会发展的若干意见》（2009年10月），该意见对广西区域发展的产业布局、重点产业、产业集群等方面的发展都提出了重要的指导意见，指出了产业发展的主要方向。在此基础上，广西区党委、区政府随后出台了《关于做大做强做优我区工业的决定》（2009年12月）和《关于加快转变发展方式推动产业结构优化升级的意见》等40个配套文件，提出了广西将优先重点发展14个千亿元产业（即食品、汽车、石化、电力、有色金属、冶金、机械、建材、造纸与木材加工、电子信息、医药制造、纺织服装与皮革、生物、修造船及海洋工程装备等），同时大力发展新材料、新能源、节能与环保、海洋等四大新兴产业。

这些政策的相继出台，进一步改善北部湾经济区的投资环境和竞争优势，促进北部湾经济区的改革与发展，对促进广西北部湾经济区国民生产总值、提高财政收入等方面发挥了巨大的作用。

二、产业结构政策

产业结构政策通常是指一国公共权力主体为了促进产业结构的高级化发展，根据产业结构的发展现状及趋势而制定的、关于主导产业选择、支柱产业和新兴产业的扶持、幼稚产业和衰退产业的保护等方面的一系列政策措施的总和。①

（一）优先支持广西北部湾经济区重点发展的产业和基础设施项目

广西北部湾经济区产业结构政策遵循基础设施适度超前、主导产业明确、土地集约利用、产业配套完善等原则，根据产业布局和产业发展的需要，在发展规划、年度计划和资金等方面优先支持重点发展的港

---

① 李建花. 科技政策与产业政策的协同整合 [J]. 科技进步与对策，2010（15）：25 -27.

口、公路、铁路、机场、水利、能源电力、信息等产业和基础设施项目。无论是 2008 年出台实施的，还是 2014 年广西壮族自治区人民政府修订后实施的《关于促进广西北部湾经济区开放开发的若干政策规定》，都将重点产业项目优先列入广西不同行政层级、不同类型的发展规划和计划中。2014 年，修订后的政策侧重计划和资金等方面并集中支持产业、港口、物流、金融等重点领域，也新增了对企业总部和小微企业的税收优惠政策。[1] 通过专项财政资金形式加大对北部湾经济区内的产业园区建设。

对重点推进的物流业重大项目，在用电和用水价格以及报建费、配套费等方面给予优惠。主要包括对进出北部湾三大沿海城市（北海、钦州、防城港）港口和东兴口岸、友谊关口岸、凭祥铁路口岸的国际标准集装箱（20 尺箱、40 尺箱）运输车辆通行费给予减半收取的优惠[2]；对凡在经济区登记注册的半挂车，在国家政策范围内，在养路费、交通规费等方面给予部分减免优惠。

通过一系列政策支持，改善了沿海的基础设施条件，同时现代化交通运输网络和现代产业体系正在逐步形成。

（二）重点围绕功能组团引导产业布局，培育产业集群

按照《广西壮族自治区人民政府关于促进广西北部湾经济区开放开发的若干政策规定》，广西北部湾经济区鼓励重点产业项目进行功能组团式发展，并在项目报批、土地供应等方面给予政策支持。广西北部湾经济区产业发展"规划建设南宁、钦（州）防（城港）、北海、铁山港（龙潭）、东兴（凭祥）这五大功能组团"[3]，《广西北部湾经济区发展规划》所列的重大产业项目包括钦州中石油千万吨炼油、钦州金桂林浆纸、中国电子北海产业园、防城港千万吨级钢铁项目、防城港核电、铁山港石化等一批重大产业项目。

2008 年《广西北部湾经济区发展规划》实施以来，功能组团式的产业项目建设进展明显，以石化、冶金、林浆纸、电子、能源、生物制

第五章 广西北部湾经济区产业与环境政策创新

137

---

①②③ 广西壮族自治区人民政府关于促进广西北部湾经济区开放开发的若干政策规定 [EB/OL]. http：//www.gxnews.com.cn/staticpages/20140115/newgx52d5c9ad－9454773.shtml.

药、轻工食品为主的产业及相关产业链延伸项目发展迅速，钦州石化产业园、防城港大西南临港工业园、钦州保税港区、北海工业园区、南宁—东盟经济开发区等 11 个重点产业园区。北部湾经济区在南宁保税物流中心、钦州保税港区等保税物流体系的保税功能支持下，围绕石化、钢铁、造纸、制糖、粮油食品加工等主导产业，推动了一批相关产业的发展，与东盟相链接的大型产业集群逐步形成。通过产业集聚与延伸发展，产业竞争力和产业特色日益明显。①

围绕产业发展，重点加快经济区内"五区、两园、一基地"（钦州保税港区、钦州港工业区、防城港企沙工业区、铁山港工业区、凭祥综合保税区、北海电子产业园、铁山港（龙潭）组团龙潭产业园和南宁国际物流基地）等 8 个重点产业园区的基础设施建设。②

经过几年的建设，广西北部湾经济区产业规模持续扩大，产业布局日益合理，围绕主导产业的延伸集群也逐步形成。数据显示，"从 2007 年至 2012 年，北部湾经济区 GDP 从 1765 亿元增加到 4269 亿元，增长 1.4 倍；财政收入从 204 亿元增加到 714 亿元，增长 2.24 倍；全社会固定资产投资从 965 亿元增加到 4514 亿元，增长 3.7 倍。"③ 北部湾经济区国内生产总值及其他经济指标的平均增长速度明显高于广西其他经济区域，提升了北部湾经济区乃至整个广西的竞争力。

三、产业发展政策

（一）加大产业发展的财政与税收支持力度

广西北部湾经济区对产业发展的财政与税收支持主要体现在以下方面：

一是设立了专用于支持发展重点产业园区及重点产业的广西北部湾经济区重大产业发展专项资金，并优先列入年度计划和预算。二是划拨

① 柯颖，黄思源. CAFTA 价值网下北部湾经济区产业升级研究 ［J］. 经济问题探索，2013（8）：86.

② 阳秀琼，韦彭，卢庆毅. 北部湾重点产业园区的大手笔 ［J］. 当代广西，2009（3）.

③ 杨郑宝，徐薇婷. 自治区修订北部湾经济区政策预计每年减税近 20 亿 ［J/OL］. http：//news. gxnews. com. cn/staticpages/20140114/newgx52d54a2c - 9451115. shtml.

专项经费，支持北部湾经济区的市政公用基础设施建设与维护。三是广西北部湾经济区相关地方政府部门对于广西区财政预算安排的经济和社会事业发展资金，优先支持北部湾经济区内的重大产业、重大基础设施和重大社会公益设施项目。四是对经济区内重点产业园区引进并落户的投资规模和建成投产时间符合一定规定的世界或中国 500 强企业，由所在地政府对园区和企业给予奖励。①

2014 年，为进一步实施《广西北部湾经济区发展规划》的战略规划，积极参与"一带一路"国家战略的建设，促进中国—东盟自由贸易区的快速发展，广西壮族自治区人民政府调整实施了《关于促进广西北部湾经济区开放开发的若干政策规定》，修订了北部湾经济区的相关税收优惠政策，对新办企业的税收减免增多，主要优惠内容包括②：对新办的国家规划布局内重点软件企业和集成电路设计企业和生产、高新技术企业、国家鼓励类工业企业、从事国家非限制和禁止行业的小型微利企业等，以及涉及公共污水、公共垃圾处理等有助于节能节水和环境保护的项目，免征或减征属于地方分享部分的企业所得税；部分新办的国家鼓励类工业企业，还免征企业自用土地的城镇土地使用税和自用房产的房产税。此外，增加了对企业的奖励和补助，每年对企业的奖励和补助超过 15 亿元。修订后的政策规定将重点支持港口航运发展。③

（二）加强对发展规划的环境评价，优化北部湾经济区产业结构及产业布局

按照《关于促进广西北部湾经济区开放开发的若干政策规定》要求，广西北部湾经济区要严格限制高污染、高排放、高消耗的产业进入④。因此，近年来，广西积极开展国家试点规划《广西北部湾经济区发展规划》、《广西壮族自治区沿海港口布局规划》、《广西沿海石油化

---

① ② 广西壮族自治区人民政府关于促进广西北部湾经济区开放开发的若干政策规定［EB/OL］. http：//www. gxnews. com. cn/staticpages/20140115/newgx52d5c9ad－9454773. shtml.

③ 程群. 广西修订北部湾经济区相关政策 实施范围扩展到 6 个城市［EB/OL］. http：//news. xinhuanet. com/fortune/2014－01/14/c_ 118966440. htm.

④ 广西壮族自治区人民政府关于促进广西北部湾经济区开放开发的若干政策规定［EB/OL］. http：//www. gxnews. com. cn/staticpages/20140115/newgx52d5c9ad－9454773. shtml.

第五章 广西北部湾经济区产业与环境政策创新

139

工产业中长期发展规划》和《广西北部湾港总体规划》等的环境影响评价工作。2010年8月18日，《北部湾经济区沿海重点产业战略环境评价报告》通过了环保部的验收。通过对北部湾经济区进行的环境评价，不仅基本划定了北部湾经济区环境保护的"安全警戒线"，还相对科学地界定了北部湾区域的环境容量和生态承载力，并提出了与之相适应的产业发展目标、产业结构与产业布局，并为产业规划与发展以及污染的预防与控制提供了新的环保依据。此外，广西还出台了船舶污染应急方面的一些政策和应急预案等，初步建立了船舶污染应急体系，加强了海洋生态环境保护。

第三节　广西北部湾经济区产业和环境政策
存在的问题

一、产业结构政策存在的问题

（一）以重化工业大项目为支撑，产业选择比较单一

广西北部湾经济区开放开发的早期阶段，实施了以重化工业项目为载体的产业发展战略，通过以重化工业产业链的延伸发展，对培育产业集群发挥了重要而积极的作用。但是，从长远来看，这种单一的产业选择存在着不足。因为重化工业严重依赖于资源与投资，其长期发展将受到土地资源、环境容量和生态安全等诸多因素的制约和限制，难以发展为高端的产业增值链，长期来看，不足以提升一个地区或一个城市的综合实力和核心竞争力。

此外，广西北部湾经济区要真正发挥"带动、支撑西部大开发的战略高地和开放度高、辐射力强、经济繁荣、社会和谐、生态良好的重要国际区域经济合作区"① 的功能作用，必须选择高起点、高附加值的产业作为核心产业，才能辐射并带动北部湾经济区的产业发展。

---

① 广西北部湾经济区发展规划（全文）［EB/OL］.http：//www.gx.xinhuanet.com/pbg/2008－02/21/content_12562728.htm.

（二）产业结构不够高级，高附加值的产业少

目前，北部湾经济区围绕石化、钢铁、造纸、制糖、粮油食品加工等主导产业，通过产业集聚与延伸发展，产业竞争力和产业特色日益明显。但是，主要属于资源、资金密集型产业，附加值不够高，工业发展比较迟缓，以 2013 年数据为例，南宁、北海、钦州、防城港、崇左、玉林六市工业总产值为 2305.23 亿元，占北部湾经济区 GDP 的 34.92%（详见表 5 - 1），低于全国平均的工业化水平，影响了北部湾区域产业的进一步发展以及产业结构的高级优化发展。

表 5 - 1　2013 年广西北部湾经济区六城市工业产值与地区生产总值①

	2013 年 （按当年价格，亿元）	2013 全区工业产值 （亿元）	工业产值占当年地区 生产总值的比例（%）
广西全区	14378.00	5749.65	39.99
南宁市	2803.54	820.60	29.27
北海市	735.00	332.78	45.28
钦州市	753.74	250.15	33.19
防城港市	525.15	257.02	48.94
玉林市	1198.46	434.06	36.22
崇左市	584.63	210.62	36.03
合计	6600.52	2305.23	34.92

（三）产业结构趋同，各地的资源或生产力优势未能有效发挥

由于广西北部湾经济区 6 个城市中有 3 个城市（北海、钦州和防城港）都是沿海港口城市，而且都有建设港口物流与港口工业的基本条件和相似优势，因此都提出了要建设"大港口、大物流、大工业"的发展规划。虽然，广西交通部门对这 3 个城市的港口建设定位进行了宏观政策引导与分工建议，例如将北海、钦州、防城港港口功能分别定位为集装箱运输港、大宗物资集散地和大宗散货运输集散地，但是由于缺乏

———————

① 根据 2014 年广西统计年鉴整理．广西统计局．http://www.gxtj.gov.cn/tjsj/tjnj/2014/indexch.htm.

产业结构调整目标及提高宏观总体效益的具体配套措施，更缺乏相应的利益协调机制，难以避免地出现了产业结构趋同的问题，三个港口的同质性问题日益突出。

产业布局趋同影响了资源的优化配置。北部湾经济区各市区位优势相近、资源禀赋相似，在产业布局上均以临海产业为主，自北部湾经济区发展规划实施以来，由于缺乏合理的规划和协调机制，以及各级政府在地方局部利益驱使下的过度竞争，使各市产业趋同、定位不合理的问题较为突出，导致区域内地方政府出现了非合作的博弈，不利于各市之间产业发展的互利协同发展。

二、产业发展政策存在的问题

（一）缺乏明确的产业选择和发展导向

广西北部湾经济区是广西未来经济发展的"双核"驱动之一，其产业选择和发展导向将牵引着广西经济发展的大局。

随着广西北部湾经济区发展规划的进一步实施，广西北部湾经济区出台了相关产业发展战略规划和配套政策，初步确立了广西北部湾经济区的产业定位和产业发展方向。但广西北部湾经济区虽然出台了产业发展战略规划，但不同时期的主导产业定位不够明确，缺乏对产业定位等产业发展政策的评估与调整，也缺乏明确的产业发展方向和差异化产业政策，产业特色和优势不够突出，产业环境保护政策不够完善。

目前，广西北部湾经济区拥有良好的自然资源与生态环境，但生态环境也是非常脆弱的，需要预防性保护。因此，在该区域的产业选择、产业定位和布局等方面需要谨慎考虑。目前广西北部湾经济区已经实施的沿海城市重化工业、造纸工业项目等涉及产业选择与定位问题，是否应当将这些相对污染较高、环境保护与治理难度较大的产业项目作为广西北部湾经济区重点发展的支柱产业是亟须重新思考与定位的问题。广西北部湾经济区还应注意避免以环境污染或牺牲现有产业优势为代价的产业的选择和布局。①

（二）中心城市在产业布局中的主导作用和辐射作用不够突出

广西北部湾经济区包括的南宁、北海、钦州、防城港、玉林、崇左6个城市中，南宁作为中心城市，在广西北部湾经济区城市群的产业发展中，产业发展基础相对较好、融资功能较强、主导产业外向化程度相对较高，有着中心城市的集聚规模效益作用，其他5市大型企业较少。但是南宁的产业竞争优势不够突出，资金融通和管理能力、信息扩散、技术创新等方面对整个区域和社会经济发展的吸引和辐射作用仍有待提升。目前，作为广西北部湾经济区中心城市的南宁在产业发展中存在的主要问题有：一是产业结构不够合理，缺少带动其他城市发展的支柱性产业和竞争性产业，产值不高；二是财政资金的总量小，实际能够运用的资金与产业建设布局所需资金的缺口较大，综合实力不够强等。随着《广西北部湾经济区发展规划》的进一步实施，南宁应有效地利用、整合本身及周边优势区域的资源，优化区域内的产业结构，提高综合实力，并进一步提高对周围城市的辐射能力和集聚能力，保证区域经济的快速发展。

总体来看，广西北部湾经济区总体经济实力不够强，从企业结构上看，能够起带头和辐射作用的大型企业数量少，中小企业在北部湾经济发展、社会服务、就业安排等方面发挥着重要的作用，但多数中小企业的经济效益和管理服务水平都有待进一步提升。

（三）产业规划和产业布局等方面缺乏有效的分工与协调

广西在港口发展与建设中的分工与协调工作开展较早。2006年广西成立了北部湾国际港务集团公司，在港口产业发展与建设中，北部湾港口建设打破了各自为政、分散经营的局面。此后，2009年又对港口资源进行了整合，将钦州港、北海港、防城港整合成立了"北部湾港"②。

但是，总体来看，广西北部湾经济区内各级地方政府及政府部门等

143

第五章　广西北部湾经济区产业与环境政策创新

---

①　周英虎．广西公路运输建设问题和隐性重复建设问题研究［J］．广西财经学院学报，2007（2）：1-3.

②　覃星星．广西北部湾三大港口依托铁路货物吞吐量跳跃式增长．广西新闻网，2012-9-10，http：//www.gxnews.com.cn.

不同产业政策主体之间，在产业政策、产业规划和产业布局等方面缺乏有效的分工与协调，导致出现产业政策之间相互抵触、产业布局空间错位等冲突现象，不利于广西北部湾经济区乃至国家产业的整体协调发展。

（四）缺乏对公平、回应性等社会目标的关注

产业政策目标不仅包括经济效率目标，还包括社会公平、经济稳定、公众回应性等社会目标，目前的产业政策目标重视经济导向，忽略了各项目标之间的关联性，对社会公平、公众回应性等社会目标的关注度不够，进而影响了产业政策的执行效果及产业政策目标的实现。

三、产业组织政策存在的问题

合理有效的产业组织政策有助于维护市场秩序，促进市场竞争和提高产业综合竞争力。广西北部湾经济区的产业组织存在着跨地区、跨行业间难以联合与协调以及产业之间的无序竞争和产业重复投资等问题。如何调整与完善产业组织政策，以有效改变北部湾经济区产业组织结构，促进有效竞争，提高资源配置效率，增强产业的竞争活力，是广西北部湾经济区面临的一个重要问题。

（一）跨地区、跨行业的企业组织难以联合与协调，主要产业部门呈现过度竞争的格局

我国条块分割行政体制的现实，在一定程度上影响了市场发育，也影响了跨地区、跨行业的企业组织的联合与协调，造成地区间的重复生产、重复建设，造成产业结构趋同。在条块分割体制下，运用行政手段重点保护的某些产业，可能因为行政垄断有利于提高产业的集中度和企业规模，但产业政策的不统一与产业进入规制的放松可能会加剧主要产业部门的过度竞争。

（二）产业组织的政策在内容上以简单促进产业的合理集中为主，忽视促进市场竞争

针对北部湾经济区产业组织规模分散化、市场集中度低的问题，北部湾经济区产业组织政策主要以调整企业规模结构、促进产业的合理集中为主，但忽视了对市场竞争以及市场行为的调节与控制。产业组织的

市场调节机制和传导机制失灵、产业自组织机制的缺失以及产业组织之间缺乏协同与整合，导致产业组织不合理，造成产业组织的低效，出现生产集中程度低与竞争限制并存的不利现象。

（三）产业政策过程中缺乏对产业政策各组成部分之间的系统协调

产业政策的各组成部分之间是一个相互联系的政策系统，应该相互协调发展。但目前，在产业政策过程中，过于重视产业结构政策，忽视产业组织政策和产业技术政策。虽然我国已经正式实施了《反不正当竞争法》和《反垄断法》，市场竞争过程中各种垄断特别是行政垄断行为有了基本的法律规范，但是现实中，政府行为不当的现象仍很普遍，如政策重点扶持的主导产业未能有效形成有竞争力的主导产业；应统筹推进的产业布局未能有效协调出现了产业结构趋同而重复建设的问题；应集中规模经营产业出现分散化低效运行等问题，导致产业政策的实际效果与政策预期之间存在着明显的差距。

（四）政府在产业组织政策制定和执行过程中的行为缺乏应有的监督

制定的产业组织政策有可能存在较大缺陷或不能完全代表公共利益，需要加强对其监督。监督政府在产业组织政策的制定和实施中的行为是否以公共利益最大化为目标，以保证政策的制定与执行不会出现严重的偏离公共利益的倾向。

四、产业政策运行流程存在的问题

当前广西北部湾经济区的产业政策运行流程还存在不够完善和规范等问题。

（一）政策制定过程相对封闭，回应性不足

产业政策议程设置仍然以政府相关部门内在创始和动员模型为主的政策议程，即产业政策问题的界定主要来源于行政系统内部或政治精英，缺乏外在创始政策议程的输入途径，公众、社会组织等其他主体的参与途径太少、参与渠道不够畅通，可能导致产业政策创新对经济与社会的产业问题的回应性不足，进而可能导致产业政策的科学性和可操作性不足，错失了诸多提升区域整体竞争优势的机会。

政策的制定需要根据区域间各个城市的特点拟定符合该城市发展且又分工明确的细则，这样既可以互通有无，节约建设资本，又能防止内部过度竞争，让各城市和产业专注于提高自身的实力。例如，在广西北部湾港口建设与发展规划中，北海、钦州、防城港港口分别定位为集装箱运输港、大宗物资集散地和大宗散货运输集散地。但发展过程中，这3个港口仍然存在政策相互抵触与过度竞争等问题，三市为争夺资源各自为政，互打"价格战"，分别制定了不同的优惠政策。这种恶性的利益竞争不仅导致主港口吞吐量下降，货物分流，而且由于各市政府的自利行为，影响了经济区区域一体化的进程。既浪费了公共资源，又没有发挥本土特色，以至于3大港口在各大国家优惠政策和扶持下陷入发展低迷的怪圈。① 作为政策制定者，可能出于地方利益而制定不符合实际的地方政策目标，或者获得了短期收益而忽视了当地经济的长足发展。例如，自2011年5月南宁市实施限购令以来，南宁市的房地产交易数额明显呈下降趋势。于是在广西北部湾经济区的宣传带动下，不符合在南宁市购买住房的百姓把消费目光投向了北海、钦州和防城港，北海、钦州、防城港三市在房地产上也获得了短期的效益。时隔3年后，2014年南宁市政府随即放松了购买限制，对北部湾经济区的居民取消了限购资格。3年的时限对于房地产市场来说太短，以至于在北海、钦州、防城港三市投资的开发商和地方政府应对突变的房地产政策措手不及，严重影响了地方政府的形象与政策的执行效果。

（二）区域产业政策执行随意性大

区域公共政策主要由地方政府负责执行，但由于缺少职能明确的区域政策管理机构对府际关系进行协调，某些地方政府有可能以自身地方利益的明显增进为目标，忽视政策对区域内其他地方的负面影响，变相执行中央政策，偏离中央区域公共政策的目标。随着区域合作的深化，区域公共问题日益突出，区域公共政策调适的主体呈现出多元化、复杂化特征，需要进一步创新区域公共政策的执行、监督、评估机制。

---

① 陈颖.构建统一的北部湾经济区政策体系［J］.广西社会主义学院学报.2009（1）：15.

（三）产业政策调整不及时或未经评估与变更

随着广西北部湾经济区发展规划的进一步实施，北部湾经济区相关产业政策应根据环境与政策客体需求的重大变化，在科学评估的基础之上进行调整。但北部湾经济区产业政策存在着调整滞后，或者未经过科学的政策评估即随意进行调整等不科学现象，或者即使有一些评估，也是以政府内部的自评为主，对专家评估和公众参与评价的引入不够，导致政策的适当性、回应性等不足，影响了产业政策的实施效果。

（四）产业政策的利益协调机制不够健全

产业政策执行过程中，有些执行环节过于依赖强制性的行政控制手段，如投资项目审批、产业结构指标分配、落后产能淘汰等。而对经济手段、法律手段以及一些激励性政策工具等运用不足，虽然短期效果明显，但从长期来看，难以有效调节企业利益与政策目标的冲突。

以上这些问题，导致产业政策运行效率低，难以满足该地区快速提升竞争力的需要，亟须进行产业政策的进一步调整与创新。

五、产业环境政策存在的不足

（一）环境政策工具本身存在的不足

我国的环境政策包括《大气污染防治法》、《清洁生产促进法》等环境法律，以及《排污费征收使用管理条例》、《环境影响评价公众参与办法》行政法规和部门规章等规范性文件，并将环境保护作为重要的原则要求。同时，将环境保护纳入国家和各省（自治区、直辖市）国民经济和社会发展计划，将环境保护作为一项重要任务。但是，环境政策工具本身存在着不足，主要体现在：有些政策不符合现有的经济与社会发展水平或不能适应环境保护工作与社会可持续发展的需要，需要进行调整与创新；有些环境政策尤其是经济政策设计不够合理，缺乏系统性和区域针对性，例如排污权交易政策等缺乏相应的配套措施；目前我国的生态补偿制度设计不够健全与完善，存在着生态补偿标准偏低，补偿资金不足，政府补偿比例过大，市场比例不足，政府补偿效率低等问题；应对海上突发重大污染事故应急预案还不够完善等，导致实施效果不佳，不能真正有效地解决现实环境问题。

因此，需要针对我国的环境公共问题，结合国内外环境保护发展趋势及政策工具的创新，调整与完善我国的环境保护政策体系，对有关社会主体参与环境影响评价、环境管理、清洁生产等方面的政策和法律规定进行修改与补充，增强其可操作性，对处理环境纠纷、排污收费、建设项目环境管理、排污许可证、环境目标责任制等环境政策进行调整与改进，加强其监控。

（二）环境政策执行中存在问题

在环境政策的执行实践中，因一些环境政策不能与当地的经济、社会与环境状况相结合，缺乏系统配套的实施细则及具体政策措施，一些地方政府从自身的局部利益与当前利益出发，对环境政策选择性执行，对一些收费类环境政策执行比较积极，但是对投入大、见效慢的环境保护政策只是象征性执行，导致一些环境政策的实施效果不尽如人意。

（三）我国的环境政策缺乏与国际社会的沟通及合作

随着经济全球化发展，水资源紧缺、生物多样性减少、碳排放量增加等跨国性环境问题日趋突出。环境问题跨越国界，其发生及处理机制都极为复杂，无论在时间、空间还是技术方面，仅凭一个国家难以治理，进行国际环境合作是环境问题治理的必由之路。要求国际社会加强环境合作政策协调，共同采取策略与措施来减少跨境公共环境问题。

然而，我国的环境政策尚缺乏与国际社会的稳定的沟通与协调机制，难以协同治理跨国的环境问题。只有加强政策合作与协调，才能寻找到有效保护和治理环境的方法。

（四）广西北部湾经济区生态环境面临威胁

我国改革开放后长期的经济高速发展所采取的是以大量消耗自然资源和粗放经营为特征的传统发展模式，广西的经济发展水平相对落后，在环境保护方面投入相对较低，北部湾产业结构中重化工型的产业比重大，仍然摆脱不了大量消耗自然资源和粗放经营这一特点，由于污染排放量不小，使北部湾经济区生态环境面临威胁。

北部湾海域拥有大量的海洋生物和珍贵稀有资源，经济价值和产量都很乐观。然而，目前我国北部湾经济区的造纸、石化、核电站及其配套企业等将不可避免地产生污染物。广西北部湾经济区环境污染防治与生态安全包括对陆源污染、船舶污染和养殖业污染等的控制与防治。因此，亟须采取适当的措施，有效控制沿岸的排污数量，不能让北部湾成为"垃圾桶"，影响北部湾的可持续发展。

第四节　广西北部湾经济区产业与环境政策创新策略

产业政策创新是广西北部湾经济区经济、科技与社会持续、协调发展的需要。通过产业政策创新，引导不同产业内部的资源分配过程，促进产业结构的优化，以经济、行政、法律等多种手段，引导或强制企业进行技术创新和产业调整，促进北部湾经济区产业合理布局，充分利用后发优势在更高的层次上推动产业体系的形成与优化，实现产业政策目标，从而带动整个区域的迅速发展。

一、产业政策创新原则

（一）符合区域与国家战略发展的双重需要

广西北部湾经济区有着独特的区位优势，是我国与东盟国家连接的重要通道，也是我国"海上丝绸之路"与中国—东盟自由贸易区建设的重点区域，对于国家实施区域发展总体战略和"一带一路"发展战略具有重要意义。但是其区位优势和资源禀赋能否真正转化为产业竞争优势和经济优势，取决于能否进行正确的产业定位、战略规划与资源整合。因此在制定广西北部湾经济区产业政策时，既要考虑北部湾与整个广西的区域发展需要，也要考虑我国"海上丝绸之路"与中国—东盟自由贸易区建设的需要。

（二）充分发挥市场调节与政府引导的双重作用

产业政策的基本宗旨是激发企业等市场主体的积极性，促进企业的适度合理竞争。[①] 因此，政府首先应遵循客观经济规律，充分发挥市场调节的作用。同时，要根据区域发展与环境的发展变化及特点，发挥政

---

① 蓝波. 浅谈广西北部湾经济区产业政策的思路 [J]. 市场论坛，2008 (3)：11–13.

府对产业发展的引导作用，政府的引导作用主要体现在：科学规划产业发展；引导重大产业与重大项目的合理布局，避免区域内产业低效率的同质化和重复建设；加快产业结构调整与优化；要做好产业发展的生态环境保护工作；加强人才培育力度，尤其是要重视高层次人才的引进与培养，以更好地为产业与区域经济发展服务。

（三）产业与自然、社会联动发展

产业的发展与自然、社会发展是一个联动的系统，因此，产业发展不仅局限在产品的生产、流通与消费环节，还应与自然、社会发展相协调与融合，才能实现经济与社会协调发展的目标，进而真正推动区域发展与社会进步。

在广西北部湾经济区发展初期，以"三低一高"地区（即地价低、劳动力价格低、原材料价格低和投资回报率高）作为吸引投资者的主要措施，重视成本收益分析，忽视对产业发展的成本和效能分析，也不利于产业结构的优化与升级。因此，广西北部湾经济区产业政策创新须遵循产业发展与环境保护并重的基本原则，以"预防为主，保护优先"为方针，注重环境和产业的协调发展，优先发展高附加值的、低能耗、无污染或低污染的项目，预防产业园区演变成所谓的"污染园区"。

北部湾经济区产业发展规划要从区域实际与特色出发，坚持产业发展规划、生态环境保护规划和土地资源保护的协调规划，从源头上防止生态环境破坏与盲目竞争和重复建设，逐步形成产业特色明显、优势互补的产业格局。

二、产业政策主体创新

（一）注重区域公共政策主体价值观的引导与重塑

区域公共政策价值观则对政策的制定与执行具有重要的导向功能。因此我们必须加强对区域内各类政策主体价值观的引导、规范，塑造责、权、利相平衡的政策价值观，加强区域各政策主体之间的沟通交流，努力达成区域共识的价值观。

（二）构建政府、专家与公众等不同主体之间良性互动的产业决策主体模式

区域产业政策主体创新首先需要有一个区域性行政机构的领导，才能对产业发展进行规划与管理，保证管理活动的有效性。在此基础上，产业政策过程中，应尽量吸纳多元主体的参与，促进政策制定主体的多元化，以保证政策的公平性，避免参与人员不足的局限性。地方政府要注重发挥主导作用，避免地方产业发展中的不当竞争行为与过度竞争等不良现象，要实施优势产业扶持政策，发挥重点产业和优势产业的带头和辐射作用。

同时，以协商、参与式民主理论为指导，鼓励社会组织等多元主体参与政策议程，畅通利益诉求渠道。改革开放以来，我国社会组织无论是在数量还是质量方面都取得了长足发展，并逐渐成为影响政策议程的一支重要力量。这也就意味着区域产业政策的制定必须充分重视以企业、公众、社会组织为代表的多元主体的利益诉求，尤其是要拓宽不同类型的企业参与产业发展与政策创新活动的渠道，不断提高产业政策调节机制的针对性，努力实现科学化、民主化决策。通过产业政策议程确立的内在创始模式向内在创始模式与外在创始模式并行发展转型，这不仅可以获得更多的创新源泉，也有利于消解产业政策冲突，减少产业政策执行的阻碍，进而更加有效地破解区域发展难题。

随着协商参与式民主理论与实践的发展，公众、专家在决策中的地位和作用受到前所未有的重视，专家咨询机构已形成一定的规模和层次，但缺乏总体的制度设计和协调，政府、企业、专家与公众三者之间的良性互动机制仍需健全，如何"开门决策"，借助专家和公众这些"外脑"的力量，还需从我国实际情况和广西区情出发，不断探索与创新，构建政府、专家与公众三者良性互动的产业决策模式。

三、产业政策内容创新

（一）产业结构政策创新

如前所述，原来的产业结构存在着产业选择比较单一、产业结构趋同、产业内主要比例关系不够协调、缺乏区域产业结构调整目标、缺乏

提高宏观总体效益的有效措施等问题。因此，应改变以往的政策导向和管理工具，进行产业结构政策的调整与创新，促进企业产品创新能力的提高与产品结构的优化，推动产业内主要比例关系的协调发展，从而促进产业发展方式的良性转变。

1. 完善产业政策导向机制，科学规划产业布局

要依据不同时期经济、技术、社会发展的特点，对主导产业进行及时定位与合理布局，并根据环境发展和战略地位的变化及时予以调整。

北部湾经济区必须科学合理选择优势产业，培育优势产业对北部湾经济发展的支撑作用①。以此为基础，积极投入国家"一带一路"发展战略的实施进程中，加强深化与"海上丝绸之路"沿线国家之间的产业合作。

产业集群的发展是提升区域经济核心竞争力的关键路径。因此，地方政府和区域层面公共政策机构应通过制定相关政策，构建与完善产业集群发展的区域公共政策体系，更好地规划、引导、激励和扶持产业集群的发展。广西北部湾经济区内的南宁、北海、钦州、防城港、玉林和崇左六市应通过产业政策的转型与创新，积极调整各自的主导产业、产业布局和产业发展方向，形成一批能体现地方特色和优势的、有竞争力的产业集群。

2. 以环境保护优先，扶持基础产业发展

北部湾经济区产业政策以环境保护优先，重点发展道路交通、港口等基础设施的建设，依托广西北部湾经济区的优势，体现"绿色发展"的产业发展趋势，发展最有优势、高附加值的产业，突出培育和壮大优势产业并促进产业结构的优化升级。

3. 加大以特色资源为基础的产业发展

广西北部湾经济区应依托已有的基础和资源优势，明确产业发展方向，重点加大特色资源为基础的产业发展。南宁应重点发展生物工程与制药、电子信息等高新技术产及其延伸产业；大力发展物流业、金融业

① 邹忠全．广西北部湾经济区建设优势产业集群的政策支持体系研究［J］．学术论坛，2012（3）：147－150．

和服务业等；北海、钦州、防城港的产业发展主要依托港口建设，大力发展石化、能源、造纸、船舶修造、海洋生物医药、海洋化工等临港产业。①

（二）产业发展政策创新

1. 促进区域产业发展政策与国家政策和发展战略的融合，发挥政策的综合效应

针对不同时期国家政策与发展战略的变化，把广西北部湾经济区发展规划建设政策与西部大开发政策、"一带一路"发展战略等开放开发政策相结合，积极争取国家和省部的政策与资金支持，创新扶持与优惠政策，及时调整与创新北部湾产业发展政策，发挥政策的综合效应，推进产业优化升级。

2. 加强产业投资"软环境"建设，加强园区建设规划

广西北部湾经济区应适应市场经济要求，以公共服务为导向，按国际惯例不断完善公共服务体系和相关政策措施，建立与完善管理体制和运行机制，为投资者提供完善、高效的公共服务。

科学合理地做好开发区、经济园区、工业园区的规划与管理，完善园区的配套政策与措施。根据广西北部湾经济区各市的优势和特点，对开发区、经济园区、工业园区的发展给予政策和资金等方面支持，重点支持优势和特色产业，充分发挥优势产业的延伸作用，推动产业结构的优化与升级，并促进优势与特色明显的产业发展格局的形成。

3. 建立支撑基础设施和重大产业发展的政策性金融支持制度

为了促进北部湾经济区经济社会的持续、健康、快速发展，国家层面和广西初步出台了支撑重大产业发展的政策性支持制度。为了加快北部湾经济区的发展，中央通过财政、税收政策和信贷政策等给予了有力的支持。

《广西北部湾经济区发展规划》实施以来，广西设立北部湾经济区重大产业发展专项资金，用于支持重点产业园区基础设施项目和重大产

153

---

① 李国淮等人课题组. 广西北部湾经济区开发建设的财政政策选择 ［J］. 广西财经学院学报，2008（4）：6－10.

业发展。并且，按照国家产业发展的需要，建立了北部湾产业投资基金。2014 年 12 月 30 日，重点支持广西"两区一带"产业发展的北部湾首只产业基金——北部湾产业投资基金正式启动。北部湾产业投资基金是由广西壮族自治区政府主导、国家发改委批准设立的第 22 只国家级大型产业投资基金，是广西区内首只产业基金，基金总规模 200 亿元。目前，基金委托于 2013 年 5 月成立的北部湾产业投资基金管理有限公司进行管理。当天，北部湾的首只西江经济带专用建设基金——广西西江长运投资基金和首只地市级产业基金——广西北部湾（防城港）产业投资基金也同时揭牌。① 北部湾产业投资基金为广西"两区一带"的建设提供了重要的金融支持。

4. 配套土地使用支持政策

北部湾经济区的产业发展的配套土地使用支持政策主要包括：一是按照产业项目的不同类型与投资额度，由不同行政层级政府优先调剂安排经济区用地指标；二是对重点规划与推进的重大基础设施和产业项目，可依法按照简化的修改程序对土地利用总体规划进行修改；② 三是创新耕地保护方式，对实施土地开发整理重大项目工程，通过新增耕地收购储备制度，为重大项目的建设的占用或补充耕地等方面提供便利与优惠。

国家对广西北部湾经济区的后续发展，应以产业政策为核心，重新考虑区域功能划分和重点产业定位，在产业优惠、土地、劳动力、能源等方面实行差异化的政策。例如，在广西北部湾经济区，对占用耕地、丘陵等不同性质的土地实行差异化的优惠政策；在安排重大产业项目布局等产业政策过程中，根据广西北部湾经济区内各地的特色、优势、区域功能划分重点产业，制定差异化的产业政策，诱导并推动产业高级化发展。

5. 为区域产业发展提供良好的行政与经济生态系统

一是为区域产业发展提供必要的基础设施、政府公共支出、税收等

---

① 覃世默. 广西北部湾产业投资基金启动支持"两区一带"产业发展［J/OL］. http://www. gov. cn/xinwen/2014 - 12/31/content_ 2798837. htm.

② 广西壮族自治区人民政府关于促进广西北部湾经济区开放开发的若干政策规定［EB/OL］. http://www. gxnews. com. cn/staticpages/20140115/newgx52d5c9ad - 9454773. shtml.

政策扶持。二是政府应将促进产业联系作为服务企业的重点，大力发展为企业服务的中介服务体系，为企业提供更好的信息服务。同时，加快建立社会诚信系统，营造自由、公平竞争的市场环境和创造支持企业创新发展的良好环境。三是建立产业筛选机制。按照区域内各地经济发展的现状和空间功能区划要求，建立项目筛选的资源利用和环境保护评价指标体系，严格限制高污染、高能耗、低效益项目的准入与建设。四是进一步完善工业园区发展考核评价体系。应改变以"GDP"为核心的政绩指标考核方法，强化公共服务、社会保障、就业、税收、公共安全、环境保护等社会指标，提供良好的行政生态系统。

（三）产业布局政策创新

1. 地方政府要根据国家的相关政策，统一规划工业园区的空间和产业布局

广西北部湾经济区工业园区应遵循"科学合理规划、环境保护先行、提升科技含量"的开发原则，学习先进的管理经验，建设管理商务服务区、先进制造业产业区、高新技术产业区、海滨休闲旅游区等若干主要功能区，积聚高层次人才、引进有国际影响的大企业和大项目，从而带动整个广西和北部湾地区的开放和发展。

（1）妥善解决重点园区开发建设的项目用地问题。在用地指标安排上，国土部门要优先保重点园区建设项目，采用"征转分离"等方式建立工业用地储备机制，加快推进各类征地报批和项目供地。同时，严格落实《工业项目建设用地控制指标》要求，对征而未建、多征少建的项目进行清理，对有土地无项目，或围地不用的企业坚决收回土地使用权。鼓励"零增地"投资，对企业"零增地"技改、"零增地"扩能、"零增地"增资并达到一定规模的给予奖励。同时，要重点解决好项目用地中土地出让金审办时限过长的问题。

（2）统筹推进工业园区建设，以产业集群促进工业园区发展。北部湾经济区应从园区产业特色定位出发，进一步加大规划引导和政策扶持力度，优化完善配套服务，促进工业园区向土地集约化、产业高端化方向发展。以产业升级为目标，围绕主导产业和特色优势产业，调整工业园区产业结构和产业布局，构建与完善促进产业集群发展的区域公共

政策体系，更好地规划、引导、激励和扶持产业集群的发展，延伸和完善重点产业链，力图打造一批能体现地方特色和优势的、有竞争力的产业集群。

（3）完善领导体制，创新管理体制机制，提高政府服务水平。继续实行领导挂点联系制度，建立重大项目推进会议制度，进一步完善项目"马上办理"联审联批制度，创新和完善园区管理机制，解决好市属园区与相关县（市、区）之间、园区发展与旧城区建设之间、园区与相关乡镇部门之间的管理机制，以及园区建设筹融资等方面的创新，努力破解土地、资金、规划、环评等难题。

2. 促进支柱产业结构的异质化布局与发展

产业结构趋同是区域产业发展中经常出现的一大难题。为此，应根据不同产业项目和不同技术等级标准制定差异化的产业准入政策，加强对区域内地方政府产业规划与布局实施情况的监控，追究相关违规行为的行政责任，促进支柱产业结构的异质化布局与发展。

（四）产业组织政策创新

广西北部湾经济区应根据国家法律与产业政策的基本精神，从北部湾区域实际出发，本着先易后难的原则分阶段地实施产业组织政策，从政策制定、评估、监督、实施手段等方面着手，制定更具有可操作性的区域产业组织政策及其实施细则，以提升其实施效果。

1. 疏通产业组织的传导机制，进一步推动产业的市场竞争

现行的产业组织政策侧重于简单促进产业的合理集中，忽视对市场竞争的促进，存在政府过度干预产业组织发展等现象，且产业组织的传导机制不够通畅，难以约束市场不正当竞争等失范行为。因此，当前北部湾经济区的产业组织政策应从调整企业规模结构等为主的政策重心转向疏通产业组织的传导机制，进一步推动产业的市场竞争。

一方面，产业组织政策应在发展企业自主创新能力，拓宽企业构建渠道，鼓励和扶持企业跨国并购等方面对大企业集团加以引导。制定与实施支柱产业组织协作化政策，包括战略联盟生产协作化和虚拟生产协作化。

另一方面，广西北部湾经济区产业组织政策应促进产业的有效竞

争。加强反不正当竞争政策和放松政府规制，扶持中小企业发展。对自然垄断产业要设立独立规制监管机构，加快自然垄断产业的市场结构重组和综合化规制。

2. 实施综合的产业政策，发挥产业政策各组成部分的系统联动效应

在坚持产业结构政策的核心作用的基础上，充分发挥产业组织政策的重要作用，提高产业组织政策的地位，加强产业结构政策、产业布局政策、产业技术政策、产业组织政策之间的联动效应，建立支柱产业与其他产业间相互促进的良性互动机制，促进产业组织的有效竞争，并推动支柱产业的发展。

四、产业政策运行流程创新

产业政策运行流程创新是产业政策创新的重要组成部分，在产业政策问题的界定、政策目标的设立、备选方案的比较与抉择、政策执行评估、政策调整与终结等各个子环节中，都可能进行调整与创新，以更好地解决区域产业发展中出现的新问题，从而提升区域产业的核心竞争力。

（一）产业政策议程设置模式的转型

广西北部湾经济区所需要实现的产业政策目标众多，总的任务是经济结构优化、经济与社会协调、优势产业发展与环境保护并重。这些目标的实现需要规范决策过程，推进公共决策的科学化与民主化来满足区域发展的需要。

1. 实施"开门"决策，建立政府主导、企业和社会组织参与的协商决策机制

科学合理的决策有赖于多元化的备选方案。目前，广西重大产业政策方案设计过程中，重大政策问题、政策方案虽然已经征求社会的建议，但仍存在信息不对称、企业、公众和社会组织等参与的广度和深度不足等方面问题。因此，政府相关管理部门应实施参与式民主，改变政策议程设置中的内在创始模型和"动员模型"为主的模式，增加"外在创始"模式，实施"开门"决策，建立政府主导、企业和社会组织参与的协商决策机制，为政策备选方案的择优奠定良好的基础。

同时，应依法行政，认真贯彻重大行政决策听证制度，对直接影响公共利益的重大公共决策问题，实行决策结果预公开制度。在产业政策方案制定、政策执行、政策调整与终结等过程中，都要调适不同利益相关者的矛盾。在涉及不同利益相关者的利益问题上寻求共识与一致，才能科学制定与有效实施产业政策，防止偏离政策目标。

2. 区域政府间应建立合作与协调机制，实现信息共享

为避免产业政策冲突并造成资源浪费，应开通广西北部湾经济区各城市的"政府热线"，使企业获得有针对性的建议。加强新闻媒体、期刊等的宣传力度，不仅要宣传北部湾经济区的实时动态，也要宣传政策的优惠和扶持项目，并开通市民交流的平台，使受众对政策的优劣给出切实的评价和建议，促进公共政策的推广，避免消耗有限资源的政策冲突。

3. 构建利益共享与补偿制度

随着区域合作的深入，地方政府之间的利益冲突不断显现，区域产业政策的有效执行离不开有关利益共享与补偿制度的整体性制度的构建。整体性制度安排主要包括以下几点：一是区域内产业调整中的利益分享与补偿。产业调整作为区域内公共事务管理的重要内容，直接对地方利益产生影响，同时也会与市场发生作用。北部湾经济区内各城市的区位优势是不同的，北海、防城港、钦州三市临海，拥有很好的海港优势；南宁属于首府城市，拥有政治优势和一些政策优惠；而崇左和玉林两市则优势不明显。且区域内有些地方属于生态保护区，禁止开发。拥有区位优势和政策优势的地区，自然所获的利益较高；反之，利益较少。在实际过程中，由于在不同地方之间存在发展机会不均等和经济实力不均衡，政策制定的出发点往往是从本地区实际情况出发，制定有利于自身的政策，而这往往是政策冲突产生的原因。这就需要一个利益补偿机制，来平衡发展过程中各方的利益所得，减少因利益争端而产生的政策冲突问题。二是建立利益表达和沟通渠道，构建区域间地方政府的利益协调机制。2009 年将北海、防城港、钦州三个港口统称为北部湾港，实现"三港合一"。"三港合一"之后，三市政府针对"三港"开发和管理的相关政策，有效地平衡三市之间的利益关系，避免由于利益

分配不均衡引发更大的矛盾与冲突。三是对区域内欠发达地区的统筹规划和主动推动。保障合作各方利益共享，才能提高区域内各主体的参与热情，进而有利于区域合作的深入开展。

4. 促进产业政策与空间发展政策的融合

空间是产业发展的载体，产业规划在某种程度上说就是空间发展规划。这种空间不仅是指地理空间，也包括文化空间。因此，产业政策应与空间发展政策相融合，有利于拓展产业发展的广度和深度，并推动区域产业创新。

（二）改进产业政策执行流程

而我国中央政策往往是原则性的概括，地方执行过程中追求公共政策的短期效益可能就会与中央政策的长远目标发生冲突。这种混乱状态表现为政出多门，政府机构之间执行行为互相冲突、难以协调，使得公共政策执行偏离原有目标，而最终导致公共政策的冲突。[①]

政策执行是检验政策有效与否的唯一途径。因此，产业政策的创新不仅体现在产业政策问题的认定与方案的比较、择优等政策制定环节，也体现在政策执行等环节。而政策执行是否有效受政策本身的质量、执行机构、目标群体、政策环境等因素的影响，因此，要优化产业政策执行流程，首先，提高产业政策本身的质量。产业政策的"广而全"并不意味产业政策本身的质量就高。产业政策的具体执行过程需要地方政府在出台相应的实施细则时，增强产业政策的针对性，提出区域产业政策的关键性指标和特色指标。其次，应完善产业政策执行的组织机构，提高政策执行人员素质。目前，产业政策执行的组织机构不够完善，产业政策执行过于依赖行政控制手段，经济和法律手段运用不足，如投资项目审批、产业结构指标、落后产能淘汰等，虽然短期效果明显，但仍难以有效调节企业利益与产业政策目标的冲突。同时，应提高政策执行人员素质。由于广西地处经济欠发达地区，教育水平比东部发达地区落后，政策执行人员的工作和再教育培训较少，整体素质偏低，可能导致政策执行人员对产业政策产生理解偏差，难以取得政策效果。再次，增

---

① 许妍洁. 当代中国公共政策冲突治理研究［D］. 南京师范大学硕士论文，2011.

加政策目标群体的针对性。根据政策客体的不同需求，分别采取不同的政策传播方式，注意公众回应性等方面的反馈，为政策调整与改进打下基础。最后，充分考虑政策环境。政府在制定政策时，只有不断适应变化着的环境，遵循自然发展规律和客观经济规律，才能保证政策的科学性与合理性。产业政策的制定应充分考虑北部湾经济区的地理和经济优势、人文条件等政策环境，才能有效提升产业政策执行的效果，推动区域优势和特色产业的发展。

（三）健全产业政策评估机制

政策评估有助于及时发现政策运行过程中存在的问题，也是决定政策去向的重要依据。因此，广西北部湾经济区产业政策调整与创新，需要健全产业政策评估机制。主要从以下方面着手：

一是建立长效的评估机制，避免评估工作的主观随意性；二是促进政策评估主体的多元化，扩大政策评估主体，吸收专家与学者、企业、公众和社会组织等社会多元主体的参与，由政府内部评估为主向第三方评估发展，推进政策评估的大众化、专业化；三是改进评估标准和方法，推进政策评估的制度化。在政策评估标准上，通过事实标准和价值标准等对产业政策评估，并注意政策评估标准的差异性与统一性的协调，根据北部湾经济区不同地区产业政策规划的不同目标设置，采用差异性的评估指标和评估方法。

（四）加强产业政策监控

广西北部湾经济区享有沿海开发政策、西部大开发政策等多种类型的产业优惠政策，但是政策执行效果远未达到政策预期目标，这与对产业政策执行绩效的监控重视不够密切相关。因此，广西北部湾经济区的政策主体应从产业政策过程、政策效果等方面加强对区域产业政策的监控。主要包括：了解企业等政策目标群体对产业政策的回应性；监控产业政策运行的效益、效率、效能；监控产业政策运行的合法性、公开性和适当性等，同时也分析一些政策工具失效的原因。

（五）遵循政策变迁规律，及时进行产业政策调整和废止

产业政策调整是指在对产业政策评估的基础上，对产业政策问题、政策目标、政策方案与目标之间的关系等方面进行的修正、补充

广西北部湾经济区政策创新研究

和发展的过程。其目的在于更好地达成预期的政策效果，从而更好地维护公众利益。政策调整是在原来的政策基础上对政策方案的局部修改、完善的过程。政策调整内容主要包括问题的重新界定、政策目标和方案的调整、政策对象的变化等方面。政策调整是一种人们在政策执行过程中发现问题并决定予以调整，从而提升政策绩效的有目的行为。

随着广西北部湾经济区产业结构的调整及国家"一带一路"等发展战略的实施，原有的一些产业政策出现了滞后现象，需要在产业结构、产业组织、产业布局等方面进行政策的转型与创新。通过政策调整与创新及时回应企业等不同目标群体对产业政策的新需求，并提供政策的效率，促进实现产业与社会的发展。

产业政策创新本身就是一个长期的、渐进式的探索过程。虽然《广西北部湾经济区发展规划》及《广西壮族自治区人民政府关于促进广西北部湾经济区开放开发的若干政策规定》等相关政策的实施，已经为广西北部湾经济区产业政策创新提供了一定的政策与制度支持，但是，随着"一带一路"等国家发展战略和广西"双核"驱动发展战略的实施，广西北部湾经济区相关政府部门要在对现有产业政策的运行效果的科学评估的基础上，及时调整或创新产业政策，将一些执行效果较好的优质政策及时转型为长效的制度性安排，或者将一些老化的政策废止，抑或进行一些局部的修改与完善。总之，通过政策调整或创新，实现政策的灵活性与制度稳定性的有效融合，促进产业政策系统的良性循环，以此来提升产业政策绩效。

五、产业环境保护政策创新

环境是人类社会物质生产与生活的最基本的条件，也是区域发展的重要保障，经济发展过程在一定意义上就是对环境的利用、加工和改造。《广西北部湾经济区发展规划》的实施，在给广西的经济与社会发展带来重要机遇的同时，也对环境保护提出了挑战，尤其是石化、造纸、钢铁、电厂等一批重大临海工业项目的实施，给环境保护造成了巨大压力。因此，如何根据广西新的区情，进行地方性环境保护政策的调整与创新，是广西面临的难题之一，也是实现北部湾可持续发展目标的重要保障。

（一）环境保护政策主体创新

1. 政策主体观念创新

（1）确立经济发展与环境保护并重的政策导向，预防为主、保护优先。广西北部湾经济区的深化发展过程中，广西须在国家环保局的指导下，做好广西北部湾经济区的规划环评，经济发展与环境保护并重，处理好经济发展与环境保护的关系。北部湾经济区要进行整体规划、合理布局，严格执行审批制度，不能盲目降低门槛进行招商引资，在经济发展中需要考虑环保成本，在推出各种优惠政策时必须严格执行环境准入政策，加强重大产业项目等的环境监管。

广西北部湾经济区相关管理部门应创新环保理念，坚持预防为主、保护优先。广西北部湾经济区的经济发展要以环境保护为前提，严格限制高污染、高排放、高消耗的产业进入广西北部湾经济区，严格控制被淘汰的产业或生产工艺和设备等转移到广西北部湾经济区，切实防止盲目投资和低水平重复建设，实现预防为主、保护优先，实现北部湾区域经济效益与生态保护和谐发展。

（2）坚持环境有偿使用原则，加强环境管理。广西北部湾经济区应以"环境有偿使用"为原则，收取相关环境保护费用或税收。为此，政府应加强对经济区的产业规划与调整，引导企业经济效益与环境保护并重发展，对工业污染进行预防与治理。在区域经济发展中，必须以科学发展、资源节约和环境友好为指导原则，确保预防为主、生态保护优先。

（3）污染防治政策应从以政府的行政法律等强制手段为主逐步向行政法律手段与市场调控手段相结合的方向转变。环境保护政策导向应由以行政管制为导向向以市场为导向调整，即在重点防治污染源的基础上，以行政管制为根本手段，灵活运用以市场为导向的环境管理政策工具等多元手段，从而更好地防治环境污染和生态破坏。

广西北部湾经济区发展势头强劲，有后发优势，需借鉴珠江三角洲和长江三角洲经济区发展的经验教训，尽量避免末端治理，从源头上进行预防。为此，应结合经济区发展的总体规划和经济与社会发展方向，进行合理产业布局，调整和优化产业结构，加强污染预防与治理。

2. 政策主体的结构创新

（1）决策前进行专家咨询。环境决策过程中，相关管理部门应注意听取专家的建议和政策利益相关者的意见，通过召开基层干部群众的座谈会等方式，听取产业项目所在地的群众意见，充分考虑经济区群众反映的有关企业生产污染环境等情况。①

（2）在政策制定中更加广泛地引入环境保护非政府组织的参与，实行"开门"决策。从国际上看，"自然之友"、"绿色和平组织"、"世界卫士"等著名的环境保护非政府组织，以及我国的"绿色家园志愿者"、"自然之友"、"北京地球村"等环境保护的非政府组织，在环境政策制定过程中，发挥着重要的决策咨询和参考作用，日益成为环境保护的重要主体。

随着大量环境公共问题的产生，政府单一组织无力解决，也不符合公共问题公共治理的世界趋势。在公共政策过程中，环境保护非政府组织对环境政策的影响已从提政策建议阶段发展到政策议程设置与政策制定、政策执行、政策调整等过程。在环境政策规划与制定过程中，政府广泛征求包括专家、环保非政府组织等"智库"的意见；在政策实施过程中，下放部分职权，将一些环保活动交由一些相对成熟的环保非政府组织实施，或者在政策实施过程中，发挥环保非政府组织的监督作用，督促政府部门提供政策实施的公正性与效率性。同时，在环境保护政策决策过程中，引入公众参与，推进环境保护决策的民主化与科学化。

（二）环境管理体制机制创新

1. 完善环境综合管理体制机制

广西可以建立一个广西北部湾经济区的环境保护工作领导小组，在遵循国家环保法律和政策基础上，不断完善环境综合管理体制机制，共同研究与协调北部湾环境保护工作，编制北部湾经济区的环境保护规划及相关配套政策，指导与监督广西北部湾经济区的环境保护工作。

①　广西人大常委会调研北部湾经济区资源环境保护情况［N］．广西日报，2010－8－3，中国人大网，www.npc.gov.cn.

同时，应变革环境产业的管理模式。环境产业管理模式大体上可以分为宏观、中观与微观三个不同层面，其中，宏观层面的环境产业管理主要是指政府层部门通过制定导向性的环境产业发展的战略和规划，引导环境产业的发展。中观层面的环境产业管理主要是指对政府和企业之间发挥桥梁作用的行业协会等中介组织在环保产业发展中的管理。主要内容包括，根据环境产业的特点，制定行规行约，组织行检评估等。微观层面的环境产业管理主要是指对企业等环境产业主体的管理，这是环境产业管理的基点。

因此，相关政府部门应明确其政策导向等职能，制定产业发展的战略规划与具体政策、措施，引导与支持行业协会的发展，而行业协会要加强同政府的联系以及加强与企业的合作。

2. 建立健全有效的生态补偿机制

广西已经开展了生态补偿机制的建立工作，应进一步探索与完善生态补偿机制和生态保护经济政策体系。利益补偿的标准应在政府宏观政策引导基础上，主要由市场确定，以发挥市场在环境保护与资源优化配置中的重要作用，以合理补偿利益受损方的合法利益。

广西北部湾经济区经济发展迅速，如何吸取一些发达地区"先发展后治理"的教训，是北部湾经济区发展的一项艰巨任务。因此，应以保护区域主导生态功能为目的，加强自然保护区和重要生态功能保护区的建设与管理。同时，必须把生态环境保护纳入区域发展战略规划，进行综合决策，将对生态环境破坏的"末端治理"变为"源头防治"，才能真正促进经济区的开发与生态保护。

3. 调整污染防治政策工具

排污收费制度等环境经济政策手段，对促进老污染源治理起到了一定的积极作用。但是，由于排污收费制度政策本身设计不够合理，在制度安排上也存在一些问题，导致政策执行偏差，政策执行结果不理想。因此，应进行环境经济政策和环境产业政策的转型与创新，减少对单一的收费型环境政策的依赖，尝试实施排污权交易制度，即交易的排污许可证，通过创建资源利用的产权交易市场来实现资源的优化配置。

以环境保护优先为原则，优化广西北部湾经济区产业结构，鼓励和扶植与环境保护相关的工业企业的发展，形成环境保护的产业基础。[①]

（三）改进环境保护政策运行流程

1. 保障公众对环境政策制定、执行与监控等过程的参与权

在北部湾经济区开发过程中要充分保障公众对环境政策制定、执行与监控等过程的参与权。在环境政策制定与执行过程中，应按照现实环境状况的变化以及公众合理的意见和建议，不断进行修改完善，增强政策的科学性，增进公众的认同感，进而提高政策的实施效果。

结合北部湾经济区临海城市较多的特点，尤其是要增加关于海洋保护的政策。2012 年 6 月 15 日，广西出台了《广西海洋事业发展规划纲要（2011 ~ 2015）》，从海洋资源开发和科学利用、海洋经济的统筹协调、海洋环境保护与生态建设等方面提出了广西"十二五"期间海洋事业发展的重大任务和保障措施，对进一步完善了北部湾经济区的环境保护政策体系，促进广西北部湾经济区开放开发和可持续发展具有非常重要的意义。北部湾经济区政府部门应通过制定环境保护战略规划，以及促进区域产业发展的环境经济政策，包括"推进'绿色信贷'与'绿色税制'、完善环保收费制度、建立健全排污权交易机制与生态补偿机制"[②] 等政策措施，引导区域产业的发展。

2. 改进环境保护政策执行流程

（1）制定具有针对性和区域特色的环境保护政策实施细则和方案。近年来，广西在遵循国家环境保护基本政策和战略规划，根据北部湾经济区经济、社会与环境等方面的实际情况，制定国家层面环境保护政策实施细则和方案，开展《广西北部湾经济区发展规划》、《广西沿海石油化工产业中长期发展规划》、《广西壮族自治区沿海港口布局规划》等列入国家试点规划和《广西北部湾港总体规划》等的环境影响评价工作，较为科学地确定了北部湾区域的环境容量和生态承载力[③]，规划环评初步划定了广西北部湾经济区环保"安全线"，并在此基础上提出

---

① 马慧玲．论我国环境保护政策体系的创新［J］．现代园艺，2012（16）：174.

② 姜妮．环境经济政策创新进入深水区［J］．环境经济，2012（10）：13 – 14.

③ 广西壮族自治区人民政府关于广西北部湾经济区资源环境保护意见和建议落实情况的函［EB/OL］．http：//www.fsou.com/html/text/lar/172797/17279724.html.

与之相适应的北部湾经济区发展目标、产业结构、工业布局以及环保管理对策等，为产业项目的引进以及污染的防治提供了相对科学的环保依据。

广西北部湾经济区环境状况不一样，且规划不同。因此，北部湾各市政府及环境保护机构应在贯彻执行"三同步"政策和"三统一"政策等我国环境基本政策等现有环境法律法规的基本框架内，在统筹兼顾的基础上，按照北部湾经济区不同类型区域的功能及其环境状况和产业结构的不同，以及经济、社会与环境等方面的实际，制定具有区域性和地方特点的法规与政策，进一步细化相关的配套实施细则使之更具有可操作性。

（2）加强对环境保护政策的宣传。通过举办世界环境日、环保宣传月等活动，多渠道、多形式地开展北部湾经济区环境保护的宣传教育，宣传内容包括北部湾经济区环保政策、环境保护直达举措及其成效与面临的问题等，积极营造参与型环境保护文化。同时，加强对地方政府领导干部环保系统人员的培训，培训内容包括生态文明示范区建设、污染减排、环境监察、环境监测、建设项目环境管理、电磁辐射管理、绿色系列创建等重点内容[①]，以提高其环保意识与能力。

3. 完善环境保护政策调整流程：跟踪监测环境保护政策实施，及时调整与完善

在广西北部湾经济区发展规划等环境影响评价制度等环境政策执行的过程中，应开展产业规划项目布局及其环境影响的监管工作，对产业项目及其环境风险防范等进行严格把关，出台相关配套环保措施，加强规划环评的跟踪管理，对可能产生重大环境影响的规划项目，应提出相应的环境管理措施和环境监测方案。

（四）加强生态环境保护的国际合作

随着世界经济的区域化与全球化趋势增强，环境问题日益成为具有跨域性、全球化的公共问题。但是，由于世界各国的环境保护措施和标

---

① 广西壮族自治区人民政府关于广西北部湾经济区资源环境保护意见和建议落实情况的函［EB/OL］. http://www.fsou.com/html/text/lar/172797/17279724.html.

准不同①，尤其是一些国家利用本国的环保政策来限制与他国的经济贸易与投资，致使因环境保护的问题引发的国际争端频发，亟须加强环境保护政策的国际协调与合作。

广西北部湾经济区与广东、海南沿海相连，与越南陆海相接，保护生态环境同样需要与周边地区和国家的合作。因此，北部湾经济区应适应国际形势发展的需要，在尊重主权和坚持国家环境保护政策方针的基础上，调整与创新环境保护国际合作的政策。

加强区域政府间和地方政府部门间的环境保护协作，环境保护协作内容主要包括：一是环境管理机制和环境管理措施的协调，协调解决跨地区、跨流域重大环境问题。例如应建立流域联防联治的水环境管理机制、各国企业参与到环境管理体系，共同编制流域水质保护规划等。二是具体环境领域的环境标准的协调。② 环境保护规划与标准等方面的协调应遵循循序渐进的原则。三是建立区域环境监测网络。四是建立联合研究机制。

只有加强环境协作与协调，环境保护和治理才可能取得好的效果，真正促进经济与环境保护的同步协调发展。

总之，广西北部湾经济区产业与经济发展必须以生态环境保护为前提，不能再模仿一些发达国家或我国一些沿海城市走"先污染，后治理"的老路。随着北部湾经济的快速发展，北部湾区域内的生态环境压力日益加大，北部湾经济区开放开发必须防止生态破坏。为了保护北部湾经济区的生态环境，在广西北部湾经济区经济开放开发过程中，还应结合广西地方经济、社会与环境发展的实际状况，尽快制定规范北部湾经济区生物、港口资源、海岸土地、能源、矿物等方面资源的相关规章制度与政策措施计划，并在国家行政监管基础上，建立与完善环境保护与生态建设的市场机制，采取排污收费与排污权交易等环境经济手段，加强对环境污染的监督管理。同时，通过政策调控，使北部湾经济区资源和产业的开发利用与经济社会相协调发展。

167

---

① 马向军. 我国环境保护政策效果评价［D］. 河海大学硕士学位论文，2007.
② 马慧玲. 论我国环境保护政策体系的创新［J］. 现代园艺，2012（16）：174.

结　语

从桂南沿海经济区规划的提出到广西北部湾经济区发展规划的颁布实施及修订，从少数民族自治区优惠政策的制定到西部大开发优惠政策的享有，具有独特区位优势的广西北部湾地区虽已经实现了快速发展，但远未达到政策预期的经济腾飞目标。在沿海其他地区的高速发展形成三大经济增长极的形势下，西部其他地区正抓住机遇加快发展，而对于具有多重优惠政策却处于发展困境的广西北部湾经济区来说，要实现经济区的发展必须变革以前那些已经失效的政策，在推进政策主体创新、政策工具创新和政策运行流程创新中提升区域竞争力。

影响广西北部湾经济区竞争优势提升的因素有很多，本书在立足现有制度条件下从国家战略、自治区发展政策、各市政策措施三个宏观层面提出提升该地区竞争优势的策略。首先，要实现政策主体的创新，在提升区域竞争优势时扮演具有建设性和行动性的角色，创造一个支持生产率提升的良好环境；其次，要对政府所采用的政策工具进行创新，包括广西北部湾地区人才政策、财税金融政策、产业政策和环境保护政策等方面的创新，用新的政策工具来进行区域治理，注重政策工具的效率。最后，要在政策运行的各个环节推进流程创新，改进政策的制定、执行与调整程序，让高效的政策运行与不断变化的竞争态势相适应。

同时，本书选择了广西北部湾地区人才政策、财税金融政策、产业政策和环境保护政策等重要政策，从政策主体、政策工具、政策运行流程等不同视角，深入探究其政策特色、成功经验及其存在的不足之处，进而该地区通过政策创新提出竞争优势的对策建议。主要观点是：要提升区域的竞争优势必须先要革新政策主体，为政策工具的创新创造前提。政策工具的创新是提升竞争优势最重要的途径，科学合理的政策工具要注重利用政府、市场和社会力量积聚各项竞争优势要素，实现要素间的互动。政策工具能否发挥效用取决于政策运行流程是否合理、规范，只有规范的政策运行流程才能保证出台高效的优质政策，并充分发挥优质政策在提升区域竞争优势中的作用。

广西北部湾经济区的发展不是短期内可以完成的事业，它需要来自政府、市场、社会多种力量的共同努力，也需要政府充分利用这些资源来实现政策目标。任何政策都必须在本地区的资源条件约束下进行，政策也不是万能的，合理确定政策边界，完善政策创新过程，努力营造有利于经济区快速发展的综合环境才是政府的根本之策。

本书只是在理论和实践上对经济区进行政策创新，以进一步提升区域竞争实力等问题，关于各层级的政府政策创新机制、操作模式和具体方法等，还有待于进一步研究与实践。随着经济体制改革和行政体制改革的推进，提升北部湾经济区的竞争优势，带动整个广西经济的发展，促进全国区域协调发展，这是一个永恒的主题，也相信该目标能在现实的发展探索中实现。

结 语

附录 1

广西北部湾经济区开发政策
供需状况调研报告①

一、调研基本情况

本项目组到广西北部湾经济区南宁、北海、钦州、防城港四市进行了调研，调研方式以实地参观、部门访谈、收集资料、问卷调查等多种方式分别对经济区四市的政府和企业开展调查。政府部门是当地市政府办、发展改革委员会、招商促进局、经济委员会、市北部湾办公室、市经济发展研究中心、政策研究室、工业园区管理委员会等主要涉及广西北部湾经济区开发政策制定与执行的相关单位；企业主要针对四市重要产业园区的单位，包括南宁市经济技术开发区、高新技术开发区，防城港东兴市边民互市贸易区、港口区渔州城工业园，北海工业园区、北海高新科技产业园、出口加工园区和钦州港经济技术开发区，共做访谈10次，发放问卷160份，回收145份，其中回收政府问卷65份，企业问卷80份，问卷有效回收率达到90.63%。

二、广西北部湾经济区开发政策供给现状分析

广西北部湾经济区自从2006年成立以来，自治区政府和各市制定了有利于经济区发展的多项政策，尤其是2008年国家批准实施《广西北部湾经济区发展规划》以来，国家层面的政策更加优惠，自治区政府

---

① 该报告系王天维主持的广西大学学生社会实践活动项目公共管理学院"广西北部湾经济区开发政策供需状况调查研究"的最终成果。

给予经济区开发的优惠政策更多，各地级市政府所采取的执行措施更加丰富，这些不同层次的政策构成了整个经济区开发政策的供给体系。

（一）政策种类丰富多彩

广西北部湾沿海地区一直具有众多的优惠政策，主要包括少数民族自治区政策、西部大开发政策、沿海开放城市优惠政策、承接产业转移优惠政策、边境贸易优惠政策等；自从广西北部湾经济区上升为国家战略之后，国家又提出要重点在综合配套改革、重大项目布局、保税物流体系、金融创新、开放合作五个方面给予经济区支持。目前国家已经在9个月内批准了钦州保税港区、凭祥综合保税区、南宁保税物流中心和北海出口加工区拓展保税物流功能，这些我国对外开放程度最高、运作机制最便捷、政策最优惠的特殊区域构成了中央给予广西最优惠政策的有机组成部分。除此之外，经济区还可以享受承接加工贸易产业转移的优惠政策。在自治区层面，2009年初发布了《关于促进广西北部湾经济区开放开发的若干政策规定》，其主要内容包括产业支持、财税支持、土地使用支持、金融支持、外经贸发展、人力资源和科技开发、优化投资环境等优惠政策。对那些享受国家西部大开发15%税率优惠政策的企业2008～2010年还可以再免征地方分享部分的所得税，实际只需缴纳9%的企业所得税。同时，经济区各市还制定了各项政策的具体执行措施，集中体现在该市的招商引资项目上。比如钦州市制定的《关于实施"千百亿产业崛起工程"的决定》，南宁市制定的各个工业园区和经济开发区的优惠政策。无论是从中央对地方的政策供给来看，还是从广西北部湾经济区自身来说，优惠政策的种类非常齐全。各项政策立足企业发展需要的各项条件，多层次、多方位地给经济区的发展营造优越的发展环境。

在影响企业发展的具体政策供给中，各市都尽量提供优质的服务。在行政许可政策方面，各地从市到县、区都建立了行政审批大厅，绝大多数产业园区管委会专门设立了招商服务机构，行政审批方式比较科学。在土地利用政策上，政府能够在企业所希望的地价或房租方面、使用税以及利用指标上尽量给予企业支持（见表1）。在金融服务领域，针对企业需要更多的金融服务主体和提供更多的信贷支持，四市都及时给予相应的帮助。在人力资源开发上，各地区主要注重给予更开放的人才准入门槛，在人才开发基金上进行多样化的投入。在环境保护领域，加强对环保执法的监督，提供相应的环保设施和技术。在市场培育上，努力维护本地的市场秩序，组织企业参加商品交易会和博览会，在外贸中发挥本地区接近东盟的市场优势，在基础设施建设上为企业提供良好的环境，同时争取降低或减免关税。

表1 企业土地政策需求与政府供给状况

土地政策要素	企业需求	政府的支持
地价或房租	46%	49%
土地使用税	33%	25%
土地利用指标	25%	21%

（二）政策手段各具特色

推进广西北部湾经济区的发展，中央从宏观的政策层面给予了较大的发展自由主动权。利用这些政策的关键在于经济区自身的执行，没有合理的政策手段将很难实现政策目标。经济区四市在政策执行手段上虽然各具有特色，但是总的方面还是具有很大一致性，其主要体现在将各个优惠政策充分运用到招商引资上。由于各个地区所处的具体环境存在差异，自然环境有所不同，各地政府按照《广西北部湾经济区发展规划》规划和建设产业园区，大力开展产业园区招商，实现集群发展。根据地区的不同，经济区目前呈现出两种招商引资状态，第一种就是防城港市的"选择服务型模式"。在广西北部湾经济区成为国家战略之后，防城港市在招商引资上具有明显的优势，该市成为众多投资者青睐的"洼地"。在众多投资者光顾的情况下，该市招商促进局基本没有外出招商的时间，其工作重点主要是开门迎商、选择项目和为投资者提供公共服务。项目的选择和管理是本地区政策的突出特点，积极引导企业向产业园区聚集，对环境污染严重、资源消耗过多的项目禁止进入，这是该地政策执行过程中的主要特征。

第二种方式就是"积极走出去"模式，作为沿海开放城市的北海市，其招商引资的重点是建设铁山港工业区，利用自身优越的自然环境为投资商营造良好的氛围。北海市具有两个功能组团的城市，北海组团

广西北部湾经济区政策创新研究

在招商引资中注重发挥自身旅游资源优势，重点发展电子信息、生物制药、海洋开发等高科技与出口加工业，有力地保护了本地区的环境；铁山港工业区利用自身邻近珠三角地区的优势，承接产业转移，发展临港型产业。钦州市充分利用钦州保税港区独特优惠政策的优势，提出了大港口、大工业、大发展的思路，大力挖掘港口优势资源，根据本地区重点发展的产业实行团队招商，全市共组织了 14 个专业招商服务团队，开展"点对点"定向招商，通过建立客商数据库做好客商服务工作。南宁市不断拓宽招商范围，在地域上重点组织做好承接东部沿海地区产业转移招商工作，此外加大"央企入邕"招商力度。通过开展各种形式的产业招商、产业链招商和专题招商活动。特殊而优惠的政策手段以及良好的区位优势使各市在招商引资中对外来企业充满"魅力"，东部沿海地区产业资本正加快向本地区转移。

（三）政策优势效应明显

政策能否产生效益，其关键体现在政策的供需状况上。项目是否进驻本地区，关键是看该地区能否提供该产业所需要的各种资源，自然资源、区位优势、政策环境、基础设施、劳动力、政府服务等是影响企业投资的重要因素，政府是否能够正确判断本地区的竞争优势和企业发展所需要的环境是实现政府有效为企业服务的前提。从调查结果来看，政府的判断和企业的想法存在较强的一致性。从表 2 可以看出，区位优势和政策环境是影响本地区企业投资的首要因素，其次是基础设施和生产要素，而劳动力的影响却比较弱，这与本地区目前的发展现实比较接近，本地区目前还处于资本积累阶段，所投资的项目对高端人才的需求量还不大。政策是否有效供给体现在本地区经济发展能否加速推进，其衡量指标是指经济区 GDP 总量、经济组长速度和发展效益等方面。2008 年广西北部湾经济区 GDP 达到 2219.7 亿元，比上年增长 15.5%，比广西高 2.7 个百分点，对广西 GDP 的贡献率达到 35.8%。2009 年上半年广西北部湾经济区 GDP 达 1117.59 亿元，比上年同期增长 16.3%，比全区高 2.8 个百分点，对全区 GDP 增长的贡献率达 37.7%。各个发展指标深刻说明国家政策的优势倾斜正成为引导北部湾经济发展的"杠杆"，政策优势效应正在逐步凸显。

表2　影响企业选择在该地投资的主要动力

主要动力因素	政府调查结果	企业调查结果
自然资源优势	41%	19%
良好区位优势	81%	56%
政策环境优惠	63%	31%
基础设施完善	44%	19%
劳动力廉价	39%	8%
政府热情支持	44%	13%

三、广西北部湾经济区开发政策供需矛盾分析

从静态上看，广西北部湾经济区所拥有的政策种类繁多，但是从运行过程上看能有效满足企业发展的政策还存在不足，其突出体现在部分政策的制定上没有充分了解企业的具体需求，政府支持与企业需求两者存在偏差；有些政策虽然比较优惠，但企业完全了解的并不多；政策执行手段单一，企业对优惠政策不信任。通过调查发现政策供需矛盾在政策执行中体现得比较突出，通过图1可以看出，许多企业对《广西北部湾经济区开放开发的若干政策规定》的优惠政策能否兑现还存在质疑，有大约62%的企业认为部分可以兑现，25%的企业对该政策还持观望态度，5%的企业认为该政策不可能兑现，这些说明了许多企业对本地区的政策执行情况并不乐观。经过调查发现经济区的主要政策执行还存在以下一些问题。

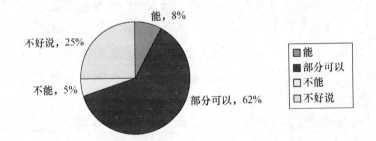

图1　企业对《广西北部湾经济区开放开发的若干政策规定》兑现的判定

（一）政策结构不够合理

影响区域发展的因素众多，这需要政府在制定和执行政策时能够灵活把握企业所需要的各项政策。从调查的结果看，政府的政策过多偏向税收政策优惠，并且结果也不是很理想。从图1可以看出，政府认为本地区的税收政策非常优惠，65%的政府工作人员认为本地区的税收政策比其他省市具有优势；而有37%的企业则认为没有其他省市优惠，29%的认为与其他省市差不多。这些数据表明通过税收优惠很难体现出政策优势。税收优惠政策是其他地区比较容易模仿的手段，目前国家已经对全国的税收标准逐渐进行统一，广西北部湾经济区的经济实力不足，仅仅通过税收政策难以支付高额的发展成本，并且在现实中还很难实现。许多投资者到本地投资之前一般不太关注优惠政策状况，关键是通过商业合作伙伴的交流来认识本地区企业的发展环境。吸引企业前来投资的因素并不是税收政策的优惠程度，关键是企业能否有长远发展的各种要素。企业之间相互沟通交流对地区引资很关键，企业在很大程度上并不是单纯地基于政府某方面的优惠政策考虑，对优惠政策能否实现，许多投资者还是通过现实的事例来做出判断。单一的税收优惠政策难以满足企业发展的需求，政府更应该从多方面努力为企业营造良好的环境。对于经济区的企业发展所需要的各项条件来说，58%的企业认为行政审批环境过多、手续复杂，在人才流动体系和生活设施的配套上还很需要完善，尤其是钦州和防城港市。在科技研发经费和科技信息上还有许多的企业需要提供支持，政府在基本环护设施的提供上还存在缺位。作为中国—东盟自由贸易区的"桥头堡"城区，经济区目前的交通物流措施还难以满足企业的发展需要，尤其是涉外部门的服务水平难以满足国际的交流，这些正构成目前经济区政策供给的薄弱环节，出现整个政策结构的不科学，影响区域经济实力的快速提升。

（二）政策执行所需资源欠缺

对经济区开发来说，优惠政策都是基于本地区的实际资源状况而制定，它不能单独发生效用，必须要与一定的资源相结合。政策资源在发挥政策效用中具有重要作用，常见的政策资源包括物质资源、组织资源、人力资源、信息资源等，而广西北部湾比较缺乏这些资源。基础设

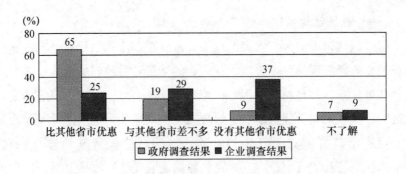

图 2   税收优惠政策比较示意图

施是区域发展的重要因素，交通条件是企业投资考虑的重点因素。北部湾沿海三市在铁路和港口上优势明显不足，由于沿海三地是地方铁路，运输成本明显高于国家级铁路，致使很多企业仍然选择从东盟地区运送货物时不经过本地的各个港口。调查中发现，众多投资者认为北部湾沿海的铁路和港口亟须改进，这两项基础设施建设直接影响到保税物流区优惠政策的实施，要使优惠政策具有实在意义，基础设施建设的提升是本地区必不可少的条件。

　　为了加快经济区的建设，各市都成立了众多的产业园区，并且各个园区有当地政府的派出机构——园区管理委员会。随着众多产业园区的建立，越来越庞大的行政机构在政策的执行上无形中增加了管理层级，这样的后果是增加了政策执行和协调的难度，影响政策执行的效率。从表 3 可以看出，经济区各种类别的产业园区是目前区域开发的载体，管委会是服务企业的最直接主体。由于开发区和当地政府在行政层级上存在同构现象，对一些涉及经济利益的事项容易出现多头管理、争权夺利的后果；而在那些需要成本的公共事务上，两者又出现缺位的现象，组织机构的协调性不强直接导致许多的政策难以贯彻落实，组织结构整合的不力将一直影响着经济区的开发进程。人力资源也是本地区发展存在的难题，目前本地区的高科技发展所需要的人才不足，信息设施的建设还难以满足企业发展的需求，这些都是影响本地区政策实施的重要因素。

表3　广西北部湾经济区设立管委会的部分产业园区一览表

行政区名	产业园区	备注
南宁市	南宁高新技术产业开发区、南宁经济技术开发区、中国—东盟经济园区、青秀山风景名胜旅游区、昆仑关风景区、相思湖新区、大明山风景旅游区	南宁高新技术产业开发区、南宁经济技术开发区、中国—东盟经济园区为国家级开发区
北海市	广西北海工业园区、高新技术产业园区、银滩国家旅游度假区、北海出口加工区、铁山港工业区	北海出口加工区为国家级开发区
钦州市	钦州港经济开发区、三娘湾旅游管理区、河东工业园区	—
防城港市	港口区工业园区、企沙工业区、东兴边境经济合作区、防城区工业园区	东兴边境经济合作区为国家级开发区

（三）政策宣传有效方式不足

政策能否有效让企业享受的前提是企业知道该项政策，在经济区目前的政策宣传体系中，宣传方式的科学性还比较缺乏，而最明显的是对重大政策不够了解。根据图3所示，经济区内目前还有27%的企业不了解《广西北部湾经济区开放开发的若干政策规定》，33%的企业只了解一些规定。这充分说明了目前的政策宣传还非常不到位。政策宣传方式不到位与所采取的宣传方式和手段紧密相关，从图4可以看出，政府采用的政策宣传方式和企业所期望的两者之间存在着差异，企业最希望通过媒体宣传和发送宣传资料来进行，而政府最常使用的是政府网络公布，再通过媒体宣传和发送宣传资料来进行，同时利用民间组织宣传也被企业看好。从该表格中可以看出，政府和企业都是分别从自身方便的角度来开展宣传活动，这种偏好导致了目前宣传效果不佳的后果。宣传方式的单一性最终结果是政府所制定的政策不能发挥效用，如果政府不能有效发现政策传播中存在的问题，单向输入很可能促使政府认为自身所制定的政策出现问题，不能从政策传播的双向模式中找到制约政策效用发挥的根本因素。从而陷入对优惠政策的错误归因，始终沉浸在优惠政策的依赖上。

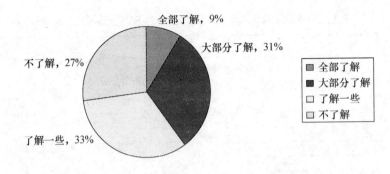

图3 企业对《广西北部湾经济区开放开发的若干政策规定》的知晓程度

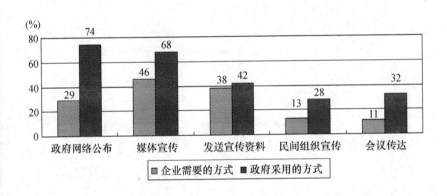

图4 政策宣传方式状况调查结果

四、改善政策供需状况的建议

(一) 推进政策主体结构优化

合理的政策主体是实现科学决策的前提，也是提高政策执行效率的保障，更是政策产生效用的宝贵资源。在当前形势下，重大政策的制定权力主要掌握在中央和省级部门，广西北部湾经济区的重大政策已经由中央通过《广西北部湾经济区发展规划》确定，而省级的政策制定权力主要掌握在广西北部湾经济区规划建设管理委员会。在政策的执行架构中，各地级市政府尤其是该市的北部湾办公室是主要的对口单位，并且在 2009 年上半年都已经成立了正式的机构。在涉及具体产业项目的落实上，各产业园区则是最终的载体，产业园区管理委员会在这个政策执行中发挥着基层政府的作用，但是其行政级别往往超越辖区基层政

府。这样架构的最终结果是政策执行中所需要协调和整合的事务众多，尤其是关于整个经济区的发展问题。从图5可以看出，目前经济区各市最需要上级支持的是给予该地区更多的协调，其次就是更大的自主权，最后才是区域发展的公平问题，这里深刻反映了公共权力政策主体机构在目前存在着机构繁多、运转不协调的现象。改变这种情况最主要的思路就是推进政府机构改革，理顺上下级之间在广西北部湾经济区开发中具体的管理权限，重点处理好各个职能部门间的关系。在调研中发现各市的北部湾设置存在不一样的现象，有些是发展改革委员会的一个部门，而有些地方又将其设置为市政府的派出机构。为了经济区发展更加协调，保证政策执行顺畅，很需要对这些设置进行论证并给予合理规范。规范各个政策执行主体关键是优化其组织结构，在自治区统一领导下，授予广西北部湾经济区规划建设管理委员会更大的协调职能，根据各地的实际划分好各个部门的权限和职能，处理好上下级之间、同级之间的关系，在区域开发事务中形成合力。

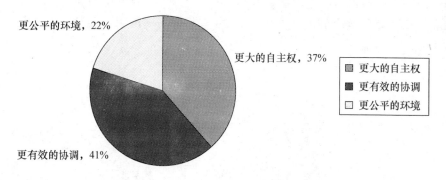

图5　经济区各市政府需要给予的支持需求

（二）实现公共决策民主化

公共决策是实现政策供需平衡的"杠杆"，合理的决策将及时解决区域发展中的难题。公共决策民主化首先就是要保障公众参与，尤其是本地区企业的参与，征求他们对决策的建议，有针对性地制定政策措施。政府在经济发展中主要是进行宏观管理，对企业予以法制监督，更多的是利用市场机制促进企业的发展。北部湾经济区建设最主要的任务是推进本地区工业化、城市化、信息化的进程，政府在产业发展中所担当引导者、协调者和监管者的角色。各地都在建立各种形式的招商引资产业基地，这些园区的建立有必要顺应市场规律，从图6可以看出，市场发育和政府引导建立起来的产业园区最能有效适合企业的发展，政府建立园区必须要按照市场规律来进行。建立一个产业园区必须要经过详细的论证，多加了解企业的需求，提高政府政策的回应性。

公共决策的民主化关键是在决策过程中发挥民间力量的作用，积极满足社会公众的知情权。其根本途径就是要及时将区域发展中出现的难点问题纳入政府的议事日程，给予民众提出问题的机会和平台；在具体的政策方案选择中公开向社会征求方案、发挥民智，这是弥补当前经济区政策智力资源不足的重要途径。在决策中采用听证会、民众听取政府决策过程等方式使决策过程透明，在政策执行中及时公布政策的执行状况，引导民众参与评价政策。民众的参与能够及时发现社会中所需要解决的问题，解决政府政策针对性不强、效益低下的困境。同时，适时回应社会需求，尤其是广大企业发展中的意见将能够使政府的政策更加丰富多彩，避免政策制定中的单向思维，丰富经济区的整个政策体系，优化整个政策体系结构。

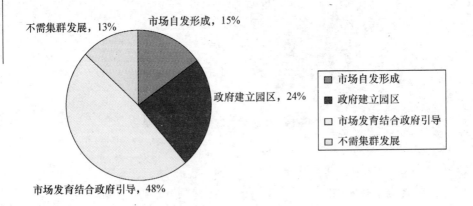

图6　经济区企业需要的产业集群类别

（三）创造性执行各种优惠政策

由于信息不对称以及人们认识的局限，上级的政策不可能非常具体，通常是给予了一些原则性的规定，留给了下级更多的"自由裁量权"。政策能否产生效益从很大程度上说在于下级的政策执行。广西北部湾经济区在政策执行中所面临的各种问题繁多，从图7可以看出，主要体现在政策的宣传、政策的反馈渠道、政策的透明度、政策执行监督以及政策的理解水平上。解决这些问题的关键就是要构建一个完整的政策执行系统，对政策执行主体来说，需要提高政策的理解水平，采用灵活多样的方式进行政策宣传，疏通政策传播渠道，在具体政策的宣传中注重双向互动，让更多的企业知道政府的政策，在政策执行中及时了解政策客体的反映情况，并增强政府的回应性。

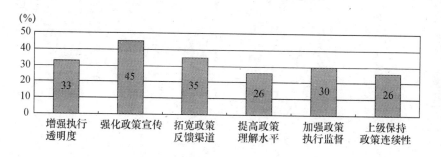

图7　经济区各市政策执行中面临的主要问题

政策与本地区的实际结合将保证优惠政策落到实处，很多的优惠政策其实不仅体现在政策文件上，还体现在政策执行过程中，通过高效的政策服务将扩散政策优惠效果，这在招商引资中最为突出，常见的以商招商就是通过良好的政策环境提升了政府的公信力，让政策客体感觉该地区的政策比较优越，而不是在进行政策概念炒作。广西北部湾优惠政策被众多传销人员利用，在很大程度上说就是很多人对政策的概念认识不清，仅仅从书面或静态来认识政策，其实这样的优势是难以体现的，政策的执行过程状态才是优惠政策最本质的体现。一直以来广西北部湾优惠政策难以发挥明显效用，这是出现该问题的重要原因。创造性执行政策就是要不断通过创新性的手段让客商、让民众看到这些实际的、明显的政策效应，在区域形象不断提升的过程中加快资金流、人才流、信息流流向本地区，从而形成区域发展的"洼地"。创造性执行优惠政策将保证政策的优势真正落实，最终将提升本地区公共政策的公信力，让更多的投资者感觉到该政策不是概念炒作，而是在具体的服务各个发展主体，实现政策供需的协调，达到区域开发的政策目标。

附录2:

广西北部湾经济区政府政策
供给状况调查问卷

（问卷编号：ZF01 _____）

尊敬的先生/女士:

　　您好！为了详细了解广西北部湾经济区政府政策供给现状，我们特意制定了本调查问卷。希望您能抽出时间来填写，本次调查仅作学术研究之用，我们将对调查内容严格保密，不对外公布和泄露相关信息，请放心填写。谢谢您的关心和支持！

广西大学公共管理学院研究生社会实践项目组

　　单位名称_____　　　　地址_____市_____县（市/区）_____镇（乡/街道）

　　填写说明：①填写本问卷约需 10 分钟，请您在认为正确的答案序号后画"√"；②除主观题外，所有题目请根据本地实际进行单项或多项选择。

　　1. 据您所知，本地企业选择在该地投资建厂的主要动力是_____（可多选）

　　A. 自然资源优势　　　　　　B. 良好的区位优势

　　C. 优惠政策和环境宽松　　　D. 基础设施等硬环境较完善

　　E. 该区具有廉价的劳动力　　F. 政府的热情支持

　　G. 其他（请注明）

　　2. 您认为本地区在下列基础设施中比较具有竞争力的是_____（可多选）

A. 公路　　　　　B. 铁路　　　　　C. 航空

D. 港口　　　　　E. 水　　　　　　F. 电力

G. 石油　　　　　H. 天然气　　　　I. 电信邮政设施

J. 网络设施　　　K. 其他（请注明）

3. 您认为本地区政府在行政许可审批过程中最突出的优点是_____

A. 行政审批的范围比较小　　　　B. 审批环节较少，手续简单

C. 行政审批方式科学　　　　　　D. 行政审批的效率较高

E. 审批程序合法简单

4. 您认为本地企业在用地政策方面比较满意的是_____

A. 地价较低　　　　B. 房租较低　　　　C. 土地使用税较低

D. 土地利用指标较多　E. 不了解　　　　F. 其他（请注明）

5. 您认为本地区给予企业融资方面的优惠政策是_____（可多选）

A. 逐渐培育更多的金融主体为企业服务

B. 放宽对民间融资的限制

C. 加强对金融机构的监管

D. 帮助企业加强信贷支持

6. 您认为本地政府在科技政策支持上比较受企业欢迎的方式是_____（可多选）

A. 提供科研经费　　　　　　B. 提供科研信息

C. 知识产权保护　　　　　　D. 建设科技利用平台

E. 科技产品市场开拓

7. 您认为本地人才政策在以下哪些方面具有突出优势_____（可多选）

A. 更开放的人才准入门槛

B. 更周全的人才流动服务体系

C. 更完善的生活配套政策

D. 更多样化的人才开发基金投入

E. 专项人才成就奖励政策

F. 其他（请注明）

8. 您认为所在地的现行税收优惠政策与其他省市相比_____

　A. 有一定吸引力　　　　　　　B. 与其他省市差不多

　C. 没有其他省市优惠　　　　　D. 不了解

9. 本地政府在帮助企业执行上级环保标准时提供的政策支持是_____（可多选）

　A. 建设更多的环保设施　　　　B. 在环保资金上提供支持

　C. 提供更多的环保技术支持　　D. 加强对环保执法的监督

　E. 其他（请注明）

10. 本地政府在企业开拓市场方面提供的帮助有_____（可多选）

　A. 维护市场秩序

　B. 改善交通条件

　C. 提供市场信息

　D. 组织企业参加商品交易会、博览会

　E. 建立与国内外企业合作的渠道

　F. 鼓励出口的优惠政策

　G. 扩大政府采购企业产品的比例

　H. 提供与市场开拓相关的咨询服务

　I. 其他（请注明）

11. 据您所知，本地政府在边贸或外贸方面给予企业的政策支持是_____（可多选）

　A. 降低或减免关税　　　　　　B. 完善交通物流

　C. 加强外贸人才培养　　　　　D. 提升涉外部门的服务

　E. 协调解决外贸纠纷　　　　　F. 其他（请注明）

12. 据您所知，本地政府在进行政策宣传时主要采取的形式是_____（可多选）

　A. 网络公布（各类政府网站）

　B. 媒体宣传（报纸杂志、专业期刊及电视媒体等）

　C. 政府部门印送宣传资料

　D. 利用行业协会等民间服务机构进行宣传

　E. 会议传达

F. 其他（请注明）

13. 如果上级发布的普通政策文件需要通过你们传达到企业，一般需要的时间是_____

A. 1~3 天　　　　　B. 5~7 天　　　　　C. 7~10 天

D. 10~15 天　　　　E. 16 天以上　　　　F. 很难说

14. 据您所知，本地企业目前对《广西北部湾经济区开放开发的若干政策规定》的知晓程度是_____

A. 全部了解　　　　B. 大部分了解　　　　C. 了解一些

D. 不了解

15. 您所在部门制定涉及企业的政策之前，向这些企业征求建议的情况是_____

A. 经常　　　　　　B. 偶尔　　　　　　C. 没有

如果选择 A 或 B，请问你们单位征求政策建议的方式_____（可多选）

A. 座谈会　　　　　B. 发放调查问卷　　　　C. 网络调查

D. 电话访谈　　　　E. 信函　　　　　　F. 其他（请注明）

16. 企业主动给你们部门提供一些政策建议的情形是_____

A. 较多　　　　　　B. 适中　　　　　　C. 较少

D. 没有

17. 据您所知，企业的意见对本地政府制定相应政策措施的影响_____

A. 影响很大，经常被采纳

B. 影响较小，偶尔采纳

C. 没有什么影响，缺乏参考价值

18. 您认为所在地政府执行上级政策时所面临的主要问题是_____

A. 增强政策执行过程的透明度

B. 强化政策的宣传力度

C. 拓宽政策效应的反馈渠道

D. 提高本地政府的政策理解水平

E. 加强对政策执行的合法性监督

F. 上级保持政策连续性

19. 据您所知，针对上级所制定的并影响到本地区企业利益的政策，本地政策执行部门会_____

A. 向上级请示，请求做出适当调整

B. 对政策变通执行，规避危害

C. 按照上级指示严格执行

D. 其他（请注明）

20. 您认为应该给予广西北部湾经济区四市基层政府在执行上级政策时的条件_____

A. 更大的自主权   B. 更有效的协调   C. 更公平的环境

21. 您对本地政府在制定与执行政策方面还有哪些建议？请简要说明。

问卷到此结束，再次感谢您的参与，祝愿您工作顺利、生活愉快！

附录3：

广西壮族自治区人民政府关于
促进广西北部湾经济区开放
开发的若干政策规定^①

(桂政发〔2008〕61号，广西壮族自治区人民政府 2008 年 12 月 29 日颁发)

总　则

第一条　为深入贯彻落实党中央、国务院关于加快广西北部湾经济区（以下简称"经济区"）开放开发的重大战略部署，按照把经济区建设成为带动西部大开发的新基地和重要国际区域经济合作区，成为我国沿海重要经济增长区域，成为广西科学发展的排头兵、率先发展的先行区、改革开放的试验区的目标要求，全面实施《广西北部湾经济区发展规划》，更多更好地吸引外部资源，加快培育壮大临港产业集群，拓展对内对外开放深度和广度，推动开放开发体制机制创新，促进经济区加快发展，特制定本规定。

第二条　除特殊说明外，本规定中经济区的范围，指《广西北部湾经济区发展规划》所确定的南宁、北海、钦州和防城港四市以及功能组团中涉及的凭祥和龙潭范围。

产业支持政策

第三条　支持重点产业发展。

---

① 中央政府门户网站．http：//www. gov. cn/gzdt/2009 - 01/07/content_ 1198775. htm.

（一）鼓励发展石油化工、林浆纸、钢铁、铝加工、轻工食品、修造船、集装箱制造、港口机械、海洋产业、生物及制药、电子信息、汽车配件、精细化工及其他配套或关联产业，现代农业，物流、商贸、金融、信息服务、会展、房地产、旅游、文化、广播电视、新闻出版、体育、卫生保健等现代服务业，构建特色鲜明、竞争力强、带动作用大的产业结构。按照统筹规划、先行发展、适度超前的原则，优先支持港口、公路、铁路、机场、水利、能源电力、信息等基础设施建设。

（二）凡属经济区重点发展的产业和基础设施项目，优先列入自治区国民经济和社会发展总体规划、专项规划和区域规划，优先列入自治区统筹推进的重大项目计划，优先列入申报借用国际金融组织和外国政府贷款项目国家规划，对符合使用政府性资金的项目，优先列入申报中央预算内（国债）投资项目年度计划，优先列入自治区财政预算内投资项目年度投资计划，优先列入自治区前期工作计划，并在前期工作经费方面给予支持。

第四条 设立重大产业项目政府奖励资金。2009～2012年内，自治区本级财政每年安排一定的资金对落户经济区的重大产业发展项目给予项目业主及招商引资者一次性奖励。

第五条 为建设区域性物流基地创造条件。

（一）对纳入自治区层面统筹推进的物流业重大项目，用电、用水价格参照工业园区和相关政策执行，报建费、配套费可按各地、城市建设重点工程项目减免政策的规定收取，电价、水价经报批后按普通工业使用价格给予支持。

（二）对进出钦州、北海、防城港三个港口和东兴、友谊关口岸、凭祥铁路口岸的国际标准集装箱（20尺箱、40尺箱）运输车辆减半收取车辆通行费。

（三）凡在经济区登记注册的半挂车，核载吨位超过20吨的，超出部分减半计征养路费，并按核减后的养路费征费吨位大小享受全年按7～8.5个月包缴交通规费的优惠；其中对2008年内新入户和外省转入车辆，按65%～80%的比例征收交通规费。牵引车全年按9个月包缴优惠。如国家制定出台新的公路养路费减免优惠政策，从其规定。

第六条　支持产业园区建设。通过整合财政资金不断加大对产业园区的投入，创新产业园区建设的投融资机制，自治区安排的产业园区专项资金重点支持经济区产业园区加快发展，强化产业园区项目承载能力和服务能力，推动工业集中布局、集聚增长、集约发展。

第七条　围绕功能组团引导产业布局。规划建设南宁、钦（州）防（城港）、北海、铁山港（龙潭）、东兴（凭祥）5 大功能组团，鼓励符合 5 大功能组团产业发展方向的重点产业项目进入组团发展，并在项目报批、土地供应等方面给予倾斜支持。

第八条　严格限制高污染、高排放、高消耗的产业进入。加强企业绿色化生产行为的引导和控制，大力推广节能、节水、节地、节材，促进节能减排和资源高效利用，积极推行清洁生产和发展循环经济，鼓励生态园区建设，保护生态空间。强化通过整体规划与调整，实施工业污染集中治理和高标准排放。

财税支持政策

第九条　实行税收优惠。

（一）自 2008 年 1 月 1 日起至 2010 年 12 月 31 日，经济区内享受国家西部大开发 15% 税率以及"两免三减半"中减半征收期税收优惠政策的企业，除国家限制和禁止的企业外，免征属于地方部分的企业所得税。

（二）自 2008 年 1 月 1 日起至 2012 年 12 月 31 日，经济区内经批准实行减按 15% 税率征收企业所得税的高新技术企业，享受国家减半征收税收优惠政策的软件及集成电路生产企业其减半征收部分，均免征属于地方分享部分的企业所得税。

（三）2008 年 1 月 1 日至 2012 年 12 月 31 日期间，经济区新办的石油化工、林浆纸、冶金、电子信息工业企业，除国家限制和禁止的项目外，自项目取得第一笔生产经营收入起，第一年免征属于地方分享部分的企业所得税，随后年度减半征收。

（四）从 2008 年 1 月 1 日起至 2012 年 12 月 31 日，经济区内石油化工、林浆纸、冶金、轻工食品、高新技术、海洋等工业企业，以及物

190

流业、金融业、信息服务业、会展业、旅游业、文化业、广播电视、新闻出版、体育、卫生等服务企业，免征自用土地的城镇土地使用税和自用房产的房产税或城市房地产税。

（五）经济区内经批准开山填海整治的土地和改造的废弃土地，从使用的月份起免征城镇土地使用税 5 年，第 6 年至第 10 年减半征收。

第十条　加大财政支持力度。

（一）2009～2012 年四年内，以 2008 年经济区的城市维护建设税专项上解为基数，每年安排一定资金专项用于经济区市政公用基础设施建设与维修，并逐年有所增长。

（二）2009～2012 年四年内，以 2008 年沿海三市上缴自治区的海域使用金为基数，每年安排一定资金用于支持自治区重点推进的重大项目用海建设。

（三）2008～2012 年五年内，自治区本级每年安排十亿元广西北部湾经济区重大产业发展专项资金，并列入年度预算，重点用于支持经济区重点产业园区及其相关基础设施建设。

（四）自治区财政预算安排的经济和社会事业发展资金，各部门在分配时要重点投向经济区并优先考虑重大产业、重大基础设施和重大社会公益设施项目。

（五）对投资开发建设和经营旅游景区及配套设施的外商投资企业，除享受相关的税收优惠政策外，对符合国家和自治区产业政策，实际到位资金在 1 亿元人民币以上的旅游开发建设项目，所在地政府可以给予贷款贴息或以奖代补扶持。

第十一条　建立和壮大投融资平台支持重大基础设施建设。通过资本金注入、优质资产划入等壮大自治区级投融资公司的资金规模，运用财政手段支持构建自治区政府信用平台。将沿海三市"四税"自治区分享部分增量全额注入自治区北部湾开发投融资平台公司的政策延期至2012 年，用于支持重大基础设施建设。

第十二条　对进入保税港区的生产经营性企业给予适当的财税扶持。

191

土地使用支持政策

第十三条 优先调剂安排经济区用地指标。

（一）凡符合国家产业政策、环保要求和供地政策的自治区重点产业项目，优先列入土地利用年度计划，自治区统筹安排用地指标。

（二）凡投资1亿元以上、每亩投资强度500万元以上的项目用地所需的新增建设用地指标，由自治区统一安排，不占用各市的用地指标。

（三）凡列入自治区统筹推进的重大项目，使用林地定额指标由自治区林业主管部门单列安排。

（四）优先确保经济区工业原料林采伐指标，经营者种植的工业原料林，其主伐年龄和皆伐面积由经营者自主确定。工业原料林造林规模达2万亩以上，且开展森林资源二类调查的经营者，可单独编制年森林采伐限额。

（五）由自治区统筹推进的重点项目，因征占用林地所缴纳的森林植被恢复费，可拨出50%专项用于项目建设区绿化地植树造林。

第十四条 依法修改土地利用总体规划。凡纳入自治区经济社会发展规划和广西北部湾经济区发展规划以及自治区统筹推进的重大基础设施和产业项目，其用地确需修改土地利用总体规划的，在不涉及占用基本农田、符合城市（镇）总体规划的前提下，可依法对土地利用总体规划进行修改。

第十五条 简化土地利用总体规划修改程序。依法应由设区的市人民政府批准土地利用总体规划修改方案的，由市人民政府批准后报批用地；依法应由自治区人民政府批准土地利用总体规划修改方案的，其规划修改方案在用地报批时（包括单独选址和批次用地）一并上报审批。

第十六条 创新耕地保护方式。

（一）实施土地开发整理重大项目工程，为经济区建设提供足够的新增耕地指标。自治区本级建立新增耕地收购储备制度，建设单位不能自行补充耕地的，按照自治区有关规定缴纳耕地开垦费后，由自治区调剂落实补充耕地任务。

（二）建设用地单位以"先补后占"方式占用和补充耕地的，补充的耕地数量和质量经自治区验收确认后，准予免交耕地开垦费。对因建设占用耕地又不能自行补充的，按自治区规定标准缴纳耕地开垦费。

金融支持政策

第十七条　支持金融主体建设。大力培育发展地方法人金融机构，支持经济区内银行、证券、保险、期货分支机构实施升格或增加设置。深入实施"引金入桂"战略，鼓励和促进更多境内外金融机构到经济区设立分支机构，建设南宁金融机构集聚区。加强小额贷款公司试点工作，并在此基础上深入推进小额贷款公司的发展，拓宽小企业和小额农业融资渠道。在金融机构总部及相关机构设置上给予土地、财税等方面的支持。

第十八条　加强信贷支持。把经济区作为信贷投放的重点区域，在信贷增量中保持一定比例用于支持经济区重点产业发展和基础设施建设。加强金融产品创新，简化贷款手续，灵活调剂支农及中小金融机构专项再贷款、再贴现限额，合理投放再贷款、再贴现，支持经济区中小企业、"三农"等弱势经济组织和产业的发展。

第十九条　支持中小企业担保机构发展。在经济区注册登记，并从事中小企业担保的信用担保机构，经自治区中小企业信用担保主管部门审核，税务主管部门批准后，免征三年属于地方分享部分的企业所得税。

第二十条　拓宽融资渠道。推动发展非金融企业债券融资工具，积极协助经济区企业获得非金融企业债务融资工具的注册和发行，鼓励和扶持符合条件的企业利用上市以及发行短期融资券、中期票据、企业债、公司债等直接融资方式筹集资金，争取国家支持在经济区设立产业投资基金、创业风险投资基金，通过多种渠道扩大直接融资规模。建立股权登记制度，适当开展股权质押贷款。

第二十一条　加强金融便利化建设。

（一）提供快捷的人民币银行结算账户行政许可服务，完善边贸结算服务，支持票据、银行卡等非现金支付工具的推广，建设安全高效的本、外币支付清算系统，加快北部湾地区资金周转速度；大力培育和发展外汇市场，扩大外汇市场交易主体，丰富外汇市场交易品种。

（二）改进管理方式，简化审核手续，利用先进技术手段，促进贸易和投资便利化；改变外商直接投资外汇管理方式，实现 IC 卡电子化服务。

第二十二条　营造良好的金融生态环境。进一步加快社会信用体系建设，全面改善经济区的信用环境，打造"诚信北部湾"。切实加强金融监管，提高风险防控能力，把经济区建设成为金融安全区。

外经贸发展政策

第二十三条　鼓励外来投资。

（一）放宽外资企业经营范围，允许企业跨行业经营。简化外商投资企业审批手续。对涉及前置审批事项多、投资金额大、建设周期长、需要较长筹建过程项目的前期工作提供便利，经投资主管部门预核准，商务部门核发"公司筹建"外商投资企业批准证书。

（二）支持企业进入保税港区、综合保税区、出口加工区、保税物流园区等海关特殊监管区发展，实行国家规定的相关优惠政策，特别是在土地使用、税收、项目前期工作等方面予以支持。

第二十四条　促进加工贸易企业发展。

（一）外贸发展资金重点向加工贸易企业倾斜，对新设立在经济区的加工贸易企业在形成生产能力并实现加工贸易出口后，按实际到位资金给予一次性补助，补助比例控制在 0.5% 以内。

（二）凡在经济区内专为加工贸易企业进行直接产业配套且产业配套率达 60% 的新办企业，均视同转移企业，享受与加工贸易转移企业同等的资金扶持。有关企业的资格认证由自治区商务部门负责。

（三）鼓励加工贸易企业开展出口信用保险业务，为加工贸易企业提供支持。对符合条件的加工贸易企业实行加工贸易联网监管，取消纸本手册，不实行银行保证金台账制度。

（四）外经贸发展资金重点支持出口企业发展国际商标品牌，对出口龙头企业优先推荐申报驰名商标或认定为著名商标。

广西北部湾经济区政策创新研究

第二十五条　鼓励企业走出去。围绕建立重要国际区域经济合作区的目标，支持企业开展面向东盟的对外投资、开发资源、境外承包工程、劳务合作和咨询设计等业务。

第二十六条　促进通关便利化。

（一）加强口岸基础设施建设和电子口岸建设，促进通关信息共享和大通关制度建设。实行"全天候、无假日"值班和24小时预约通关制度，实施"属地申报、口岸验放"通关监管模式，建立和推广信誉审单，实施口岸与海关特殊监管区之间"一次申报，一次查验"快速直通模式，全面推广预审价、预归类、联网报关、网上支付制度。

（二）将重点项目、重点发展企业纳入"海关客户协调员制度"。对有特殊需求的企业及进出口货物实行上门监管、区外监管等便利措施。对AA类企业实施担保验放、优先办理货物申报、查验和放行等便捷通关措施。

（三）实施检验检疫直通放行制度，对年进口总额150万美元以上的诚信管理A类企业和分类管理一类企业实施直通放行的便捷检验检疫通关措施。

（四）为旅行团等大型出入境团队提供预检预录服务，在海港口岸推行船舶入出境网上预报检系统，推行边民自助查验系统和探索试行边贸车辆自助通关系统。在常态下，口岸出入境人员免于填报《出入境检疫健康申明卡》。

人力资源和科技开发政策

第二十七条　实施人才强区战略。建立区域性人才开发合作机制，多渠道、多形式、多层次引进急需紧缺人才，面向区内外公开选拔领导干部，公开招聘企业经营管理人才和专业技术人才，加强与国家有关部门、东部发达地区干部交流。加快产业人才小高地建设步伐，打造各类高层次人才聚集平台，为海内外人才智力在经济区创业创新发展创造条件。聘请两院院士、国内外著名专家、学者以及区内专家组成顾问团，为经济区发展提供智力支撑。

第二十八条　创新人才培养引进和使用机制。

（一）创新人才培养机制。以经济区重点产业发展所需人才为重点，实施领军人才和高层次紧缺人才培养工程。建立开放式教育培训机制，每年选派具有发展潜力和科技带头作用的学术、技术带头人，到国内著名大学、科研机构接受专门培训和开展项目合作研究。积极推进中国－东盟区域性人才资源开发合作培训试点，重点吸引国内外著名培训机构到经济区合作建立培训基地，不断提升人才教育培训的层次。深入实施专业技术人才知识更新工程，以培养高层次创新型专业技术人才为重点，开展大规模的继续教育活动。积极扶持经济区内产业工人本地化培训工作。

（二）实施柔性引进人才政策。对经济区发展所需要的高层次人才和紧缺人才，对不转户口、不转关系、以柔性流动方式到经济区工作且符合条件的人员，均可办理广西壮族自治区人才居住证，并在职称评审（考试）、人才奖励、科技成果转化、社会保险、公积金缴存、子女入托入学、购房购车等方面，享受当地户籍人才的同等待遇。

（三）试行公务员聘任制度。在部分专业性强、任务集中、不涉及国家秘密的工作岗位中聘用专业技术人才，实行合同制和协议工资制，聘用期间履行公务员职责。

（四）实行专才特聘制度。高薪聘请重点产业、重大项目、科研机构和大专院校等急需的高层次人才，其薪酬、职务、职称按特聘岗位确定。事业单位吸纳特聘专才不受编制限制。

（五）建立经济区编制调剂制度。通过调剂，拿出一定数量的行政、事业编制，用于经济区党政机关、事业单位吸纳高层次人才。

（六）创新职称政策。根据经济区急需紧缺人才的专业特点，在国家政策框架内，对引进的高层次急需紧缺人才、到经济区创办高新技术企业或带科技成果为企业技术创新服务取得良好效益、作出突出贡献的专业技术人员，在职称申报评审、专业技术资格考试、资格重新确认、专业技术职务聘任等方面提供倾斜性支持，打破单位、身份和地域界限，放宽学历资历要求，鼓励破格申报评审；对经济区内事业单位岗位设置管理中专业技术岗位的设置比例，实行倾斜性支持。

（七）鼓励和支持科技人员、大中专毕业生、留学回国人员以及拥有资金、技术、管理等生产要素的各类人员在经济区开办经济实体和个体工商户发展民营经济。留学回国人员持有的中国护照可作为投资主体资格证明。

（八）鼓励和支持国内外科研机构、高等院校和企业投资创办或与区内企业联办科研机构，聚集各类专业技术人才，提高科技开发和自主创新能力，为北部湾经济区开放开发和产业发展提供科技支撑。

第二十九条 为外籍有关来华人员提供入境居留便利。对需多次临时入境的外籍高科技人才、高层次管理人才、执行政府间无偿援助协议人员和投资者，根据实际需要发给有效期一至五年的多次入境有效"F"签证，对需在华长住外国人，可发给一年以上最长不超过五年居留许可。对在经济区内直接投资数额达 50 万美元的外国籍投资者和高层管理人员，对经济区建设有重大突出贡献或国家特别需要的外国籍人才，其本人及配偶和未满十八周岁的未婚子女，经报公安部批准同意可授予外国人永久居留资格。

第三十条 完善就业服务和劳动保障体系。加快经济区劳动保障信息化建设，完善人力资源市场信息服务体系，为经济区用工企业和求职人员及时提供"一条龙"就业服务。加强金融支持就业工作力度，构建"小额贷款＋创业培训＋信用社区建设"的长效联动机制，充分发挥劳动密集型小企业对就业再就业的辐射带动作用，推动创业促就业。建立劳务合作用工协调机制，有计划有组织地向经济区输送各类劳务人员。大力发展职业教育和职业培训，提高劳动者技能。指导和帮助经济区用人单位依法规范劳动用工管理，构建和谐的劳动关系。对符合当地政府接收条件的外来务工人员随迁子女入学、入托享受当地学生同等待遇。建立覆盖经济区城乡劳动者的养老保险体系，实现失业等社会保险的市级统筹。

优化投资环境政策

第三十一条 下放项目审批权限。凡属地方政府投资主管部门核准的企业投资项目，除国家明确规定由省级投资主管部门核准和跨设区市的项目外，全部授权或委托经济区各市、县人民政府投资主管部门办理。

第三十二条 放宽企业登记条件。

（一）支持符合条件的企业申请不含行政区划的企业名称。在经济区内，凡企业经济活动性质分别属于国民经济行业3个以上大类、注册资本达到5000万元人民币以上，与同一工商行政管理机关核准或者登记注册的企业名称中字号不相同的，企业名称可以使用"发展"、"实业"等不明确表述行业的用语或省略行业用语。经国务院批准在经济区设立的企业，可申请冠以"中国"、"中华"、"全国"、"国家"等字样的名称。

（二）集团母公司注册资本在3000万元人民币以上、具有3个以上控股或参股子公司、母子公司注册资本合计5000万元人民币以上的，可成立企业集团。其中，私人投资并控股的企业组建集团的，其母公司注册资本放宽到500万元人民币，母公司和子公司注册资本总额放宽到1000万元人民币。

（三）各级政府确定的招商引资重大项目的申请登记事项，材料齐全、符合法定形式的，当场予以受理；自准予登记之日起，5个工作日内核发营业执照。

（四）对企业申请登记的项目涉及前置审批而暂时无法提交许可证书或批准文件的，除涉及国家安全、公民人身安全、影响生态与环境以及国家严格控制的项目外，可先办理注册登记，确认主体资格，在执照经营范围中注明"筹建"字样，明确"筹建"有效期限。允许经济区县（市、区）工商局依法委托工商所办理涉及前置审批的个体工商户登记。

第三十三条 减免相关收费。

（一）除国家有关法律法规已有明确规定及中央管理的行政事业性收费项目外，对自治区管理的行政事业性收费项目中属于市、县收入的收费，经济区各市、县有权实行减免。经营服务性收费项目按照最低收费标准执行。

（二）对农民专业合作社免收登记注册费和工本费，对农民季节性从事农产品流通中介服务和经纪活动的，免收工商行政管理各项规费。

第三十四条　放宽户口准入条件。

（一）对在城市或城镇通过购买、赠与、继承、自建等途径获得具有产权住房（含银行按揭的商品住房）及具有大学本科以上学历、中级以上职称或高级职业资格以上的各种专业人才和当地经济社会发展所需特殊人才、特殊技能人员，其本人、配偶及直系亲属，可在住房所在地或工作所在地登记常住户口。

（二）凡外来投资者到经济区投资或兴办实业达到一定规模以及投资兴办私营企业、集体企业，拥有固定生产经营场所的，其投资者、业主及所聘用一定期限的管理、专业技术人员均可在企业所在地落户。

（三）外商、华侨、港澳台同胞在城镇投资、兴办实业达到一定规模的可安排其一定数量的国内亲属在城市落户。

（四）与用人单位签订劳动合同或租赁房屋一定期限的外来务工人员可在务工所在地城市落户。

（五）上述户籍准入具体标准由各市人民政府制定，报自治区人民政府备案。

第三十五条　创造亲商、安商、护商的投资环境。保护投资者权益，加强政府外资投诉中心建设，严肃查处失职、渎职、腐败行为。

附录4：

广西壮族自治区人民政府关于
促进广西北部湾经济区开放
开发的若干政策规定^①

（桂政发〔2014〕5号，广西壮族自治区人民政府2014年1月13日颁发）

总　则

第一条　为深入贯彻落实党中央、国务院关于加快广西北部湾经济区（以下简称经济区）开放开发的重大战略部署，按照把广西建设成为我国西南、中南地区开放发展新的战略支点的要求，进一步实施《广西北部湾经济区发展规划》，更多更好地吸引外部资源，加快培育壮大产业集群，拓展对内对外开放合作深度和广度，推动开放开发体制机制创新，促进经济区加快发展，积极参与和服务21世纪"海上丝绸之路"和中国—东盟自由贸易区升级版建设，特制定本政策。

第二条　本政策中的经济区范围是指南宁、北海、防城港、钦州、玉林和崇左6市所辖行政区范围。

产业发展支持政策

第三条　加快发展石油天然气、石化化工、钢铁、信息、汽车、船舶及海洋工程装备、电力、纺织、建材、医药、机械、航空航天、有色

---

① http：//www.gxnews.com.cn/staticpages/20140115/newgx52d5c9ad - 9454773 - 1.shtml.

金属新材料、林浆纸、食品等产业；积极发展节能环保、先进装备制造、新材料、新能源、生物医药、海洋产业、新能源汽车、新一代信息技术等新兴产业；大力发展现代物流、金融、科技、商务、会展、商贸、航运服务、旅游、文化等现代服务业。

第四条　围绕经济区产业布局和发展需要，按照统筹规划、先行发展、适度超前的原则，优先支持港口、公路、铁路、机场、城市轨道交通、水利、信息、口岸等关键基础设施建设。

第五条　凡属经济区重点发展的产业及其配套的基础设施项目，优先列入自治区国民经济和社会发展总体规划、专项规划和区域规划，优先列入自治区统筹推进的重大项目计划，优先列入申报国际金融组织和外国政府贷款项目国家规划。其中，对符合使用政府性资金的项目，优先列入申报中央预算内（国债）投资项目年度计划，优先列入自治区财政预算内投资项目年度投资计划，优先列入自治区前期工作计划，并在前期工作经费方面给予支持。

第六条　实行产业发展税收优惠。

（一）新办的享受国家西部大开发减按 15% 税率征收企业所得税的企业，免征属于地方分享部分的企业所得税。

（二）新认定的减按 10% 税率征收企业所得税的国家规划布局内重点软件企业和集成电路设计企业，新办的实行减按 15% 税率征收企业所得税的高新技术企业、享受国家减半征收税收优惠政策的软件及集成电路设计和生产企业，均免征属于地方分享部分的企业所得税。

（三）新办的符合本政策第三条规定的国家鼓励类工业企业，其主营业务收入占总收入 50% 以上的，自项目取得第一笔生产经营收入所属纳税年度起，第 1 年至第 5 年免征属于地方分享部分的企业所得税，第 6 年至第 7 年减半征收。

（四）新办的以本政策第三条规定的国家鼓励类产业为主营业务，且主营业务收入占总收入 50% 以上的企业，免征企业自用土地的城镇土地使用税和自用房产的房产税。

（五）新办的从事国家非限制和禁止行业的小型微利企业，从开办之日所属纳税年度起，免征 5 年属于地方分享部分的企业所得税。

（六）对企业从事符合条件的公共污水处理、公共垃圾处理、沼气综合开发利用、节能减排技术改造、海水淡化等环境保护、节能节水项目，在享受国家企业所得税减半征收期，免征属于地方分享部分的企业所得税。

（七）经济区内经批准开山填海整治的土地和改造的废弃土地，从使用之月起免征城镇土地使用税 5 年，第 6 年至第 10 年减半征收。

第七条 加大财政支持力度。

（一）自治区本级每年安排不低于 13 亿元的广西北部湾经济区重大产业发展专项资金，并列入年度预算，用于支持经济区重点产业园区及重点产业等发展。

（二）以 2008 年经济区的城市维护建设税专项上解为基数，每年安排一定资金专项用于经济区市政公用基础设施建设与维护，并逐年有所增长。

（三）自治区财政预算安排的经济和社会事业发展资金，各部门在分配时重点投向经济区并优先考虑重大产业、重大基础设施和重大社会公益设施项目。

（四）对重点产业园区引进世界 500 强企业、中国 500 强企业，且企业在园区投资项目符合国家产业政策、投资规模超过 5 亿元，在 2 年内建成投产的，可由所在地政府对园区和企业分别给予一定奖励。世界 500 强企业的认定以引进年度上一年美国《财富》杂志评选公布的"全球最大 500 家公司"为准，中国企业 500 强以引进年度上一年由中国企业联合会、中国企业家协会向社会公布的企业排名为准。

（五）对于重点产业园区农用地转为建设用地所缴纳的新增建设用地土地有偿使用费，按有关规定以项目形式重点支持园区建设。

第八条 鼓励发展总部经济。

（一）对新注册设立或从广西区外迁入的企业总部或地区总部经认定后，自取得第一笔生产经营收入所属纳税年度起，第 1 年至第 2 年免征属于地方分享部分的企业所得税，第 3 年至第 5 年减半征收。

（二）对经认定的企业总部，根据其对地方经济社会发展贡献情况，给予一定研发补助。补助资金由自治区政府与所在地政府分别承担 50%。

第九条 简化外商投资企业审批手续,对涉及前置审批事项多、投资金额大、建设周期长、需要较长筹建过程项目的前期工作提供便利,经投资主管部门预核准,商务部门核发"公司筹建"外商投资企业批准证书。

第十条 促进加工贸易企业发展。

(一)对新设立的加工贸易企业在形成生产能力并开展加工贸易业务后,符合有关条件的,按实际到位资金给予一次性补助,补助比例控制在 0.5% 以内。

(二)凡在经济区内专为加工贸易企业进行直接产业配套且产业配套率达 60% 的新办企业,均视同转移企业,享受与加工贸易转移企业同等的资金扶持。有关企业的资格认证由自治区商务部门负责。

(三)对符合条件的加工贸易企业实行加工贸易联网监管,取消纸本手册,不实行银行保证金台账制度。

(四)支持经济区外贸企业开展自主品牌建设,在境外注册商标,利用出口信用保险拓展新兴市场。

第十一条 严格限制高耗能、高排放的产业进入。加强企业绿色化生产行为的引导和控制,促进节能减排和资源高效利用,积极推行清洁生产和发展循环经济,鼓励生态园区建设,保护生态空间。强化通过整体规划与调整,实施工业污染集中治理和高标准排放。

港口物流支持政策

第十二条 支持北部湾港口建设。

(一)鼓励国内外大型码头营运商、航运企业、现代物流企业到经济区开展业务,支持各类资本参与北部湾港开发建设。

(二)在港口及周边区域的规划建设中,优先保障港口后方和集疏运通道用地,严格控制邻近港区和规划港区后方土地的用途和功能,主要用于与港航产业相关的配套产业,不能用于商业性房地产开发。

第十三条 支持港口航运发展。

(一)对已稳定运行 1 年以上,且开行 45 航次/年以上的外贸集装箱直航航线，视其使用船型、航线密度、运营箱量等情况，每年给予80~120万元的补助。补助资金由自治区政府和港口所在地政府分别承担50%。

（二）鼓励新开辟通往东盟国家及其他国家的外贸班轮直航航线。对于新开行且开行率不低于80%的集装箱周班航线，视其使用船型、航线密度、运营箱量等情况连续3年给予相应补助，第1年每条航线补助200~400万元，后2年补助额按20%比例逐年递减。随后年度按本条第（一）款标准执行。补助资金由自治区政府和港口所在地政府分别承担50%。

（三）对承揽自治区以外、经北部湾港进出的海铁联运集装箱业务的货代公司给予补助。当年集装箱量比上年实际增长部分按200元/标箱给予补助，当年完成的存量部分按50元/标箱给予补助。对新开通北部湾港集装箱"五定"班列的运营商给予适当补助。补助资金由自治区政府和港口所在地政府分别承担50%。

（四）对自治区内生产贸易企业适箱外贸货物通过北部湾港进出的，当年集装箱量（重箱）比上年实际增长部分，给予生产贸易企业100元/标箱的补助。补助资金由自治区政府和港口所在地政府分别承担50%。

（五）对在北部湾港内开展集装箱"穿梭巴士"业务且正常营运一年以上的运营商，自治区每年给予适当补助。

（六）对在经济区注册的航运企业，自有并经营的运力规模首次达到10万载重吨及以上的，给予一次性奖励200万元；对运力规模超过10万载重吨的，每增加5万载重吨再奖励100万元。对同一企业奖励总金额最高不超过500万元。

（七）对在经济区内注册，从事国际航运业务的航运企业，以及从事国际航运保险业务的保险企业，视其业务开展情况给予一定奖励。

第十四条　支持物流业发展。

（一）对进出北部湾港和东兴、友谊关口岸，凭祥铁路口岸的国际标准集装箱（20尺箱、40尺箱）运输车辆减半收取车辆通行费。

（二）对国际道路客货运输车辆，按其实际燃油费的50%给予补助,同一条线路连续补助3年。补助资金由自治区政府和客货运班线始发地政府各承担50%。

(三)对纳入自治区层面统筹推进的物流业重大项目,用电、用水价格参照工业园区和相关政策执行,报建费、配套费可按各地、城市建设重点工程项目减免政策的规定收取,电价、水价经报批后按普通工业使用价格给予支持。

(四)对新设立的大型仓储类物流企业以及大型分拨、配送、采购、包装类物流企业,其主营业务占总收入50%以上的,自取得第一笔经营收入所属纳税年度起,第1年至第2年免征属于地方分享部分的企业所得税,第3年至第5年减半征收。

(五)对新设立的大型专业物流服务类企业、从事货物运输的大型专业运输企业,其主营业务占总收入50%以上,自取得第一笔经营收入所属纳税年度起,3年减半征收属于地方分享部分的企业所得税。

(六)对新设立的大型专业运输企业、大型仓储企业发生的运输、仓储专用设备设施固定资产投资贷款利息给予20%的补贴,累计补贴金额不超过100万元。补贴资金由自治区政府和所在地政府分别承担50%。

第十五条 促进通关便利化。

(一)加强口岸基础设施和电子口岸建设,促进通关信息共享和大通关制度。在口岸及海关特殊监管区所在地海关实行7×24小时预约通关制度,全面推进分类通关改革,建立和实施差别化审单,推行通关作业无纸化改革,扩大"属地申报、口岸验放"通关模式适用范围,简化转关运输申报程序。实施口岸与海关特殊监管区之间"一次申报,一次查验"快速直通模式,全面推广预审价、预归类、原产地预确定、联网报关、海关税费电子支付。

(二)将在海关注册的AA类企业和需要重点支持的A类生产型企业纳入"海关企业协调员制度"。对于地方政府认定的骨干企业、总部经济企业及其他需扶持的A类以下企业(不含A类),由地方政府和海关培育为A类以上企业后可纳入"海关企业协调员制度"。对特殊进出口货物开辟"绿色通道"、专门窗口办理通关手续。对AA类企业实施优先办理货物申报、查验和放行以及担保验放、上门监管等便捷通关措施。

（三）对 AA 级企业优先报检、优先检验检疫放行并降低抽检比例；对诚信度高、质量稳定、进出口低风险产品的企业实施直通放行制度；推进实施"风险评估、集中审单、自动处理"的通关作业方式，提高通关效率。

金融发展支持政策

第十六条 支持金融主体建设。大力培育发展地方法人金融机构，支持经济区内银行、证券、保险、期货、交易场所、基金行业、资产（资本）管理机构等分支机构实施升格或增加设置。深入实施"引金入桂"战略，鼓励和促进更多境内外金融机构到经济区设立分支机构，建设南宁金融机构集聚区。加快发展小额贷款公司，鼓励民间资金为中小微企业和"三农"服务，拓宽中小微企业和"三农"融资渠道。

第十七条 鼓励和支持符合条件的企业发行企业债券、短期融资券、中期票据；鼓励和支持符合条件的企业通过资本市场融资。鼓励企业采取产业链企业互保、股权、商标专用权、订单、原材料、库存商品、应收账款、专利等灵活有效的抵押担保方式。积极推广进出口押汇、仓单质押、海外代付、汇利达业务等贸易融资和出口退税账户托管贷款业务。

第十八条 鼓励金融机构在经济区设立总部和分支机构。

（一）对新设立或新迁入的金融机构，根据机构类型、组织形式和注册资本情况，自治区财政给予一次性补助，补助最高不超过 1000 万元。

（二）新设立或新迁入的金融机构总部、新设立或新改制的金融子公司，其应缴纳的行政事业性收费属于地方政府审批权限范围内的部分，第 1 年至第 2 年免征，第 3 年至第 5 年减半征收。

第十九条 鼓励金融机构支持小微企业发展，对给经济区符合条件的小微企业发放贷款的金融机构，以其上一年度对小微企业贷款平均余额为基数，按本年度小微企业贷款平均余额新增部分给予 0.6% 的风险补偿。

第二十条 支持中小微企业担保机构发展。

（一）在经济区新注册登记并从事中小微企业担保的信用担保机构，经自治区中小微企业主管部门审核，自取得第一笔生产经营收入所属纳税年度起，免征3年属于地方分享部分的企业所得税。

（二）给予为中小微企业提供银行贷款融资担保的担保机构风险补偿，对其上年结转的中小微企业融资在保责任额，按其年平均融资担保责任额的4‰给予担保风险补偿（单个机构获得的补偿额最高不超过300万元）；对当年新增符合条件的中小微企业融资担保责任额，按其年平均融资担保责任额的2‰给予担保风险补偿。

用地用海支持政策

第二十一条 优先调剂安排经济区用地指标。

（一）凡符合国家产业政策、环保要求和供地政策的自治区层面统筹推进重大产业项目，优先列入土地利用年度计划，由自治区统筹安排用地指标。

（二）凡投资2亿元以上、每亩投资强度500万元以上的自治区层面统筹推进重大项目用地所需的新增建设用地指标，由自治区统一安排，不占用各市的用地指标。

（三）凡列入自治区层面统筹推进的重大项目，使用林地定额指标由自治区林业主管部门单列安排。

（四）优先确保经济区工业原料林采伐指标，经营者种植的工业原料林，其主伐年龄和皆伐面积由经营者自主确定。工业原料林造林规模达2万亩以上，且开展森林资源二类调查的经营者，可单独编制年森林采伐限额。

第二十二条 实施优惠地价。

（一）经济区重点产业园区内的重大工业项目使用未利用地的，工业用地出让金最低标准可区别情况按《全国工业用地出让最低价标准》的10%～50%执行。

（二）对于经济区优先发展产业且用地集约的工业项目，以及以农、林、牧、渔业产品初加工为主的工业项目，可按不低于所在地土地等别相对应《全国工业用地出让最低价标准》的70%确定土地出让底价。其他工业用地项目，在不低于国家统一规定工业用地出让最低价标准的前提下，可适当调低出让底价。

（三）对重点开发的北部湾港公共码头项目以及港口、物流项目建设地，除符合《划拨用地目录》的项目可以划拨方式使用的以外，其余建设用地土地出让金按出让地块所在地基准地价的70%执行。

第二十三条 创新用地用海审批制度。

（一）经济区除南宁中心城区外，其他在符合土地利用总体规划情况下，可按农用地征转分离的有关政策报批。

（二）凡列入自治区层面统筹推进的重大项目，其用地报批开辟"绿色通道"，在受理土地报批申请后15个工作日内，由自治区相关部门集中进行"一站式"联合审批。

（三）经济区内区域建设用海规划经国家海洋局批准后，由市、县人民政府统一组织整体实施围填海活动，或委托相关单位整体实施围填海活动。

第二十四条 依法修改土地利用总体规划。凡纳入自治区经济社会发展规划和广西北部湾经济区发展规划以及自治区层面统筹推进的重大基础设施和产业项目，其用地确需修改土地利用总体规划的，可依法对土地利用总体规划进行修改。

第二十五条 简化土地利用总体规划修改程序。依法应由设区的市政府批准土地利用总体规划修改方案的，由设区的市政府批准后报批用地；依法应由自治区政府批准土地利用总体规划修改方案的，其规划修改方案在用地报批时（包括单独选址和批次用地）一并上报审批。

第二十六条 创新耕地保护方式。

（一）实施土地开发整理重大项目工程，为经济区建设提供足够的新增耕地指标。自治区本级建立新增耕地收购储备制度，建设单位不能自行补充耕地的，按照自治区有关规定缴纳耕地开垦费后，由自治区调剂落实补充耕地任务。

（二）建设用地单位以"先补后占"方式占用和补充耕地的，补充的耕地数量和质量经自治区验收确认后，准予免交耕地开垦费。对因建设占用耕地又不能自行补充的，按自治区规定标准缴纳耕地开垦费。

（三）建立建设用地耕地占用和储备指标有偿交易制度。

投资环境优化政策

第二十七条　加快推进经济区内国家和自治区级重点园区改革创新，充分赋予园区开发建设自主权。

第二十八条　下放项目审批权限。凡属地方政府投资主管部门核准的企业投资项目，除国家和自治区明确规定由省级投资主管部门核准和跨设区市的项目外，原则上下放到项目所在地市、县（区）投资主管部门核准；由自治区环保行政主管部门审批的建设项目环境影响登记表下放到设区市环保行政主管部门审批。对新设立企业所涉及的各项前置审批，原则上将前置审批下放到市、县（区）。

第二十九条　提高行政审批效率。按照"牵头受理、报送相关、并联审批、限时办结、加强监督"的原则，实行项目并联审批制；大力推行网上审批。

第三十条　推进工商注册制度便利化。

（一）加快开展商事登记制度改革。削减资质认定项目，由先证后照改为先照后证，把注册资本实缴登记制度改为认缴登记制。放宽企业名称使用限制，放宽企业住所使用证明限制，放宽企业经营范围核定条件，放宽企业登记手续和程序，放宽外商投资企业主体限制；下放内资公司登记管辖权限，下放个人独资企业、合伙企业登记权限。

（二）各级政府确定的招商引资重大项目的申请登记事项，材料齐全、符合法定形式的，当场予以受理；自准予登记之日起，5个工作日内核发营业执照。

（三）对当地政府认定的、符合国家产业政策的重点项目建设，因筹建时间长、暂时无法取得企业登记前置审批文件、证件的，根据当地政府有关文件或纪要，可核发限定有效期和经营范围的营业执照。

第三十一条　除国家有关法律法规已有明确规定及中央管理的行政事业性收费项目外，对自治区管理的行政事业性收费项目中属于市、县收入的收费，由经济区各市、县依法实行减免。经营服务性收费项目按照最低收费标准执行。

人力资源支持政策

第三十二条 实施人才强区战略，创建北部湾经济区人才人事改革试验区，加快产业人才小高地建设。

第三十三条 创新人才培养引进和使用机制。

（一）建立人才激励机制。对经各地认定的高层次管理和技术领军人才，由所在地政府给予住房和生活补助；其子女就学享受与当地居民子女同等待遇，当地教育行政部门负责为其办理入学手续。

（二）实施柔性引进人才政策。对经济区发展所需要的高层次人才和紧缺人才，对不转户口、不转关系、以柔性流动方式到经济区工作且符合条件的人员，均可办理广西壮族自治区人才居住证，并在职称评审（考试）、人才奖励、科技成果转化、社会保险、公积金缴存、子女入托入学、购房购车等方面，享受当地户籍人才的同等待遇。留学回国人员持有的中国护照可作为投资主体资格证明。

（三）实行公务员聘任制度。在部分专业性强、任务集中、不涉及国家秘密的工作岗位中聘用专业技术人才，实行合同制和协议工资制，聘用期间履行公务员职责。

广西北部湾经济区政策创新研究

210

（四）实行专才特聘制度。高薪聘请重点产业、重大项目、科研机构和大专院校等急需的高层次人才，其薪酬、职务、职称按特聘岗位确定。事业单位吸纳特聘专才不受编制限制。

（五）建立经济区编制调剂制度。通过调剂，拿出一定数量的行政、事业编制，用于经济区党政机关、事业单位吸纳高层次人才。

（六）创新职称政策。对引进的高层次急需紧缺人才，在职称申报评审、专业技术资格考试、资格重新确认、专业技术职务聘任等方面提供倾斜性支持，打破单位、身份和地域界限，放宽学历资历要求，鼓励破格申报评审；对经济区内事业单位岗位设置管理中专业技术岗位的设置比例，实行倾斜性支持。

第三十四条 为外籍有关来华人员提供入境居留便利。对需多次临时入境的外籍高科技人才、高层次管理人才、执行政府间无偿援助协议人员和投资者，根据实际需要发给有效期 1 至 5 年的多次入境有效"F"签证，对需在华长住外国人，可发给 1 年以上最长不超过 5 年居留许可。对在经济区内直接投资数额达 50 万美元的外国籍投资者和高层管理人员，对经济区建设有重大突出贡献或国家特别需要的外国籍人才，其本人及配偶和未满十八周岁的未婚子女，经报公安部批准同意可授予外国人永久居留资格。

第三十五条　对符合当地政府接收条件的外来务工人员随迁子女入学、入托享受当地学生同等待遇。实行社会保障"一卡通"及就业信息资源共享，建立覆盖经济区城乡劳动者的社会保障体系。

第三十六条　放宽户口准入条件。

（一）对在城市或城镇通过购买、赠与、继承、自建等途径获得具有产权住房（含银行按揭的商品住房）及具有大学本科以上学历、中级以上职称或高级职业资格以上的各种专业人才和当地经济社会发展所需特殊人才、特殊技能人员，其本人、配偶及直系亲属，可在住房所在地或工作所在地登记常住户口。

（二）凡外来投资者到经济区投资或兴办实业达到一定规模以及投资兴办私营企业、集体企业，拥有固定生产经营场所的，其投资者、业主及所聘用一定期限的管理、专业技术人员均可在企业所在地落户。

（三）外商、华侨、港澳台同胞在城镇投资、兴办实业达到一定规模的可安排其一定数量的国内亲属在城市落户。

（四）与用人单位签订劳动合同或租赁房屋一定期限的外来务工人员可在务工所在地城市落户。

（五）上述户籍准入具体标准由各设区市政府制定，报自治区人民政府备案。

附　则

第三十七条　本规定执行期限为 2014 年 1 月 1 日至 2020 年 12 月 31 日。执行期限内，如国家有新的明确规定的，从其规定。

第三十八条　广西北部湾经济区规划建设管理委员会办公室及自治

区相关部门根据上述规定，依据职能范围制定具体的认定标准和实施细则，并负责依法作出解释。

第三十九条　本规定与自治区现行其他政策内容相重叠时，可选择最优惠的政策执行，但不得叠加享受优惠。

参考文献

［1］［美］迈克尔·波特．国家竞争优势［M］．李明轩，邱如美译．华夏出版社，2002.

［2］韩康．北部湾新区：中国经济增长第四极［M］．中国财政经济出版社，2007.

［3］郭剑鸣．政策创新与地方社会的科学发展［M］．汕头大学出版社，2007.

［4］王维平．经济政策创新与区域经济协调发展［M］．中国社会科学出版社，2006.

［5］唐文琳，范祚军，马进．中国—东盟自由贸易区成员国经济政策协调研究［M］．广西人民出版社，2006.

［6］韦海鸣．广西北部湾经济区经济整合研究［M］．中国经济出版社，2009.

［7］张国庆．公共政策分析［M］．复旦大学出版社，2004.

［8］陈振明．公共政策分析［M］．中国人民大学出版社，2003.

［9］苏东斌．中国经济特区史略［M］．广东经济出版社，2001.

［10］宁骚．公共政策学［M］．高等教育出版社，2005.

［11］徐家良．公共政策分析引论［M］．北京师范大学出版社，2009.

［12］陶学荣，崔运武．公共政策分析［M］．华中科技大学出版社，2008.

［13］刘圣中．公共政策学［M］．武汉大学出版社，2008.

［14］［美］威廉·N.邓恩．公共政策分析导论［M］．谢明，杜子芳，伏燕等译．中国人民大学出版社，2002.

[15] 胡宁生.现代公共政策学：公共政策的整体透视［M］.中央编译出版社，2007.

[16] 王强.政府管理创新读本［M］.中国人民大学出版社，2006.

[17] 王维平.经济政策创新与区域经济协调发展［M］.中国社会科学出版社，2006.

[18] 余潇枫，陈劲.浙江模式与地方政府创新［M］.浙江大学出版社，2007.

[19] 韩康.北部湾新区：中国经济增长第四极［M］.中国财政经济出版社，2007.

[20] 杜新.关联经济：一种新的财富视角［M］.新华出版社，2007.

[21]［日］桥本寿朗.现代日本经济（中译本）［M］.上海财经大学出版社，2001.

[22] 芮明杰.产业经济学［M］.上海财经大学出版社，2005.

[23] 刘锡田.中国地方政府竞争的制度基础与创新［M］.经济科学出版社，2004.

[24] 王国红.地方政府的政策规避与政策创新辨析［J］.政治学研究，2007（2）.

[25] 黄启乐.关于政策创新的几点思考［J］.中国行政管理，2002（2）.

[26] 古小松，刘建文.泛北部湾区域经济合作：提出共识实践［J］.东南亚纵横，2007（12）.

[27] 陆立军，周国红.学习、创新与区域竞争优势［J］.科技进步与对策，2005（1）.

[28] 黄健荣，向玉琼.论政策移植与政策创新［J］.浙江大学学报（人文社科版），2009（3）.

[29] 孔祥利.论我国地方政府政策创新能力的提升［J］.行政论坛，2004（5）.

[30] 严荣.公共政策创新与政策生态［J］.上海行政学院学报，

2005（7）：36 - 43.

[31] 陈季宁．美国区域经济发展经验及启示 [J]．中共南宁市委党校学报，2004（2）：45 - 47.

[32] 周健，邬泽天．中国模式的发展道路与公共政策创新 [J]．河北青年管理干部学院学报，2006（6）：15 - 18.

[33] 王春福．论中国共产党政策创新的模式与体制 [J]．理论探讨，2002（5）：73 - 76.

[34] [美] 弗吉尼亚·格雷．竞争、效仿与政策创新 [J]．王勇兵译．经济社会体制比较，2004（1）：93 - 101.

[35] 卞苏徽．政策创新：深圳优势与竞争力原因分析 [J]．经济社会体制比较，2001（2）：70 - 73.

[36] 胡宁生．体制转轨过程中公共政策创新的实现机制 [J]．南京社会科学，2004（1）：29 - 36.

[37] 顾新．西部大开发要着眼于形成区域竞争优势 [J]．软科学，2000（2）：20.

[38] 朱超平，孙熠．区域竞争优势与南京市开发区发展战略研究 [J]．现代管理科学，2003（1）：29 - 30.

[39] 刘友金，戴魁早．国外区域国际竞争力理论研究综述 [J]．上海经济研究，2006（6）：56 - 62.

[41] 戴魁早．国外有关区域国际竞争力的理论综述 [J]．生产力研究，2006（9）：275 - 278.

[42] 冯子标．产业政策创新促进山西经济持续发展 [J]．经济问题，2007（8）：121 - 123.

[43] 肖亚玲，黎露，廖奕翔．区域核心竞争力研究综述 [J]．市场周刊·理论研究，2008（5）：43 - 44.

[44] 上海浦东新区国有资产管理办公室．浦东新区体制创新的探索与实践 [J]．上海党史研究，2000（2）：26 - 28.

[45] 黄宏亮，荆冰．构筑西部经济发展的区域竞争优势 [J]．现代经济探讨，2000（10）：19 - 22.

[46] 潘福林，许春燕．发挥区域组合优势推动区域经济发展

参考文献

215

[J]．工业技术经济，2003.

[47] 李琳．论西部区域竞争优势的培育 [J]．陕西经贸学院学报，2001（4）：30 – 33.

[48] 王林，梅楚伊．区域核心竞争力及竞争优势构建研究 [J]．国外建材科技，2005（5）：135 – 137.

[49] 陆立军，周国红．学习、创新与区域竞争优势 [J]．科技进步与对策，2005（1）：18 – 21.

[50] 张莉．经济全球化背景下的区域竞争优势研究 [J]．生产力研究，2006（2）：115 – 117.

[51] 袁莉，刘鞠林．区域经济一体化与区域竞争优势 [J]．广西社会科学，2003（5）：61 – 63.

[52] 胡彬．全球价值链分工背景下的区域竞争优势 [J]．改革，2006（12）：49 – 54.

[53] 袁朱．如何打造持续的区域竞争优势 [J]．浙江经济，2006（8）：34 – 35.

[54] 张茂才．构筑区域竞争优势应把握好五个关系 [J]．前进，2003（1）：34 – 35.

[55] 王维平，罗旋．欠发达地区经济政策创新环境及其优化研究 [J]．理论与改革，2007（4）：94 – 96.

[56] 赵涛．竞争优势与优势竞争：后发地区的发展定位与竞争战略 [J]．经济问题探索，2002（11）：8 – 14.

[57] 吴有玉．北部湾（广西）经济区发展情况浅析 [J]．特区经济，2007（12）：197.

[58] 纪明，岑树田．广西产业结构的现状及创新产业结构发展模式 [J]．创新，2007（3）：67 – 71.

[59] 李玲玲．政府政策能力论析 [J]．理论与改革，2006（5）：16 – 19.

[60] 郭爱君．论政策能力 [J]．政治学研究，1996（1）：32 – 38.

[61] 赵辉．政策执行的能力 [J]．江苏社会科学，2001（6）：63.

[62] 杨爱平，陈瑞莲．从"行政区行政"到"区域公共管理"——

政府治理形态嬗变的一种比较分析 [J]. 江西社会科学，2004（11）：23-31.

［63］金太军. 从行政区行政到区域公共管理——政府治理形态嬗变的博弈分析 [J]. 中国社会科学，2007（6）：53-65.

［64］陈剩勇，马斌. 区域间政府合作区域经济一体化的路径选择 [J]. 政治学研究，2004（1）：24-34.

［65］黄健荣，向玉琼. 论政策移植与政策创新 [J]. 浙江大学学报（人文社会科学版），2009（3）：35-42.

［66］陈振明. 政府工具研究与政府管理方式改进——论作为公共管理学新分支的政府工具研究的兴起、主题和意义 [J]. 中国行政管理，2004（6）.

［67］丁煌，杨代福. 政策工具选择的视角、研究途径与模型建构 [J]. 行政论坛，2009（3）：21-26.

［68］胡宁生. 中国社会转型中战略变迁的公共政策学解释——西方公共政策非线性过程理论的中国应用 [J]. 江海学刊，2006（1）：85-90.

［69］张成福. 论政府治理工具及其选择 [J]. 公共行政（人大复印报刊资料），2003（4）.

［70］张璋. 政府治理工具的选择与创新——新公共管理理论的主张及启示 [J]. 新视野，2001（5）：39-41.

［71］曾军荣. 政策工具选择与我国公共管理社会化 [J]. 理论与改革，2008（2）：87-89.

［72］方卫华，周华. 新政策工具与政府治理 [J]. 中国行政管理，2007（10）：69-72.

［73］郭熙保，张克中. 社会资本、经济绩效与经济发展 [J]. 经济评论，2003（2）：3-7.

［74］张新文. 政策工具中的志愿者途径浅谈 [J]. 学习与实践，2008（3）：148-150.

［75］湛中林. 以政策贯彻政策：政策执行、创新与调适 [J]. 理论学刊，2009（9）：47-49.

[76] 蒋勇，黄鹄．广西北部湾经济区城市群空间一体化机制及策略探讨 [J]．热带地理，2009（1）：43-47.

[77] 纪明，岑树田．广西产业结构的现状及创新产业结构发展模式 [J]．创新，2007（3）：67-71.

[78] 莫绍深．协和万邦的传承和实践——兼论广西北部湾经济区发展定位问题 [J]．广西财经学院学报，2008（8）：51-54.

[79] 鲁菲．北部湾：凭什么崛起？[J]．中国企业家，2008（8）：84-88.

[80] 周英虎．广西北部湾经济区工业产业发展与定位和布局中的定位问题 [J]．广西财经学院学报，2008（6）：1-3.

[81] 汪星明，莫观华．促进广西北部湾经济区发展的税收政策建议 [J]．涉外税务，2008（9）：70-72.

[82] 陈禹静，寿思华．广西北部湾经济区轻工业发展的战略思考 [J]．改革与战略，2008（9）：94-98.

[83] 杨乃裕．广西北部湾经济区建设与土地资源供需研究 [J]．广西师范大学学报（哲学社会科学版），2008（6）：38-41.

[84] 课题组．广西北部湾经济区开发建设的财政政策选择 [J]．广西财经学院学报，2008（8）：6-10.

[85] 景保峰，唐琮沅．广西北部湾经济区发展策略——基于耗散结构理论的研究 [J]．物流技术，2008（6）：22-24.

[86] 余俊．政府规划转化为法律规则的问题分析——以《广西北部湾经济区发展规划》为例 [J]．广西社会科学，2009（9）：20-24.

[87] 谭纵波．区域视角下的战略规划——开展《广西北部湾经济区发展规划研究》的几点体会 [J]．城市规划学刊，2009（2）：16-22.

[88] 广西审计学会课题组．广西北部湾经济区绩效审计研究 [J]．广西财经学院学报，2011（2）：20-25.

[89] 张平．政府能力与政府有效性关系探析 [J]．中共郑州市委党校学报，2007（1）：63-64.

[90] 陈晓风，莫婕．北部湾经济区人才资源开发政策取向探究 [J]．法制与经济（中旬刊），2011（8）：45-46.

［91］伍梅．广西与发达地区高层次科技人才政策比较与借鉴［J］．市场论坛，2010（9）：19 - 21．

［92］万佳丽．广西北部湾经济区人才开发政策制定研究［J］．中国市场，2012（26）：92 - 93．

［93］张玉兰．把握人才集聚规律推进人才集聚工程［J］．中国人才，2005（12）：30 - 31．

［94］张炳升．让人才流动起来——访武汉工程大学人才资源开发研究所所长桂昭明教授［N］．光明日报，2010 - 6 - 11．

［95］阳国亮．洼地：北部湾开放开发的核心要求［J］．改革与战略，2010（5）：127 - 129．

［96］姜伟．当前我国宏观经济下的财政政策［J］．黑龙江对外经贸，2008（10）：137 - 139．

［97］孔晓阳．浅谈我国财政政策的转型［J］．内蒙古民族大学学报（社会科学版），2005（6）：86 - 88．

［98］张家寿．广西北部湾经济区金融支撑体系研究［J］．东南亚纵横，2010（1）．

［99］何红梅，王珍珍．广西北部湾经济区金融结构优化研究［J］，广西经济管理干部学院学报，2011（1）：10 - 14．

［100］李顺明，冯敏，王单娜，丁丽娜．促进广西北部湾经济区开发建设的财税政策研究［J］．广西财经学院学报，2010（1）：24 - 29．

［101］文熹明，王丹．北部湾经济区银行业发展现状及对策研究［J］．区域金融研究，2011（8）：46 - 49．

［102］魏乾梅．"西江经济带"建设的财税金融政策现状问题研究［J］．会计之友，2011（7）．

［103］巫志斌．广西北部湾经济区农村金融改革试点创新实践及面临的问题分析［J］．区域金融研究，2011（9）：21 - 26．

［104］蓝波．浅谈广西北部湾经济区产业政策的思路［J］．广西大学学报，2008（3）：11 - 14．

［105］王红．论中小企业法的地位［J］．南方经济．2003（9）．

［106］李建花．科技政策与产业政策的协同整合［J］．科技进步与

对策，2010（8）．

　　［107］柯颖，黄思源．CAFTA 价值网下北部湾经济区产业升级研究
［J］．经济问题探索，2013（8）：86．

　　［108］阳秀琼，韦彭，卢庆毅．北部湾重点产业园区的大手笔
［J］．当代广西，2009（3）．

　　［109］杨明，丘杉，刘毅，钱林霞．"三圈一带"海洋经济合作开
发［J］．新经济，2014（10）：28－33．

　　［110］周英虎．广西公路运输建设问题和隐性重复建设问题研究
［J］．广西财经学院学报，2007（2）：1－3．

　　［111］陈颖．构建统一的北部湾经济区政策体系［J］．广西社会主
义学院学报，2009（1）：15．

　　［112］邹忠全．广西北部湾经济区建设优势产业集群的政策支持体
系研究［J］．学术论坛，2012（3）：147－150．

　　［113］李国淮等人课题组．广西北部湾经济区开发建设的财政政策
选择［J］．广西财经学院学报，2008（4）：6－10．

　　［114］高德耀．环境保护政策浅论［J］．山西高等学校社会科学学
报，2007（5）．

　　［115］夏大慰．环境保护政策研究［J］．财经研究，1992（2）．

　　［116］姜妮．环境经济政策创新进入深水区［J］．环境经济，2012
（10）：13－14．

　　［117］马慧玲．论我国环境保护政策体系的创新［J］．现代园艺，
2012（16）：174．

　　［118］唐庆鹏．公共政策创新研究——以新中国户籍政策变迁为个
案［D］．南京师范大学硕士学位论文，2008．

　　［119］汪丹宁．我国政策创新绩效评估体系研究［D］．上海交通
大学硕士学位论文，2007．

　　［120］方明．在区域经济合作下培育国家竞争优势研究［D］．首
都经济贸易大学硕士学位论文，2005．

　　［121］单志鹏．地区竞争优势与地方政府作用［D］．吉林大学硕
士学位论文，2007．

[122] 贾彦利．中国区域政策对区域差距影响研究［D］．上海财经大学硕士学位论文，2006．

[123] 李红梅．西部大开发中宁夏的区域竞争优势分析［D］．西北大学硕士学位论文，2002．

[124] 宋海洋．区域竞争力形成机制与创新路径［D］．吉林大学硕士学位论文，2006．

[125] 汤易兵．区域创新视角的政府—产业—大学关系研究［D］．浙江大学硕士学位论文，2007．

[126] 冯英娟．区域竞争力的形成及提升理论研究［D］．东北师范大学硕士学位论文，2007．

[127] 蒋自然．产业集群创新及其创新政策研究［D］．浙江师范大学硕士学位论文，2007．

[128] 孔祥利．政府体制创新：公共政策创新能力提升之本［D］．湘潭大学硕士学位论文，2005．

[129] 伍俊．广西北部湾经济区财政收入结构优化策略研究［D］．广西大学硕士学位论文，2013．

[130] 翁凯．促进北部湾经济区发展的税收政策研究［D］．广西大学硕士学位论文，2009．

[131] 黄宇．广西北部湾经济区开放开发的金融供给与需求分析［D］．广西大学硕士学位论文，2010．

[132] 许妍洁．当代中国公共政策冲突治理研究［D］．南京师范大学硕士学位论文，2011．

[133] 郑国明．澳门特别行政区环境保护政策研究［D］．华中科技大学硕士学位论文，2009．

[134] 马向军．我国环境保护政策效果评价［D］．河海大学硕士学位论文，2007．

[135] 金伟忻，陆峰，李扬，沈峥嵘．政策创新，区域起飞的坚实支点［N］．新华日报，2006－10－28．

[136] 史耀疆．西部大开发寻找区域竞争优势［N］．中国经营报，2001－2－6．

［137］江沂．北部湾开发配套政策正在制定"硬环境"已初步成型［N］．中国证券报，2009 - 6 - 2．

［138］李贤．人才投入是效益最好的投入——全区各市组织部长在线访谈人才工作之一［N］．广西日报，2011 - 6 - 9．

［139］姚琳．广西人才状况的细致描述——《广西人才资源发展报告》解读．广西日报，2014 - 1 - 13．

［140］姚琳．广西人才小高地成为区域性品牌［N］．广西日报，2014 - 11 - 22．

［141］自治区财政厅．关于广西壮族自治区全区与自治区本级2014 年预算执行情况和 2015 年预算草案的报告（摘要）［N］．广西日报，2015 - 2 - 10．

［142］董文锋．东兴试验区：打造东盟货币离岸金融中心［N］．广西日报，2014 - 4 - 1．

［143］广西存款总量突破 2 万亿元［N］．广西日报，2014 - 7 - 11．

［144］南宁北海钦州防城港　同一银行将免收异地业务费［N］．南国早报，2013 - 12 - 25．

［145］中共中央办公厅．关于进一步加强党管人才工作的意见［N］．人民日报，2012 - 9 - 27．

［146］肖世艳，邓先亮.2013 年广西财政支出 3000 亿元　其中民生占 2500 亿元［N］．南国早报，2014 - 1 - 2．

［147］孟振兴，唐秀丽．北部湾风起潮涌　邕江畔千帆竞发［N］．南宁日报，2014 - 9 - 6．

［148］魏恒，欧乾恒，董文锋．我区将投入 460 亿实施 10 项为民办实事工程［N］．广西日报，2014 - 1 - 17．

［149］Ruth Rios - Morales, Louis Brennan. Ireland's Innovative Governmental Policies Promoting Internationalization ［J］. Research in International Business and Finance Accepted, 2008.

［150］Rhonda Roberts Managing Innovation. The Pursuit of Competitive Advantage and the Design of Innovation Intense Environments ［J］. Research

Policy，1998（27）：159－175.

［151］Graham Lelcester. Policy Learning：Can Government Discover the Treasure Within?［J］. European Journal of Education，2007，42（2）.

［152］Felicia M. Fai, Eleanor J. Morgan. Innovation，Competition and Regulatory Change：Assessing Interrelationships at the Industry Level ［J］. Management International Review，2007，5（47）：767－785.

［153］Jean－Robert Tyran, Rupert Sausgruber. The Diffusion of Policy Innovationsan Experimental Investigation ［J］. Evol Econ，2005（15）：423－442.

［154］广西北部湾经济区发展规划（全文）［J/OL］. http：//www. gx. xinhuanet. com/pbg/2008－02/21/content_ 12562728. htm.

［155］广西壮族自治区人民政府办公厅关于印发广西北部湾经济区发展规划（2014 年修订）的通知（桂政办发〔2014〕97 号）［J/OL］. http：//zc. k8008. com/zhuanti/view－9488457－1. html.

［156］2009 年《国务院关于进一步促进广西经济社会发展的若干意见》［EB/OL］. http：//www. gov. cn/gongbao/content/2009/content_ 1487010. htm.

［157］2009 年 1 月 7 日广西壮族自治区人民政府. 广西关于促进北部湾经济区开放开发若干政策规定 ［EB/OL］. http：//www. gov. cn/gzdt/2009－01/07/content_ 1198775. htm.

［158］2014 年 1 月 15 日《广西壮族自治区人民政府关于促进广西北部湾经济区开放开发的若干政策规定》［EB/OL］. http：//www. gxnews. com. cn/staticpages/20140115/newgx52d5c9ad－9454773－1. shtml.

［159］广西北部湾经济区规划建设管理委员会办公室编制.《广西北部湾经济区"十二五"规划纲要》［EB/OL］. http：//nanning. pbc. gov. cn/publish/nanning/3367/2012/20120305165832891786551/20120305 165832891786551_ . html.

［160］《广西北部湾经济区 2008～2015 年人才发展规划》［EB/OL］. http：//www. gxzf. gov. cn/zjgx/gxbbw/zwzx/bbwjjqgh/201104/t20110411_ 287601. htm.

［161］《广西壮族自治区中长期人才发展规划纲要（2010～2020年）.

［162］广西壮族自治区人社厅，武汉工程大学人才发展研究中心.《广西人才资源发展报告（2010～2012)》.

［163］钦州市高层次人才引进、培养和开发暂行办法［EB/OL］. http：//www. gxrc. com/ds/qz/Article. aspx？ ArticleID＝45122.

［164］组织工作知识学习手册［J/OL］. http：//www. 0451. org/in-dex－htm－LangType－cn－BasePage－176－article_ id－8054. htm.

［165］中共钦州市委.《钦州市高层次人才引进、培养和开发暂行办法》补充规定［EB/OL］. http：//www2. qzedu. gov. cn/qzdj/2010/0222/article_ 1623. html.

［166］关于加快人才引进与培养的若干规定［EB/OL］. http：//www. chinalawedu. com/news/1200/22598/22605/22737/2006/4/wm3446102227121460027080－0. htm.

［167］防城港市委组织部. 关于印发《防城港市人才引进、培养和管理试行办法》的通知［EB/OL］. http：//www. fcgdj. com/ren-caigongzuo/tongzhitonggao/2009/0609/707. html.

［168］钦州市贯彻落实《广西北部湾经济区2008～2015年人才发展规划》的实施意见［EB/OL］. http：//www. gxrc. com/ds/qz/Article. aspx？ ArticleID＝45124.

［169］南宁高新区：打造人才小高地　拓展产业人才承载［J/OL］. http：//www. chninvest. com/zh/administration/20120428/10750. html.

［170］关于印发《防城港市人才引进、培养和管理试行办法》的通知［EB/OL］. http：//www. fcgdj. com/rencaigongzuo/tongzhitonggao/2009/0609/707. html.

［171］周隆富，苏桂荣，蔡芳芳. 为引进人才防城港最高发放150万元安家费［J/OL］. http：//fcg. gxnews. com. cn/staticpages/20140218/newgx5302db6c－9670146. shtml.

［172］邓晓冬. 防城港市与武汉市实行人才"联姻"效果显著［J/OL］. http：//www. gx. xinhuanet. com/dtzx/2009－11/17/content_ 182

66964. htm.

［173］自治区财政厅．关于广西壮族自治区全区与自治区本级 2013 年预算执行情况和 2014 年预算草案的报告［EB/OL］. http：//finance. gxnews. com. cn/staticpages/20140128/newgx52e6dffd－9552666. shtml.

［174］杨郑宝．南宁市发布 2013 年经济报告［J/OL］.广西新闻网. http：//www. gxi. gov. cn/gxjj/xwtj/201401/t20140127_540337. htm.

［175］2014 年一季度广西银行业总体运行情况［EB/OL］.中国银监会网站. http：//www. cbrc. gov. cn/guangxi/docPcjgView/97C538122B9 84F0B8D5632664B0891E8/19. html.

［176］九仔．北部湾经济区发展与金融支撑体系构建［J/OL］. http：//www. 9956. cn/college/102674. html.

［177］2013 年防城港市金融稳定报告［J/OL］. http：//www. docin. com/p－835940226. html.

［178］2013 年北海市金融稳定报告［J/OL］. http：//www. docin. com/p－862318107. html.

［179］2013 年钦州市金融稳定报告（2014）［EB/OL］. http：//www. qinzhou. gov. cn/jr/bszn/zgrmyh/2014/06/26/17371335944. html.

［180］黄凌志，陈国镔．新修订的《关于促进广西北部湾经济区开放开发的若干政策规定》发布实施［J/OL］. http：//www. bbw. gov. cn/ staticpages/20140115/bbw52d5ff02－109283. shtml.

［181］广西钦州市财政多举措加强融资项目资金管理［J/OL］. http：//jkw. mof. gov. cn/mofhome/mof/xinwenlianbo/guangxicaizhengxinxilianbo/201301/t20130107_725566. html.

［182］黄艳梅，廖淑菊．广西北部湾经济区先行先试，建设区域性金融中心［J/OL］.中国新闻网，2011－8－3. http：//forum. home. news. cn/thread/86992063/1. html.

［183］广西打造"14＋4"千亿元产业集群［J/OL］.桂经网，http：//www. smegx. com. cn/gxsme/bszn/2008/article. jsp？id＝82568.

［184］杨郑宝，徐薇婷．自治区修订北部湾经济区政策 预计每年减税近 20 亿［J/OL］. http：//news. gxnews. com. cn/staticpages/20140114/

225

参考文献

newgx52d54a2c – 9451115. shtml.

［185］程群．广西修订北部湾经济区相关政策 实施范围扩展到 6 个城市 ［J/OL］. http：//news. xinhuanet. com/fortune/2014 – 01/14/c_ 118966440. htm.

［186］覃星星．广西北部湾三大港口依托铁路货物吞吐量跳跃式增长 ［J/OL］. 广西新闻网，2012 年 9 月 10 日，http：//www. gxnews. com. cn.

［187］覃世默．广西北部湾产业投资基金启动支持"两区一带"产业发展 ［J/OL］. http：//www. gov. cn/xinwen/2014 – 12/31/content_ 2798837. htm.

［188］广西与西部省区贯彻西部大开发政策比较及其创新研究 ［J/OL］. http：//www. docin. com/p – 516679270. html.

［189］王靖武．环北部湾地区协调发展的政策创新简 ［J/OL］. http：//www. dxgyq. com/Research2. asp 35K.

［190］川、甘、新贯彻实施西部大开发政策的情况及启示 ［J/OL］. http：//www. gx – info. gov. cn.

［191］广西人大常委会调研北部湾经济区资源环境保护情况 ［N］. 广西日报 2010 – 8 – 3，中国人大网，http：//www. npc. gov. cn.

［192］广西壮族自治区人民政府关于广西北部湾经济区资源环境保护意见和建议落实情况的函 ［EB/OL］. http：//www. fsou. com/html/ text/lar/172797/17279724. html.

后 记

　　本书的基本框架由叶大凤构思并确定，具体的写作分工如下：第一章、第二章主要由王天维负责写作，叶大凤做了部分修改和补充；第三章、第四章、第五章由叶大凤独立写作，全书最后由叶大凤统稿和定稿。

　　本书是广西大学"211工程"重点学科经费资助的成果之一，首先要感谢重点学科总负责人阳国亮教授的帮助与支持。本书的写作得到了公共管理学院谢舜教授、蒋永甫教授、李小文教授、王玉生教授、黎昌珍教授、谢清副教授、梁涓副教授、胡玉兰副教授等领导和同事的关心与帮助。另外，本书稿的部分内容是在王天维的硕士论文基础上修改完成的，得到了广西大学公共管理学院院长谢舜教授的精心指导。同时，硕士研究生陈霖、周丽参与了部分内容的资料收集和整理工作。感谢我的先生及可爱的女儿给予我特别的鼓励与关爱。

　　本书在写作过程中，参考了大量的学术著作和论文，深表谢意！虽然尽可能做了引注，但时间匆忙，难免有遗漏，在此表达歉意并敬请作者谅解。由于内容涉及面广、工作量大，加上作者水平有限，因此，本书内容的完善与补充仍有较大的提升空间。有不当之处，敬请各位读者批评指正！

叶大凤

2015 年 5 月

图书在版编目（CIP）数据

广西北部湾经济区政策创新研究/叶大凤，王天维著．—北京：经济管理出版社，2015.5

ISBN 978 - 7 - 5096 - 3980 - 1

Ⅰ.①广…　Ⅱ.①叶…②王…　Ⅲ.①北部湾—经济区—经济政策　Ⅳ.①F127.67

中国版本图书馆 CIP 数据核字（2015）第 232509 号

组稿编辑：曹　靖
责任编辑：张巧梅
责任印制：黄章平
责任校对：王　淼

出版发行：经济管理出版社
　　　　　（北京市海淀区北蜂窝 8 号中雅大厦 A 座 11 层　100038）
网　　址：www. E - mp. com. cn
电　　话：（010）51915602
印　　刷：北京晨旭印刷厂
经　　销：新华书店
开　　本：720mm × 1000mm/16
印　　张：15. 25
字　　数：233 千字
版　　次：2015 年 5 月第 1 版　　2015 年 5 月第 1 次印刷
书　　号：ISBN 978 - 7 - 5096 - 3980 - 1
定　　价：48. 00 元